熊十力評傳

總　序

　　中華學術，源遠流長。春秋戰國時期，諸子並起，百家爭鳴，呈現了學術思想的高度繁榮。兩漢時代，經學成為正統；魏晉之世，玄學稱盛；隋唐時代，儒釋道三教並尊；到宋代而理學興起；迨及清世，樸學蔚為主流。各個時代的學術各有特色。綜觀周秦以來至於近代，可以說有三次思想活躍的時期。第一次為春秋戰國時期，諸子競勝。第二次為北宋時代，張程關洛之學、荊公新學、蘇氏蜀學，同時並興，理論思維達到新的高度。第三次為近代時期，晚清以來，中國遭受列強的凌侵，出現了空前的民族危機，於是志士仁人、英才俊傑莫不殫精積思，探索救亡之道，各自立說，期於救國，形成中國學術思想史上的第三次眾說競勝的高潮。

　　試觀中國近代的學風，有一顯著的傾向，即融會中西。近代以來，西學東漸，對於中國學人影響漸深。深識之士，莫不資西學以立論。初期或止於淺嘗，漸進乃達於深解。同時這些學者又具有深厚的舊學根柢，有較高的鑑別能力，故能在傳統學術的基礎之上汲取西方的智慧，從而達到較高的成就。

　　試以梁任公（啟超）、章太炎（炳麟）、王靜安（國維）、陳寅恪四家為例，說明中國近代學術融會中西的學風。梁任公先生嘗評論自

己的學術云：「康有為、梁啟超、譚嗣同輩……欲以構成一種不中不西即中即西之新學派……蓋固有之舊思想既根深蒂固，而外來之新思想又來源淺轂，汲而易竭，其支絀滅裂，固宜然矣。」（《清代學術概論》）所謂「不中不西即中即西」正表現了融合中西的傾向，不過梁氏對西學的瞭解不夠深切而已。梁氏自稱「適成為清代思想史之結束人物」，這未免過謙，事實上梁氏是近代中國的一個重要的啟蒙思想家，誠如他自己所說「為《新民叢報》、《新小說》等諸雜誌……二十年來學子之思想頗蒙其影響……其文條理明晰，筆鋒常帶感情，對於讀者別有一種魔力焉」。梁氏雖未能提出自己的學說體系，但其影響是深巨的。他的許多學術史著作今日讀之仍能受益。

章太炎先生在《菿漢微言》中自述思想遷變之跡說：「少時治經，謹守樸學……及囚系上海，三歲不覿，專修慈氏世親之書……乃達大乘深趣……既出獄，東走日本，盡瘁光復之業，鞅掌餘閒，旁覽彼土所譯希臘德意志哲人之書……凡古近政俗之消息、社會都野之情狀、華梵聖哲之義諦、東西學人之所說……操齊物以解紛，明天倪以為量，割制大理，莫不孫順。」這是講他兼明華梵以及西哲之說。有清一代，漢宋之學爭論不休，章氏加以評論云：「世故有疏通知遠、

好為玄談者，亦有言理密察、實事求是者，及夫主靜主敬、皆足澄心……苟外能利物，內以遣憂，亦各從其志爾！漢宋爭執，焉用調人？喻以四民各勤其業，瑕釁何為而不息乎？」這是表示，章氏之學已超越了漢學和宋學了。太炎更自讚云：「自揣平生學術，始則轉俗成真，終乃回真向俗……秦漢以來，依違於彼是之間，偪促於一曲之內，蓋未嘗睹是也。乃若昔人所謂專志精微，反致陸沉；窮研訓詁，遂成無用者，余雖無腆，固足以雪斯恥。」太炎自負甚高，梁任公引此曾加評論云：「其所自述，殆非溢美。」章氏博通華梵及西哲之書，可謂超越前哲，但在哲學上建樹亦不甚高，晚歲又回到樸學的道路上了。

王靜安先生早年研習西方哲學美學，深造有得，用西方美學的觀點考察中國文學，獨闢蹊徑，達到空前的成就。中年以後，專治經史，對於殷墟甲骨研究深細，發明瞭「二重證據法」，以出土文物與古代史傳相互參證，達到了精確的論斷，澄清了殷周史的許多問題。靜安雖以遺老自居，但治學方法卻完全是近代的科學方法，因而取得卓越的學術成就，受到學術界的廣泛稱讚。

陳寅恪先生博通多國的語言文字，以外文資料與中土舊籍相參

證，多所創獲。陳氏對於思想史更有深切的睿見，他在對於馮友蘭《中國哲學史》的《審查報告》中論儒佛思想云：「佛教學說，能於吾國思想史上發生重大久遠之影響者，皆經國人吸收改造之過程。其忠實輸入不改本來面目者，若玄奘唯識之學，雖震動一時之人心，而卒歸於消沉歇絕⋯⋯在吾國思想史上⋯⋯其真能於思想上自成系統，有所創獲者，必須一方面吸收輸入外來之學說，一方面不忘本來民族之地位。」這實在是精闢之論，發人深思。陳氏自稱「平生為不古不今之學，思想囿於咸豐同治之世，議論近乎曾湘鄉張南皮之間」，但是他的學術成就確實達到了時代的高度。

此外，如胡適之在文化問題上傾向於「全盤西化論」，而在整理國故方面作出了多方面的貢獻。馮友蘭先生既對於中國哲學史進行了系統的闡述，又於40年代所著《貞元六書》中提出了自己的融會中西的哲學體系，晚年努力學習馬克思主義，表現了熱愛真理的哲人風度。

胡適之欣賞龔定庵的詩句：「但開風氣不為師。」熊十力先生則以師道自居。熊氏戛戛獨造，自成一家之言，讚揚辯證法，但不肯接受唯物論。馮友蘭早年擬接續程朱之說，晚歲歸依馬克思主義唯物

論。這些大師都表現了各自的特點。這正是學術繁榮，思想活躍的表現。

　　百花洲文藝出版社有鑑於中國近現代國學大師輩出，群星燦爛，構成中國思想史上第三次思想活躍的時代，決定編印《國學大師叢書》，以表現近代中西文明衝撞交融的繁盛景況，以表現一代人有一代人之學術的豐富內容，試圖評述近現代著名學者的生平及其學術貢獻，凡在文史哲任一領域開風氣之先者皆可入選。規模宏大，意義深遠。編輯部同仁建議我寫一篇總序，於是略述中國近現代學術的特點，供讀者參考。

張岱年

1992年元月，序於北京大學

重寫近代諸子春秋

《國學大師叢書》在各方面的關懷和支持下，就要陸續與海內外讀者見面了。當叢書組編伊始（1990年冬）便有不少朋友一再詢問：為什麼要組編這套叢書？該叢書的學術意義何在？按過去理解，「國學」是一個很窄的概念，你們對它有何新解？「國學大師」又如何劃分？……作為組織編輯者，這些問題無疑是必須回答的。當然，回答可以是不完備的，但應該是明確的。現謹在此聊備一說，以就其事，兼謝諸友。

一、一種闡述：諸子百家三代說

中華學術，博大精深；中華學子，向以自強不息、厚德載物之精神著稱於世。在源遠流長的中國學術文化史上，出現過三個廣開風氣、大師群起的「諸子百家時代」。

第一個諸子百家時代，出現在先秦時期。那時，中華本土文化歷經兩千餘年的演進，已漸趨成熟，老莊、孔孟、楊墨、孫韓……卓然穎出，共同為中華學術奠定了長足發展的基脈。此後的千餘年間，漢儒乖僻、佛入中土、道教蘗生，中華學術於發展中漸顯雜陳。宋明時期，程朱、陸王……排漢儒之乖、融佛道之粹、倡先秦之脈、興義理

心性之學，於是，諸子百家時代再現。降及近代，西學東漸，中華學術周遭衝擊，文化基脈遇空前挑戰。然於險象環生之際，又一批中華學子，本其良知、素養，關注文化、世運，而攘臂前行，以其生命踐信。正所謂「鐵肩擔道義，妙手著文章」，康有為、章太炎、嚴復、梁啟超、王國維、胡適、魯迅、黃侃、陳寅恪、錢穆、馮友蘭……他們振民族之睿智，汲異域之精華，在文、史、哲領域篳路藍縷，於會通和合中廣立範式，重開新風而成績斐然。第三個諸子百家時代遂傲然世出！

　　《國學大師叢書》組編者基於此，意在整體地重現「第三個諸子百家時代」之盛況，為「第三代」中華學子作人傳、立學案。叢書所選對象，皆為海內外公認的學術大師，他們對經、史、子、集博學宏通，但治學之法已有創新；他們的西學造詣令人仰止，但立術之本在我中華從而廣開現代風氣之先。他們各具鮮明的學術個性、獨具魅力的人品文章，皆為不同學科的宗師（既為「經」師，又為人師），但無疑地，他們的思想認識和學術理論又具有其時代的共性。以往有過一些對他們進行個案或專題研究的書籍面世，但從沒有對他們及其業績進行過集中的、整體的研究和整理，尤其未把他們作為一代學術宗

師的群體（作為一個「大師群」）進行研究和整理。這批學術大師多已作古，其學術時代也成過去，但他們的成就惠及當今而遠未過時。甚至，他們的一些學術思想，我們至今仍未達其深度，某些理論我們竟會覺得陌生。正如第一代、第二代「諸子百家」一樣，他們已是中華學術文化傳統的一部分，研究他們，也就是研究中國文化本身。

對於「第三代諸子百家」及其學術成就的研究整理，我們恐怕還不能說已經充分展開。《國學大師叢書》的組織編輯，是一種嘗試。

二、一種觀念：一代人有一代人之學術

縱觀歷史，悉察中外，大凡學術的進步不能離開本土文化基脈。但每一代後起學子所面臨的問題殊異，他們勢必要或假古人以立言、或賦新思於舊事，以便建構出無愧於自己時代的學術。這正是「自強不息、厚德載物」之精神在每一代學子身上的最好體現。以上「三代」百家諸子，莫不如是。《國學大師叢書》所沿用之「國學」概念，亦當「賦新思於舊事」而涵注現時代之新義。明末清初，王（夫之）、顧（炎武）、黃（宗羲）、顏（元）四傑繼起，矯道統，斥宋儒，首倡「回到漢代」，以表其「實學實行實用之天下」的樸實學

風，有清一代，學界遂始認「漢學」為地道之國學。以今言之，此僅限「國學」於方法論，即將「國學」一詞限於文字釋義（以訓詁、考據釋古文獻之義）之範疇。

《國學大師叢書》的組編者以為，所謂國學就其內容而言，系指近代中學與西學接觸後之中國學術，此其一；其次，既是中國學術便只限於中國學子所為；再次，既是中國學子所為之中國學術，其方式方法就不僅僅限於文字（考據）釋義，義理（哲學）釋義便也是題中應有之義。綜合起來，今之所謂國學，起碼應拓寬為：近代中國學子用考據和義理之法研究中國古代文獻之學術。這些文獻，按清代《四庫全書總目》的劃分，為經、史、子、集四部。經部為經學（即「六經」，實只五經）及文字訓詁學；史部為史志及地理志；子部為諸子及兵、醫、農、曆算、技藝、小說以及佛、道典籍；集部為詩、文。由此視之，所謂「國學家」當是通才。而經史子集會通和合、造詣精深者，則可稱為大師，即「國學大師」。

但是，以上所述仍嫌遺漏太多，而且與近現代學術文化史實不相吻合。國學，既是「與西學接觸後的中國學術」，那麼，這國學在內涵上就不可能，也不必限於純之又純的中國本土文化範圍。尤其在學

術思想、學術理論的建構方式上，第三代百家諸子中那些學貫中西的大師們，事實上都借用了西學，特別是邏輯分析和推理，以及與考據學有異曲同工之妙的實證方法，還有實驗方法、歷史方法，乃至考古手段……而這些學術鉅子和合中西之目的，又多半是「賦新思於舊事」，旨在建構新的學術思想體系，創立新的學術範式。正是他們，完成了中國學術從傳統到現代的轉型。我們今天使用語言的方式、思考問題的方式……乃得之於斯！如果在我們的「國學觀念」中，將他們及其學術業績排除在外，那將是不可理喻的。

至此，《國學大師叢書》之「國學」概念，實指：近代以降中國學術的總稱。「國學大師」乃「近現代中國有學問的大宗師」之意。因之，以訓詁考據為特徵的「漢學」，固為國學，以探究義理心性為特徵的「宋學」及兼擅漢宋者，亦為國學（前者如康有為、章太炎、劉師培、黃侃，後者如陳寅恪、馬一浮、柳詒徵）；而以中學（包括經史子集）為依傍、以西學為鏡鑑，旨在會通和合建構新的學術思想體系者（如梁啟超、王國維、胡適、熊十力、馮友蘭、錢穆等），當為更具時代特色之國學。我們生活在90年代，當取「一代人有一代人之學術」（國學）的觀念。

《國學大師叢書》由是得之，故其「作人傳、立學案」之對象的選擇標準便相對寬泛。凡所學宏通中西而立術之本在我中華，並在文、史、哲任一領域開現代風氣之先以及首創新型範式者皆在入選之列。所幸，此舉已得到越來越多的當今學界老前輩的同情和支持。

　　三、一個命題：歷史不會跨過我們這一代

　　中西文明大潮的衝撞與交融，在今天仍是巨大的歷史課題。如今，我們這一代學人業已開始自己的學術歷程，經過80年代的改革開放和規模空前的學術文化積累（其表徵為：各式樣的叢書大量問世，以及紛至沓來名目繁多的學術熱點的出現），應當說，我們這代學人無論就學術視野，抑或就學術環境而言，都是前輩學子所無法企及的。但平心而論，我們的學術功底尚遠不足以承擔時代所賦予的重任。我們仍往往陷於眼花繚亂的被動選擇和迫不及待的學術功利之中難以自拔，而對自己真正的學術道路則缺乏明確的認識和了悟。我們至今尚未創建出無愧於時代的學術成就。基於此，《國學大師叢書》的組編者以為，我們有必要先「回到近現代」──回到首先親歷中西文化急劇衝撞而又作出了創造性反應的第三代百家諸子那裡去！

經過一段時間的困惑與浮躁，我們也該著實潛下心來，去重新瞭解和領悟這一代宗師的學術生涯、為學風範和人生及心靈歷程（大師們以其獨特的理智靈感對自身際遇作出反應的閱歷），全面評價和把握他們的學術成就及其傳承脈絡。唯其貫通近代諸子，我們這代學人方能於曙色熹微之中，認清中華學術的發展道路，了悟世界文化的大趨勢，從而真正找到自己的學術位置。我們應當深信，歷史是不會跨過我們這一代的，90年代的學人必定會有自己的學術建樹。

我們將在溫情與敬意中汲取，從和合與揚棄中把握，於沉潛與深思中奮起，去創建有中國特色的社會主義新文化。這便是組織編輯《國學大師叢書》的出版宗旨。當我們這代學人站在前輩學術鉅子們肩上的時候，便可望伸開雙臂去擁抱那即將到來的中華學術新時代！

錢宏（執筆）

1991年春初稿

1992年春修定

序

　　熊十力先生，湖北黃岡人，早年投筆從戎，1911年參加武昌起義，以後脫離政界受著名教育家蔡元培校長之聘執教於北京大學哲學系，專心培育人才，研究理論學術。他刻苦自勵，著作等身，是名揚海內外的哲人。

　　他早年曾經跟歐陽竟（漸）無大師在南京支那內學院研究過佛學，而且深有體會。但他並不一貫地相信佛教。用他自己的話說，只不過是作為「參考」而已。後來他對佛學，特別是大乘有宗法相唯識一派作了系統的批判。自然，他所批判的是否完全符合原意，那是可以商量的。過去也有人說熊先生是正統儒家。細想起來，這話似乎也不全對，因為他不是在一切理論問題上都遵奉過去儒家的學說。總之，他無論是對於佛家還是對於儒家，都可說是既有繼承，又有批判；既有所肯定，又有所否定。

　　如眾所周知，孫中山先生所領導的、具有重大意義的辛亥革命建立了中華民國。辛亥革命成功的方面是推翻了我國兩千多年來的封建君主專制政體，從而使民主共和思想深入人心；其失敗的方面則是沒有能改變中國社會的性質，人民大眾依然過著水深火熱的生活。此中更有一點，值得我們特別注意加以認真研究，這就是辛亥革命之後，

不少原來的革命黨人多熱衷於爭權奪利，生活也轉而腐化墮落了，道德敗壞得簡直不成樣子。

這個社會歷史教訓，對一向富有正義感和進取心的熊先生產生了極大的刺激。他慨然脫離政界，想專門從研究學術思想入手來解決這個問題，力圖改變當時那種世風日下的社會狀況。在「五四」新文化運動以後的時期，他之所以要研究佛學，雖然有偶然的人事原因，但主要的動機是想通過改造人心來達到提高道德水平的目的。這本是過去戊戌變法時期維新運動中激進派思想家譚嗣同乃至後來資產階級革命派著名學者章太炎等人所曾探索和走過的道路，熊先生也自覺不自覺地跟著走下去，儘管他們對於某些問題的理解並不一致。熊十力後來研究佛學久了，認識不斷加深，終於感到此路不通。於是，他開始下定決心，要從佛學中走出來，在思想上醞釀著如何有所轉變的問題。後來便大膽地創立「新唯識論」學說。這就是他的思想體系形成的社會時代背景。

熊先生的學術思想道路，斷然與近現代的「中體西用說」、「國粹論」與「全盤西化論」都不相同。我們真可以說他是「獨闢蹊徑」。他博采各家之長，重新全面地加以改造，構造出一種具有中國

特色的新哲學思想體系。即使對於儒家正統思想，該否定的東西，他也主張必須加以否定，絕不盲目地跟古人一鼻孔出氣。所以，把熊先生簡單地稱為「醇儒」或所謂「儒家正宗」，看來也不妥當。

總之，熊先生是一位富有獨創精神，不喜好依傍門戶的哲學家、思想家，並非株守任何一部古典著作的專門家或某一學派的「經師」，更不是那種只會咬文嚼字的所謂「學究」。他很有抱負，很有氣魄，非常自信，但並不是通常所說的「驕傲」，做學問的態度又非常嚴肅認真。

熊先生學無常師，涉獵甚廣。他一貫認為，有關宇宙人生的智慧，不同於一般的知識，絕不是單靠書本可以從字面上尋得的。所以，他特別注意區分語言文字上表面的了解和那種對思想精神實質的體會。照他看來，一部書是真是偽，是中國人作的還是印度人作的，都不能成為衡量是非與有無價值的標准。他曾一再講過，目前像某些外國學者，雖然懂得梵文、巴利文，但並不等於說他們真的懂得佛學。簡言之，字面上的了解，絕不等於哲理上的深通。他這種特別強調「得意」的讀書方法，是值得我們深思的。熊先生雖一向主張青年們要博覽群書，但他又再三強調精讀有恆，並且提倡用現代的、活的

語言來講明中國古代的哲學。看來這也是上述指導思想的具體應用。

　　熊先生雖極力提倡作學問應當放眼世界，但特別注意著眼於古代中國哲學獨到之處和優良傳統，始終不忘中華民族在世界歷史上的地位。他真不愧是一個愛國學者。

　　熊先生的學術思想同中國古代哲學有繼承關係，絕不是「從天而降」的。關於這方面的情況比較複雜，這裡不能詳說。僅以宋明理學中程朱學派與陸王學派之爭而論，熊先生則比較接近陸象山「先立乎其大者」的思想，乃至王陽明以「良知為本體」並主張「知行合一」的思想。此外，明末清初的偉大哲學家王船山的道器論、體用論、動靜論等等，對熊先生思想發展的影響更是十分明顯的。至於熊先生借用《易經》（包括《易傳》）上一個「生」字來代替一個「滅」字，引證「生生之謂易」和「天行健，君子以自強不息」一類的入世思想來改造印度佛教宣揚的涅槃寂靜的出世思想，則應當看作熊先生思想的核心。稱實而論，他的所謂本體論證明，目的在於提高道德修養境界。

　　最後，可以肯定地說，熊先生是一位不斷要求進步的愛國學者。當然，他的思想也有歷史侷限，即注意改造主觀思想意識居多，而注

意改造客觀世界偏少。他經常有「知我者希」之嘆，這大概就是他思想侷限性的具體表現。對此，我們不能片面地苛求於前人，而應當認真地總結近現代中國理論戰線上的思維教訓。

本書作者中國人民大學哲學系副教授宋志明同志長期從事中國現代哲學思想史教學與研究工作，著有博士論文《現代新儒家研究》（中國人民大學出版社1991年出版），對於熊先生的學術思想，早有一系列專題論文發表。現在，他在總結自己多年研究成果的基礎上，成就《熊十力評傳》一書，不僅資料充實，論點亦屬公允。其中有貢獻於中國現代學術思想史者，當無疑義。是為序。

石　峻
1993年元月於北京

英文提要

PRÉCIS ————————————————————————— — ———

This is a specialized book which falls into ten chapters. It fully describes and evaluates Xiong Shili, a Chinese Culture Expert and a famous modern philosopher, about his life, the development process of his thinking, his scholastic system and its influence.

Chapter One "Rich Life" introduces Hsiung's life and process of thinking development. Xiong Shili（1885—1968）, who styled himself Zi Zhen, was born in Huang gang, Hubei. Because his family was poor, he had been to school for only half a year. He learned mainly on his own. He took part in Xinhai Revolution when he was young. But out of dissatisfaction with the corruption in the revolutionaries, he quit political activities and turned to learning, he studied at the Nanjing China Buddhism Institute in 1920 and taught at Peking University as a lecturer in 1922. Thereafter he founded his thinking system "New Consciousness—Only Doctrine".

Chapter Two "Into and Out of Buddhism" evaluates and describes Xiong's study on Buddhist ideas. He studied Buddhist books on Consciousness Only Doctrine for many years and was greatly infl uenced by them. However he could not accept idea the Buddhist of becoming a monk or nun and therefore began to doubt it. He found the starting point for his new thinking by clearing Buddhism. His New Consciousness Only Doctrine receives wide criticism from most of the Buddhist scholars.

Chapter Three "Study on the Western Theories" describes Xiong's study on the Western philosophies. Hsiung was a thinker after the "May Fourth New Cultural Movement" . He tried to overcome the shortcomings of that movement. He objected to overall westernization, Scientism and National Nihilism. From the viewpoint of oriental philosophy, he criticized Western ontology, objected to treating noumenon from objective way of thinking, emphasized the metaphysical meaning of noumenon to man. He also absorbed some thinking materials and methods from Western philosophers like Russell, Bergson and Hegel in an attempt to unite the oriental and western philosophies.

Chapter Four "Study on Chinese Learning" presents the ideas put forward by Xiong when he cleared the traditional academic theories. He held that the Confucian School was the main force of the Chinese Culture and that the other schools all derived from it. The "Da Dao Xue" （大道學）

founded by Confucius failed to pass on, while "Xiao Kang Xue"（小康學）was changed by the thinkers after Han Dynasty into a tool to serve the feudal dictatorship. The philosophers of Song Dynasty and Ming Dynasty did something to reform ontology, but they failed to shake off the yoke of the feudal code. He stated that the true meaning of Confucism is to determine one's ethnic being and to impel humanbeing to develop towards a fair and reasonable direction.

Chapter Five "the Unity of Noumenon and Phenomenon" introduces Xiong's theory of ontology. In Xiong's opinion, there is no self-stipulation when material phenomenon and spiritual phenomenon are viewed separately. But when they are in one, they represent noumenon. Noumenon is the unity of continuity and intermittence which he named "Heng Zuan"（恒轉） or "Life" . The life of the universe and the life of every one are all the same. He thought that non-organic material is another form of life. However only man can feel the existence of life. This kind of conscious life is what he called "Ben Xin"（本心） which is the kernel of his ontology. "Ben Xin"（本心）, with the help of "Xi"（翕） splits the material world from the rest, and with the help of "Pi" (辟) makes the material world return to itself, it is a kind of idealist theory.

Chapter Six " 'Xi' (翕) and 'Pi' (辟) Make Up Movement" presents Hsiung's conceptual materialist thoughts. Hsiung held that contradiction is to oppose each other; and yet also complement each other; and "Xi" (翕) and "Pi" (辟) are the very forms that refl ect this contradiction. He set right the Chinese traditional dialectics which had overstressed the conflicting relationship and he emphasized the internal unity of "Xi" (翕) and "Pi" (辟) . In addition, he studied the dialectic relationship between noumenon and function, time and space, existence and nihilism, quality and quantity, generality and individuality, cause and result, etc, and he touched some sides of the objective dialectics. He did not, however, imagine that contradiction is the cause of movement and thus turned to relativism from dialectics.

Chapter Seven "Man's two kinds of Cognitive Abilites" gives an account of Xiong's epistemology. In Hsiung's view, man has two kinds of cognition. One comes from one's "Ben Xin" (本心) , which he termed as "Xing Zhi"

（性智）. It is recognition of oneself from "Ben Xin"（本心） itself. Therefore the existence of "Ben Xin"（本心）can be proved. Another kind comes from "Xi Xin"（習心）, which he named "Liang Zhi"（量智）. It is the knowledge drawn out of daily experiences by man, and it is also the source of scientifi c knowledge.

Chapter Eight "Man's value" presents Xiong's view of Value and his theory of human nature. He thought that "Ben Xin"（本心）is the source of moral value and set self-improvement as his moral value goal. He added such contents as independence, self-determination, equality, etc into the Confucian thoughts and did his best to realize the change of value view. Meanwhile he still kept the Confucian theoretical feature of attaching great importance to ideological self-cultivation.

Chapter Nine "Hsiung's later Years" tells of Xiong's experiences after the founding of the People's Republic of China. In his later years, he continued his revision of philosophical system and wrote out such works as Noumenon and Function, Study on Confucism, The Concept of Heart and so on. He received good care from the government and was elected committee member of the 2nd, 3rd, and the Fourth Chinese People's Political Consultative Conference. Unfortunately he was Persecuted to death on the "Cultural Revolution".

Chapter Ten "the Dissemination of his Thoughts" gives a brief account of the infl uences both at home and abroad of his academic thoughts, and the evaluation and study by the academic circles. This chapter also introduces briefly the succession and development of his academic thoughts by his students Tang Junyi, Xu Fuguan and Mou Zongsan, and their own major academic opinions.

Appended to this book is the paper "Xiong Shili's Quest for Authentic Existence" by American Sinologist Du Weiming Also appended is Xiong's resume.

目 錄

C O N T E N T S

第一章

無悔的人生

1.1　初涉人世

　　1885年春季，熊十力出生在湖北省黃岡縣上巴河張家灣一個貧苦的鄉村私塾先生的家裡。這個小生命來到世間，並沒有給他的雙親帶來多少歡愉，反倒添了幾分憂愁，家裡又多了一張吃飯的嘴。也許是這個緣故吧，父親和母親竟沒有記住他出生的日子。熊十力成了有名的學者後，朋友和弟子為他祝壽，他只好選定正月初四（即春節後的第三天）作為自己的生日，取其「一春占先」之意，討個吉祥。

　　熊十力原名繼智，又名升恆、定中。中年學佛以後，改成「十力」這個帶有佛教色彩的名字。「十力」本是梵文Dasabala的意譯，指佛或菩薩具有十種非凡的智力。熊十力字子真（亦作子貞），晚年自號漆園老人、逸翁。

　　熊家曾經是耕讀傳家的書香門第。熊十力的幾代先祖都是讀書人。他在紹述自己的家世時說：「我家幾世學守禮」，「余先世士族，中衰」。熊家自何時中衰不得而知，但到他祖父這一代確實已一貧如洗了。祖父熊敏容已失去「四民之首」的榮耀，成了一位木匠。他靠著自己的手藝，在鄉間走門串戶，掙幾個血汗錢勉強維持一家三口人的生計。熊十力在《先世述要》中這樣形容祖輩的窘境：「余家世貧困⋯⋯三世單丁，都無立錐地。」熊敏容把光宗耀祖的希望寄托在唯一的兒子身上。儘管囊中羞澀，生活艱難，他仍省吃儉用，擠出錢來供兒子讀書。熊十力的父親熊其相讀書倒是很努力，卻未能實現光復門第的夢想。他好學上進，用功甚勤，卻厭惡科舉。他沒有走「學而優則仕」的道路，僅成了一位鄉塾先生。「講程朱學於舉世陷溺八股

之代，以作紳士、行敲詐為子弟及生徒戒。」他為人正直，同情貧苦鄉親，憎恨以強凌弱、以富欺貧的醜惡現象，贏得了村民們的敬重。他對子女和學生要求很嚴，這對他們的成長無疑是具有良好的影響。他是一位好教師，一位好父親。熊其相未能使家擺脫貧困，他唯一做到的是改變了「三世單丁」的境況。他有六個男孩，四個女孩。熊十力排行老三。這麼多的嘴都要他供養，真夠他受的，沉重的負擔壓得他幾乎透不過氣來。

「紡織娘，沒衣裳，泥瓦匠，住破房。」熊其相的命運何嘗不是如此！這位教書先生的子女竟上不起學堂！大兒子熊仲甫勉強讀了幾年書，到十五歲便輟學務農，分擔父親肩上的負擔。他只能在耕作之餘讀一點書。三子熊十力到了讀書的年齡再也進不起學堂，八九歲便操起小鞭子，為鄰居放牛，賺幾斗米貼補家用。熊其相常年在外地設館授徒，偶爾回家一次，教這個放牛娃識幾個字，有時講個歷史小故事，算是對他的啟蒙教育。

熊十力天資聰慧，記憶力、理解力特別強，接受這麼一點點「啟蒙教育」竟能很快地粗通文字。父親發現他是個讀書的材料，便在他十歲那年把他帶到自己執教的鄉塾中，讓他旁聽五經章句以及各種史籍的講解。熊十力很喜歡聽課，雖然他不是正式的學生，可是比正式學生還認真，全神貫注地聽父親講課。

幼年時代的熊十力在讀書聽講時特別喜歡動腦筋，提問題，不滿足於字面上的了解。有一次，父親給他講了秦始皇「焚書坑儒」的故事，他聽後突然問道：「是不是儒生們要造反？」父親笑而不答，不

過那神情已告訴熊十力，造反未必是壞事。也許就是這次談話在熊十力幼小的心靈深處埋下了反叛意識的種子。

熊十力讀書時感情十分投入，常常進入與書中人物共命運的境界。有一次，他在家夜讀《岳飛傳》，當讀到岳飛被奸相秦檜以「莫須有」的罪名陷害，慘死在風波亭時，他再也控制不住感情，竟號啕大哭起來，並憤怒地連聲高喊：「殺死秦檜，還我岳飛！」全家人都在睡夢中被驚醒，不知發生了什麼事。父親跑到熊十力的房間裡一看，才明白了。他費了許多口舌，勸了好大一陣子，才把熊十力從書中「拉」出來。熊十力對文史懷有特殊的感情，很喜歡讀歷史上的那些悲壯故事，讀後常常感動不已，聲淚俱下。他從這些歷史故事中吸取中國傳統文化的精華，培養拳拳愛國之心，立下堅貞救國之志。岳飛等一大批民族英雄、仁人志士成為他心中效仿的楷模。

在父親身邊讀書的一年是熊十力童年最快樂的日子。可惜好景不長。父親積勞成疾，患上了肺病。為了一家人的生計，他不能躺下來養病，也無錢買藥治病，只得硬撐著繼續給學生上課。開始還挺得住，後來病情越來越嚴重，常常咯血，虛弱的身體迫使他不得不辭去從事多年的教職。1896年夏季，他拖著病軀離開塾館回家養病，企盼著病情好轉。可是他萬萬沒有想到，躺下之後再也無力爬起來了。病情日益惡化，他終於在秋冬之交撇開妻兒老小，撒手人寰。

在彌留之際，父親把年僅十二歲的熊十力喚到病榻旁邊，望著兒子那瘦小的身軀和那雙深邃的大眼睛，驀然從心裡升起一股不可言狀的遺憾。他喃喃地說：「看來你書是讀不成了，這麼瘦弱的體格也干

不動農活、重活，還是學個裁縫手藝，混碗飯吃吧！」熊十力好像一下子大了許多，聽後激動不已。他當即向敬愛的父親立下誓言：我將來無論做什麼，都不放棄讀書，「當敬承大人志事，不敢廢學」。父親臨終留下的遺言是：「窮於財，可以死吾之身，不能挫吾之精神與意志。」這句意味深長的話深深刻在熊十力的心田，成為他終身不忘的座右銘。

父親去世不久，母親陳氏也離開了人間。父母雙亡，大哥熊仲甫擔負起一家之長的責任，照顧熊十力的生活起居。熊十力離開心愛的學堂，又一次拿起鞭子為人家放牛。他沒有忘記在父親臨終時自己立下的誓言，雖失學但不「廢學」，學著哥哥的樣子，一邊放牛，一所讀書，常常學習到深夜。熊仲甫夫婦為弟弟的好學精神所感動，想方設法讓弟弟復學。熊仲甫帶著弟弟找到父親生前好友何聖木先生的家，懇請何先生收留熊十力在他的塾館讀書。何先生答應了他的請求，並很快喜歡上這個天資聰慧的學生，還破例免收他的學費。可是熊十力在田野中自由自在慣了，不耐塾館規矩的約束，他讀了半年就離開了塾館，仍過著一邊勞動一邊自學的生活，有不懂的地方便到塾館中向先生請教。這半年塾館學生是熊十力在少年時代唯一的正式學歷，而何先生則是他拜的唯一的老師。熊仲甫在農閒的時候，常常同一些讀書人來往。有時他也帶著熊十力到朋友家聚會。通過哥哥的關係，熊十力結識了鄰縣具有改良思想的孝廉何焜閣先生，還結識了何自新、熊岳如、張海濤、王漢等具有革命思想的青年。這些人後來在辛亥革命期間都成了熊十力的戰友。

熊十力十幾歲就喪失雙親，哥哥對他管約亦不嚴格。這樣的環境

使他養成敢作敢為、狂放不羈的性格。他曾鬧廟打破菩薩的泥像，還曾脫光衣服赤條條地躺在廟中香案上睡覺，來人也不回避，坦然自若，頗有晉人劉伶「以天地為屋，以屋舍為衣褲」的狂士風度。他是鄉間有名的「熊大膽」。有一次，謠傳熊家堰回龍廟夜間鬧鬼，同鄉熊岳如和李聖貞想試一下熊十力的膽量，便對他說：「我們白天在廟中五聖菩薩神龕前放五串銅錢，你敢不敢在半夜裡取回來？」「那有什麼不敢！」天不怕地不怕、不信鬼不信邪的熊十力慨然應允。半夜裡，他一個人摸黑闖入「鬼」廟，取回五串銅錢，順手還扭斷泥菩薩的一只手帶了回來。

經過多年堅持不懈的努力，熊十力的學問大有長進。對於經史諸子百家均有所通曉，詩詞歌賦也背了不少，文章寫得也頗像樣。他是自學成才的，沒有受舊私塾陳規陋習的束縛，思想放得開，善於獨立思考，頗有「六經皆我注腳」的氣度，不是那種只會讀死書的書呆子。到十六七歲時，他開始形成最初的哲學信仰。他特別喜歡讀明代學者陳白沙的書。熊十力晚年在回顧自己當時讀書的心情時說：「忽起無限興奮，恍如身躍虛空，神游八極。其驚喜若狂，無可言擬。頓悟血氣之軀非我也，只此心此理方是真我。」[1]這大概就是理學家常說的「自識本心」的境界吧！陳白沙是中國明代著名哲學家，名獻章，字公甫，號百齋。早年學宗朱熹，後來服膺陸學，以心為其哲學出發點，突破朱學的藩籬，建立明代第一個較為系統的心學體系。他認為心「無內外，無終始，無一處不到，無一息不運。會此則天地我

1　《十力語要初續》，香港東升書局，1949年，第202—203頁。

立，萬化我出，而宇宙在我矣」[2]。陳白沙哲學前承陸九淵，後啟王陽明，是陸王學派的中間環節。熊十力對陳白沙的欣賞態度對於他後來成為「新陸王」型儒家學者無疑具有導向作用。

熊十力在少年時代雖未受過正規的、系統的教育，但由於他多年來持之以恆、孜孜不倦地自學，基礎打得也不錯。對他影響最大的當屬儒家的入世精神。他曾把范仲淹的名句「先天下之憂而憂，後天下之樂而樂」寫在自己的書桌旁，時時以為警策。通過多年的自學實踐，他養成良好的學習習慣和勤於思索的治學作風。這是他日後成為成就卓著的國學大師所必不可少的條件。總之，少年時代的自學生涯為熊十力一生的為人治學奠定了堅實的基礎。在儒家傳統思想的薰陶下，他發愛國愛民的仁心，為挽救民族危亡敢於投身辛亥革命；出於對傳統文化的眷戀，他融通中國、印度與西方之學，創立了獨具一格的現代新儒家思想體系。

1.2　戎馬青春

熊十力在少年時代所接觸的學問大抵沒有超出儒家正統思想的範圍。步入青年時代之後，他開始接觸新學，眼界大開，誠心服膺，一度成為儒家正統思想的叛逆。他不滿足於從書本上得來的學問，開始投身於反清革命的洪流，他要在社會大課堂中探索救國救民的真理。

鄰縣孝廉何焜閣是幫助熊十力打開眼界的人。何焜閣去過北京，

2　　《陳獻章集》，中華書局，1987年，第217頁。

他聽到康有為「公車上書」之事，非常高興，以為找到了一條救國之路。受維新思想的影響，何焜閣開始接受西學。每逢到省城辦事或會考，他都要買回一些「格致啟蒙」一類的新書。他不但自己讀，還向朋友們推薦，他的寓所成了當時傳播新學的小圖書館。熊十力經常到何家去借書、讀書，貪婪地吞噬他所能接觸到的新知識、新思想。他的思想平生第一次受到強烈震動，開始用新的眼光審視儒家正統思想並且萌發反叛意識。他這樣描述自己當時的思想變化：「得一格致啟蒙，讀之狂喜，後更啟革命思潮。六經諸子，視之皆土苴也；睹前儒疏記，且擲地而詈。」[3]中西兩種文化在他的心中發生激烈的撞擊與衝突。同當時的激進青年一樣，他斷然採取以新學否定舊學的立場。

不過，他並沒有同傳統文化一刀兩斷。他在批評儒學正統思想的同時，也注意從前人那裡汲取思想營養。他特別喜歡讀顧炎武、王夫之等明末清初啟蒙思想家的著作。顧炎武在清兵入關後毀家紓難，曾在蘇州、昆山等地組織武裝力量抗清。事敗後他奔走於大江南北，旅居齊、燕，游歷西北，聯絡有志之士，著書立說，始終不向清廷屈服，他寫的《日知錄》、《天下郡國利病書》等著作，總結明亡的歷史教訓，矯正宋明理學空疏之弊，開清代朴學實學之風。王夫之也是明清之際的抗清志士，明亡後隱伏深山，在極其艱苦的條件下，奮筆疾書，寫出《周易外傳》、《尚書引義》、《讀四書大全說》、《張子正蒙注》、《思問錄》、《黃書》、《噩夢》、《老子衍》、《莊子通》等大量著作，成為中國古代哲學的集大成者。熊十力服膺顧炎武、王夫之的學問，更敬佩他們的為人。他決心以他們為榜樣，投身革命，推翻

3　　《十力語要》卷一，第53頁。

清廷，重振中華雄風。如果說新學是推動熊十力走上舊民主主義革命道路的第一個思想動力的話，那麼顧、王等人的學說則是另一個思想動力。

當然，促使熊十力走上革命道路的最主要原因並不是書本知識，而是當時的社會現實。19世紀末20世紀初，在帝國主義列強的蹂躪和封建王朝的統治下，中國國勢日益衰微，中華民族已陷入岌岌可危的境地：「俄羅斯，自北方，包我三面；英吉利，假通商，毒計中藏；法蘭西，占廣州，窺伺黔桂；德意志，膠州領，虎視東方；新日本，取台灣，再圖福建；美利堅，也想要，割土分疆。」[4]在帝國主義淫威面前，腐敗的清政府卑顏奴膝，抱定「寧贈友邦，勿與家奴」的宗旨，甘心做列強的「守土官長」，早已墮落成了「洋人的朝廷」。戊戌變法失敗後，越來越多先進的中國人認識到：維新之路在中國是行不通的，除非革命，別無選擇！這股革命思潮強烈地撞擊著青年熊十力的心扉。

1900年，年僅16歲的熊十力便與同縣的何自新、圻水的王漢等熱血青年結伴同行，離開養育自己的家鄉來到省城武漢闖蕩。他們聯絡四面八方的志士同仁，共圖革命大業。為了生存，熊十力不得不去做苦工。有一次大哥熊仲甫到武漢看望他，看到弟弟那瘦小的身體和憔悴的面容，禁不住流下心痛的淚水。熊十力倒是滿不在乎，反倒勸哥哥說：「吃點苦算什麼，大丈夫只流血不流淚！」反清革命應當從何處下手？何自新認為宣傳主義、建立團體、鼓動群眾最重要，於是，

---

4   《陳天華集》，湖南人民出版社，1982年，第36頁。

他進入文華書院，拿起筆桿子，以教學為掩護，物色四方豪俊，從事革命的宣傳和組織工作。熊十力則認為，只有槍桿子才能解決問題。1901年，他毅然決定從軍，入武昌新軍第三十一標（又稱凱字營）當兵，打算從新軍內部拉起一支革命隊伍。熊十力拿起槍桿子，也沒有放下筆桿子。他白天參加操練，夜間讀書學習。他經常向士兵們宣傳革命思想，介紹國內外形勢動態，揭露清政府的腐敗墮落，鼓動大家調過槍口投身於革命事業。有一次，熊十力寫了一篇短文，痛斥清鄂軍統制張彪，並大膽地署上自己的名字，公開張貼在軍營的揭示板上供大家觀看。張彪得知後氣得暴跳如雷，馬上派人抄錄下來呈報湖廣總督張之洞，要求嚴懲。文人出身的張之洞讀後覺得文筆通順，文章組織得不錯，一個十六七歲的娃娃能達到這樣程度也不簡單。他居然沒有生氣，對張彪說：「這不過是小孩子胡鬧罷了，何必計較！」並不予追究，張彪討了個沒趣。1903年，熊十力考入湖北陸軍小學堂仁字齋，成為一名既學文又習武的學生兵。這為熊十力從事革命活動提供了便利。他經常來往於學堂與軍營之間，秘密串聯，暗中積蓄革命力量。

熊十力的好友何自新在「宣傳主義、建立團體、鼓動群眾」方面也很有成績。1904年，何自新聯絡在武漢的革命志士，經過秘密協調醞釀，在武昌多寶寺建立了一個革命團體—科學補習所。呂大森任所長，何自新任文牘，胡瑛任招待兼庶務。1906年3月，又在科學補習所的基礎上成立日知會，並同孫中山領導的同盟會建立聯繫，負責領導全省各地的革命運動。熊十力經何自新介紹加入剛剛成立不久的日知會，並成為其中的骨幹之一。為了擴大日知會的影響，熊十力與熊

飛宇、邱介甫、童愚等人商議，決定在黃岡籍的士兵和學生中建立一個革命組織，這個組織叫作「黃岡軍學界講習社」。講習社採取傳統的蘭譜作為組織形式，互相交換帖子，上面寫著自己家族的譜系，結拜為盟兄弟。每十人為一譜。平時以譜為單位開展活動，每逢周日全社人員集中起來，開展大型的宣傳講演活動，傳播革命思想，交流活動信息，商議行動對策。熊十力是講習社的主要領導者。為了搞好講習社的工作，他全力以赴，發通知，策劃行動方案，主持社務甚為得力，贏得了全體社員的擁戴。在他的領導下，講習社發展很快，參加者已超出黃岡籍的範圍，其他縣的同道者也紛紛加入。講習人數最多時達到百餘人，成為日知會一個很強的外圍組織。其中有許多人都是辛亥革命的參加者，有些人為革命獻出了年輕的生命。

革命形勢有如星火燎原，發展很快。革命黨人越來越強烈地意識到：要想奪取勝利，非採用暴力不可。1906年春，日知會的同志得知清廷戶部侍郎鐵良南下催逼田賦將至湖北的消息，決定採取行動，暗殺鐵良，以打擊清廷的反動氣焰。熊十力的好友王漢奮勇當先，爭取到這項任務。他身藏手槍，跟蹤鐵良，待機行事。鐵良乘坐的火車停在河南彰德站，他走下車來。王漢利用這個機會，迅速拔槍連發三彈。雖命中鐵良，可惜未擊中要害。大批軍警立刻向王漢圍了過來。王漢無法沖出重圍，也不願落入敵人之手，便憤然投井自殺。戰友英勇犧牲的噩耗傳來，熊十力悲痛萬分。他為戰友的果敢行為感到驕傲，更加堅定了革命必勝的信念。他奔走革命，呼號更疾。

鑑於革命形勢日趨高漲，1906年夏季熊十力打算策動兵變，舉行武裝起義。他的設想是：第一步，秘密聯絡荊襄、巴、粵、豫等地的

革命會黨以及洪門哥老會，首先發難；第二步，乘清廷派兵圍剿之機在武昌發動更大規模的起義，占領中心城市並且盡快擴大戰果，爭取割據一方，建立鞏固的根據地；第三步，會合各路義軍，共同北伐，直搗北京，一舉推翻清政府。為了實施這一宏大的計劃，他在軍隊中積極活動，聯絡同仁，傳遞消息。不料走漏了風聲，被清軍軍監劉邦驥偵知。劉急報鄂軍統制張彪。張彪立即下令混成協協統黎元洪馬上逮捕熊十力。幸虧在黎部任督隊官的日知會成員季雨霖事先知道消息並通知熊十力，才使熊十力得以逃脫。熊十力在何自新一家的掩護下，藏在何家的天棚中十餘日。避開風頭之後，他化裝成一位來省城看病的鄉下婦女，由戰友們抬到武勝門江邊，租一條小船，順長江而下，秘密返回故鄉黃岡。為了躲避軍警的追捕，他化名周定中，住在百福寺白石書院孔廟，以教書為掩護，仍舊從事革命活動。張彪沒有捉到熊十力，十分惱怒，他竟懸賞五百金求購熊十力的項上人頭，還下令查封熊十力創辦的「黃岡軍學界講習社」，以洩心中之恨。

1911年，武昌起義終於爆發了。熊十力得到消息急欲奔赴武昌，無奈交通已中斷。他隨著家鄉起義軍的隊伍參加了光復黃州的戰役，隨軍回師闊別已久的武漢，並立即參與湖北革命都督府的組建工作。都督府成立以後，他擔任參議。辛亥首義告捷，熊十力多年來的願望終於實現了，一種躊躇滿志的感覺油然而生。在十二月的一天，他與好友吳崑、劉子通、李四光等黃岡同鄉在武昌雄楚樓聚會，共慶勝利。他們乘興取出文房四寶，展開宣紙，依次揮毫潑墨，表明心志。吳崑寫了一首李白的詩：「問余何事棲碧山，笑而不答心自閒，桃花流水杳然去，別有天地非人間。」劉子通寫道：「生而不有，為而不

恃，功成而弗居，若有心若無心，飄飄然飛過數十寒暑。」他發揮老子功成名退的古訓，似有急流勇退之意。李四光寫的是「雄視三楚」。熊十力寫下八個蒼勁有力的大字：「天上地下，唯我獨尊」。一股豪氣貫透紙背！這句話出自佛經，是佛教徒們用來恭維佛祖釋迦牟尼的。生性豪爽、狂放不羈的熊十力並不把佛祖放在眼裡，只相信自己的主觀戰鬥精神，他借用這句話表達自己的凌雲之志和「與萬物同體」的胸懷。他經常吟誦陸王心學派的開山陸九淵的詩句：「仰首攀南斗，翻身倚北辰，舉頭天外望，無我這般人。」這都表現出他的自信和自負的性格。

1912年1月，中華民國臨時政府在南京成立，孫中山就任臨時大總統。為紀念武昌首義，季雨霖等人受命在武漢組建日知會記錄所，負責記錄革命史實，編纂《日知會志》。他們延聘既熟悉情況，文筆又好的熊十力擔任編輯。熊十力曾上書新政府，請求紀念他的兩位為革命捐軀的摯友王漢和何自新。他的請求得到批准，使這兩位辛亥英烈得以從祀武昌烈士祠。他親自為二位烈士作傳，沉痛悼念為革命灑下熱血的王漢烈士，沉痛悼念日知會的創立者之一、因積勞成疾英年早逝年僅29歲的何自新烈士。

封建軍閥袁世凱篡奪革命成果，竊取總統之職，革命形勢發生逆轉，封建勢力捲土重來。轟動一時的辛亥革命除了趕走清朝皇帝外，並未改變中國半封建半殖民地的狀況。熊十力沒有被袁世凱的偽裝所迷惑，很快識破了他的反動嘴臉。有人邀熊十力北上投袁，他堅決拒絕並勸自己的朋友也不要去。他以筆作槍，撰寫討袁檄文，投入反對封建軍閥的戰鬥行列。1913年孫中山繼辛亥革命之後又領導反對袁世

凱封建獨裁的戰爭，史稱「二次革命」。二次革命失敗後，孫中山逃亡日本，熊十力感到在軍隊裡已無必要，便要求退伍。獲准後他離開武漢，到江西德安石門蘆塘畈定居。不久前，他的長兄熊仲甫已率全家遷此墾荒。熊十力用遣散費為兄弟們購置田產，自己則集中精力讀書。他先後住在九仙嶺陽居寺和敷陽山的積慶寺讀書，下了很大的工夫，用一年多時間讀完先秦諸子的著作以及能找到的已譯成中文的西方哲學書籍。這為他後來整理國學、研究哲學打下了基礎。有時他也到村裡的塾館執教，一面教書授徒，一面博覽群書，豐富自己的學識。他讀書很用功，決心把自己因忙於從事革命活動而耽誤的時間全部補回來。

1914年，已屆而立之年的熊十力在武昌同傅既光結婚成家。傅既光是老秀才傅曉榛先生的幼女，父親行醫為業，家境較富裕，世代書香門第，她受過良好的教育。熊十力常年不在家，家庭的重擔幾乎要靠她一人擔起。她同熊十力生了一男二女。長女名幼光，長子名世菩，幼女名再光。

在離開軍隊的兩年多的時間裡，熊十力雖然身居窮鄉僻壤，可是從未忘懷國事。他密切地注視著時局的變化，等待著革命形勢的轉機。1917年，孫中山在廣州建立護法軍政府，率粵、桂、湘、川等軍抗擊段祺瑞執政府，發起護法運動。熊十力聞訊後再次從軍，隨湖南民軍參加桂軍抗擊皖系軍閥的戰鬥。後來又同友人白逾恆一道，奔赴革命根據地廣東，入護法軍政府輔佐孫中山。可是不到半年，孫中山由於受到軍閥的排擠，被迫辭去大元帥之職，護法運動遂告失敗。熊十力見到這種情況，只得離開廣州，返回德安。

青年時代投身革命的戎馬生涯是熊十力一生中閃光的一頁，使他終生難以忘懷。他多次揮筆撰文，紀念辛亥盛事。他為居正著《辛亥札記》作序，熱情謳歌武昌首義之壯舉：

遜清末葉，革命之發動，多主由邊省著手，以為腹地進攻，或難操勝算，黃克強入粵，宋教仁、吳崑等走東北，皆持此主張。其後遯初（宋教仁）諸公雖有長江中部同盟會之議，而實則徒有名義，諸公亦未肯駐鄂……武漢為南北關鍵，一旦動搖，則四方瓦解。昔者何烈士嘗持此說，不期與其預測合也。自昔史家之論，凡領導群倫而為萬民所托命者，必用天下之智以為智，而非恃一己之智也；用天下之力以為力，而非恃一己之力也。孫公宏願毅力，以革命呼號海內外，領導群倫而任同志各盡其智與力，皆使自由活躍，無所牽制，無所顧忌。故鄂垣一呼而萬方響應，共戴孫公無異志。後之論者，於此不容忽也。楚人自昔有抵抗強暴之特性……元人入關，有天下者九十年，而徐壽輝、陳友諒、明玉珍諸輩，皆以鄂籍而發大難，驅暴元，還大統於朱明，育華種以自由；今之復清，又由鄂始，此非論史者可注意之事乎？清末革命思潮，雖已澎湃於全國，然使無充實有力之根據地，則亦難遽睹其成，同盟會所以收功實於武昌，則以鄂中無數志士，早從軍隊著手。當時純為民族、民權二大思想而忘身……民生主義，似不甚注意……鄂人不計死生，哀號於軍隊中，使全軍皆革命黨，人人置死生於度外，此股雄壯之氣，如何可當？辛亥暴發，而瑞澂、張彪不得不逃，亦大勢之必然也。惜乎袁氏凶狡，摧殘三楚新興之氣殆盡，而國事乃不可問矣……

1.3　中年轉軌

辛亥革命是熊十力青年時代經歷的最偉大的事件，也是他學術思想形成的實踐基礎。經過革命大潮的洗禮，他的思想染上強烈的反帝反封建色彩，而辛亥革命失敗的歷史教訓也曾在他思想上投下難以抹去的陰影。正是因為辛亥以後革命鬥爭屢屢失敗，才促使他彷徨、焦慮、反省和沉思。他終於告別青年時代的戎馬生涯，放下槍桿子，拿起筆桿子，告別政壇，轉向學界，由一位激進的舊民主主義戰士變成一位有原創力的現代新儒家學者，一位卓有成就的國學大師。

無數革命先烈拋頭顱、灑鮮血換來的辛亥革命果實為什麼迅速即被袁世凱之流輕而易舉地竊取？「無量頭顱無量血，可憐贏得假共和」，教訓究竟在哪裡？這些問題經常環縈在熊十力的腦際。他找不到能夠使自己滿意的答案，內心十分痛苦。辛亥革命後封建軍閥假借革命的名義你爭我奪，爾虞我詐，「亂哄哄你方唱罷我登場」，攪得偌大的中國一日也不得安生！辛亥革命推翻了一個清朝皇帝，卻冒出來數十個大大小小的土皇帝，這到底是怎麼一回事？嚴酷的政治現實終於使熊十力對舊民主主義革命的前途產生了懷疑。「念黨人競權爭利，革命終無善果。又目擊萬裡朱殷，時或獨自登高，蒼茫望天，淚盈盈雨下。以為禍亂起於群眾昏瞶無知，欲專力於學術，導人群以正見。」[5]在熊十力看來，辛亥革命之所以失敗，原因在於「破壞」有餘，而「建設」不足，沒有人肯在學術上下工夫，沒有幫助人們樹立健康的人生觀和世界觀。他消極地總結辛亥革命失敗的教訓，以為中

5　　　《十力語要》卷一，第81頁。

國的出路不在於政治革命，而系於學術革命。「於是始悟我生來一大事，實在政治革命之外者，痛悔以往隨俗浮沉無真志，誓絕世緣，而為求己之學。」[6]他抱定「學術救國」的宗旨，打算通過整理研究國學的途徑影響世界，改變人們的思想觀念和價值取向，從而建設理想的新社會，使災難深重的中華民族走出困境。

熊十力拿定主意之後，便離開廣州返回德安。做學問從哪裡下手？想來想去覺得有必要先將自己的思想整理一下。於是，他便從1916年以來積累的讀書札記中選出25則，編成《熊子貞心書》，自印行世。不意此書竟得到學界泰斗、北京大學校長蔡元培先生的賞識。蔡先生撥冗為此書作序，他寫道：「今觀熊子之學，貫通百家，融會儒佛。其究也，乃欲以老氏清淨寡欲之旨，養其至大至剛之氣。富哉言乎！遵斯道也以行，本淡泊明志之操，收寧靜致遠之效，庶幾橫流可挽，而大道亦無事乎他求矣。」蔡元培先生的序使熊十力受到極大的鼓舞，更增強了自信心，他感到自己可以在學術園地裡有所作為。他深深感謝蔡先生獎掖後學。《熊子貞心書》是熊十力的處女作，是他開始躋身學術界的標志，也是他研究國學的起點。這本書雖然沒有多少新意，卻也預示著熊十力將以融會佛儒、貫通中西作為今後治學的大方向。

熊十力尋求「為己之學」，顯然寄希望於傳統的學術思想。對於儒、釋、道三家，熊十力起初並沒有表現出明顯的傾向性，後來很快把注意力轉向佛學。他在學術思想上之所以出現如此變化，原因很複

---

6   同上。

雜。

　　應當說，儒、釋、道都是中國傳統文化的組成部分。在這三家中，儒家無疑居主導地位。自從近代東西文化發生撞擊以後，儒家開始衰微，逐漸失掉在思想界的主導地位。在新學與舊學的論爭中，儒學被歸入舊學營壘，學者們一時還不能把儒學同封建禮教區別開來。一些進步的思想家如譚嗣同、章太炎等人，為了找到足以同西方哲學相抗的思想武器，也為了找到批判封建禮教的思想武器，都特別看重思辨性很強的佛學。章太炎在他主編的《民報》上發表多篇佛學方面的文章，甚至被他的論敵譏為「不作民聲作佛聲」。譚嗣同在他的代表作《仁學》自序中竟署上「華相眾生」這一具有佛教色彩的筆名。他們十分欣賞佛教中「眾生平等」等詞句，認為這同現代的民主、民權觀念相契合；他們認為佛教的精意就是所謂「威力」、「奮迅」、「勇敢」、「大無畏」、「大雄」、「普度眾生」等，企圖借助佛教信仰鼓舞自己的鬥志，發揚主觀戰鬥精神。參加過辛亥革命的熊十力曾把譚嗣同、章太炎奉為精神導師，他沿著他們的思想軌跡而轉向佛教，這是順理成章的事情。

　　熊十力轉向佛教也同他當時的精神狀態有關。熊十力回到德安不久，他的幾個兄弟相繼染病去世，這對他的打擊很大。國事和家事兩方面的煎熬使他心灰意懶，萌發「人生是苦」之念。他希望從佛教中找到精神慰藉，使自己能夠從痛苦中解脫出來。

　　熊十力轉向佛教的直接原因是他結識了梁漱溟。梁漱溟曾經是一位虔誠的佛教信徒，屢次表示素食不婚，兩次自殺（未遂）舍身求

法，一心皈依佛門。他多次撰文讚揚佛教博大精深。熊十力早年在梁啟超主編的《庸言》雜志上發表過批判佛教思想的讀書札記，梁漱溟讀後大為不滿，撰文反駁。1916年，他在《東方雜志》十三卷第五至八期上連載長文《究元決疑論》，指名道姓地批評熊十力愚昧無知，不解佛教真諦。熊十力讀了梁文後並沒有生氣，反倒促使他認真地讀了一些佛教方面的書籍。讀後他覺得佛教並非都是虛言，似乎也有一定的道理。可究竟道理在哪兒，還不十分清楚。1918年至1920年間，熊十力在天津南開中學任教。他給當時在北京大學擔任特約講師的梁漱溟寫了一封信，信中說：「您在《東方雜志》上發表的《究元決疑論》，我已經拜讀。其中那些罵我的話，我覺得還有些在理。希望能夠有機會同您面談一次。」梁漱溟很快回信答覆，欣然表示同意，並且約定了會面的時間和地點。1919年暑假期間，熊十力專程從天津到北京會見借居在廣濟寺的梁漱溟。梁漱溟當時僅26歲，熊十力已34歲了，年齡的差距並沒有成為他們之間溝通思想的障礙。熊十力和梁漱溟都是辛亥革命的參加者。熊十力是日知會的成員，梁漱溟是京津同盟會的成員。二人對辛亥革命失敗後政界的腐敗和混亂情形都有切身體會，都有尋求「求己之學」的共同志趣。二人會面，自然會有說不完的話。他們從各自的經歷談到時局，談到學問，最後把話題集中到佛學方面。都有相見恨晚之感。他們在感情上甚為相契，遂結為莫逆之交。他們從這次會面建立起來的友誼保持了半個多世紀之久。他們之間的交情之深，延續時間之久，在學術界傳為佳話。二人後來都出佛入儒，成為現代新儒家陣營中的主將。

1920年暑假，梁漱溟到南京支那內學院拜訪唯識學大師歐陽竟

無。他此行有兩個目的，一是向歐陽竟無大師請教，二是介紹自己的好朋友熊十力入內學院學習。這兩個目的都達到了，歐陽竟無答應收熊十力為自己的學生。從這年的秋季開始，年已36歲的熊十力開始了三年艱苦的讀佛經的學習生活。這是他一生中集中學習時間最長的一次。

支那內學院的前身是金陵刻經處研究部。1866年，佛教居士楊文會（字仁山）先生創辦金陵刻經處，附設「祇洹精舍」，經營刻印佛教經典，招生教習佛典和梵文、英文，培養出一批近代佛教學者。他的高足歐陽竟無繼承乃師的事業，於1918年在南京設立金陵刻經處研究部，培養佛學人才。1920年又在研究部的基礎上正式建立支那內學院，學制三年。熊十力等是該院的第一批學員。

在支那內學院三年的時間裡，熊十力終日沉潛於唯識宗的浩瀚的經卷之中，探求佛教的真諦。「追尋玄奘、窺基宣揚之業，從護法諸師上索無著、世親，悉其淵源，通其脈絡。」[7]因用功過度，他患了神經衰弱症。他經常忍著頭痛，苦讀不止，寫下數十萬字的讀書筆記。他是學院中最用功的學生，也是最窮的學生。他只有一條中裝長褲，晚間洗了第二天早上等干了才有穿的。若陰天干不了，只好光著腿穿長衫。同學們戲稱他是「空空道人」。

佛教唯識學向稱難讀，熊十力硬著頭皮終於啃下了這枚酸果。唯識宗的思辨哲學使他驚嘆不已，也使他得到良好的理論思維訓練，然而佛教的出世觀念卻時常同他早年形成的潛在的儒家入世意識發生衝

7　　熊十力：《熊十力論著：新唯識論》勉仁書院本序。

突。這種衝突的發展使他對唯識學由信而疑，由愛而厭，終於出佛入儒。他獨闢蹊徑，平章華梵，融會佛儒，兼采中西，走上了現代新儒學的治學之路。他的老師歐陽竟無本來對他期望甚高，萬萬沒有想到他的思想變化會如此之快。歐陽竟無怒斥熊十力「離經叛道，別出心裁」，發動弟子們「鳴鼓而擊之」，甚至在彌留之際也不肯寬恕他，不承認他是自己的弟子。可是熊十力卻很能理解老師的心情，並不因此而抱怨。他由衷地感謝歐陽竟無大師把自己領入唯識宗的堂奧，對老師終身執弟子禮甚恭。他曾把蔣介石給他的贈款轉贈支那內學院，以答謝師恩。

1.4　執教北大

1922年，梁漱溟向北京大學遞辭呈，打算按照自己的新孔學思想創辦一所大學。校長蔡元培批准了他的辭呈，委托他幫助遴選一位合適的人選接替他的教職，講授唯識學。梁漱溟受命前往南京支那內學院，他本想請歐陽竟無的高足呂澂到北大任教，可是歐陽大師視呂澂為自己的得力助手，指望他承繼自己的事業，說什麼也不肯放行，只得作罷。梁漱溟又馬上想到自己的好友熊十力。在征得熊十力的同意之後，他馬上向蔡元培推薦。蔡元培早就同熊十力有文字之交，對熊十力的學問和人品是了解的，便慨然應允，很快簽發給熊十力「特約講師」的聘書，並催促他盡快到學校上課。熊十力接到聘書，立即打點行裝，辭別歐陽竟無老師，趕赴北京。從此，他便開始了在北大長達三十幾年的教學生涯，直到1956年因年邁才離開北大到上海定居。蔡元培慧眼識熊十力，引導他真正走上學者的道路。在北大，熊十力

展示才志，融會中國、印度、西方哲學，創立了「新唯識論」思想體系，成為中國現代著名的國學大師和有成就的現代新儒家學者。

在北大，熊十力只給哲學系本科生開選修課《唯識學概論》。這門課原來是梁漱溟講的，在交代工作時，梁漱溟叮囑熊十力，請他多講一些基本概念和基本知識，幫助同學摸到進入唯識學堂奧的門徑。熊十力在接課的初期，是按梁漱溟說的那樣做的，老老實實遵循支那內學院的路子寫唯識學講義，給同學們上課。可是他本人對唯識學的教義已發生懷疑，越講越別扭。他實在無法把自己都不能接受的東西硬塞給同學，決意另立門戶，自創新唯識論，這是梁漱溟始料不及的。

熊十力不憚辛勞，毀棄已準備好的九萬多字的講義，重新備課。在課堂上，他無拘無束，揮揮灑灑，滔滔不絕，主要不是介紹唯識學的基本知識，而是講述自己的研究心得。他講課的方式也與眾不同。他對大學的上課形式很有意見，上下課時間都聽鈴聲指揮，卡得死死的，好像一道緊箍咒。他認為這種從西方引進的上課方式遠不如書院式的講授自由隨便，聽者也得不到實際的好處。於是，他便給選課的同學寫了一封信，貼在辦公室外的揭示板上。信中稱：「師生蟻聚一堂，究竟有何受益？」他要求選課的同學到他家中上課，不再採用教室上課的形式。他講的《唯識學》只是一門僅有兩學分的選修課，按規定每周只講兩節課即可。熊十力卻不這樣做。他一開講就一發不可收拾，三四個小時也打不住，中間也不休息。講課時他從不坐著，就在房中間走來走去。講到高興處或吃緊處，他時常給聽者來個禪宗式的「當頭棒喝」，隨手在聽者的頭上或者肩頭拍一巴掌，然後開懷大

笑，聲若洪鐘。同學們都知道他有這種習慣，聽課時盡量坐得離老師遠一點，免得挨拍。他還有個怪毛病，就是冬天不能在室內生火取暖，一生火，他就犯病。每逢冬季，同學們到他家中上課只好穿上全副冬裝。

熊十力常對人說，他到北大來，主要不是為了教書，而是為了讀書。他並不計較教職的高低，收入的多少，只要夠生活費也就行了。為了多讀些書，他每周只講一次課，不肯多兼課。他也不同家眷生活在一起，常常住在友人家，甚至情願和同學們擠在一起。

熊十力恪守孔夫子「誨人不倦」的古訓，對待前來問學的學生十分熱情，一聊就是大半天。他很希望年輕人發揚光大自己創立的學說，繼承自己的事業。他經常告誡自己的學生「千萬不能當六朝名士，無益於家，無益於國」。在給學生朱寶昌的信中，他寄以殷切的希望：「吾老矣，如此病軀，未知何日，生平學術，從示得人，吾子篤志，頗屬望焉。」[8]他與學生的關係很融洽。他的學生不多，但卻有一批崇拜者，這些人終身奉他為老師和精神領袖，執弟子禮甚恭，經常與他通信，有時間就去看望他。一些境況好的學生知道熊十力喜歡吃全雞，在看望老師時總忘不了帶上一只雞。

一些校外的青年仰慕熊十力的大名前來求教，他也都熱情地接待，鼓勵他們上進。吳林伯先生在《憶十力師》一文中深情地回顧了他拜師的經過和師生相處的情形：

8　　《玄圃論學集》，三聯書店，1990年，第81頁。

四五年六月一日，我去先生家執贄稱弟子。當我到達時，先生在後山中的書房撰寫《讀經示要》，我只好耐心恭候。不久，先生回家午餐，看了鐘泰師的推薦信說：「聽說你是某某的學生，那我們說不成呀！」經我解釋以後，先生欣然改容道：「那好啊！孔融《薦禰衡書》裡的兩句話你還記得吧？今之少年，喜謗前輩，可是你這個新學校的青年教師，卻還想從我讀書，很好！」先生又問我結婚否。我說沒有。先生說：「治學必須專心致志，你們青年人最怕有室家之累。從現在起，你就跟我學好了。教不嚴，師之惰，教師對學生就是要嚴，有時，我的話說得很重，你受得住就來，我的學生高贊非，就是我打出來的嘛！」

　　先生見我求師之誠，教導也就不斷。有一次告訴我一個消息：「梁先生（漱溟）籌辦勉仁書院，由我主講，院方供給膳宿，你辭去教職，一心來學吧！」當我拜別離去，先生倚門而望，又招手叫我轉來，並說：「為學當及時，在書院成立前，你來我家學，不要你出飯錢。住宅狹窄，你就與我同住……」先生誘掖後進的熱忱使我感激得說不出話來。[9]

　　由於蔡元培校長採取「循思想自由原則，取兼容並包主義」的治校方針，北大成為現代中國「小百家爭鳴」的中心。中外古今各思想流派都有人研究，學術氣氛十分活躍。這裡是學問家、思想家的搖籃。熊十力來到北大，結識了好多教授、哲學家、知名學者和社會名流。他當時的職稱僅是講師，可是在這些人面前毫無自卑感，因為他

9　　《玄圃論學集》，三聯書店，1990年，第87—88頁。

的學問並不比他們差。他經常同時賢在一起切磋學問，砥礪思想，這使他受益匪淺。熊十力襟懷坦蕩，待人真誠，思想深刻，一點也不矯揉造作，有啥說啥，敢怒敢笑也敢罵，眉宇間總是透出一股「真氣」，大家也都願意同他來往交游。

台灣已故的著名史學家錢穆在晚年曾愉快地回顧他同熊十力、湯用彤、蒙文通等人當年在北大相處的情景：

自後錫予（湯用彤）、十力、文通及余四人，乃時時相聚。時十力方為《新唯識論》，駁其師歐陽竟無之說。文通不謂然，每見必加駁難。論佛學，錫予正在哲學系教中國佛教史，應最為專家，顧獨默不語。惟余時為十力、文通緩衝。又自佛學轉入宋明理學，文通、十力又必爭，又惟余為之作緩衝。

除十力、錫予、文通與余四人常相聚外，又有林宰平、梁漱溟兩人，時亦加入。惟兩人皆居前門外，而又東西遠隔。漱溟又不常在北平，故或加宰平，或加漱溟，僅得五人相聚。宰平與漱溟則不易相值。

⋯⋯

余其時又識張孟劬及東蓀兄弟，兩人皆在燕大任教，而其家則住馬大人胡同西口第一宅，時余亦住馬大人胡同，相距五宅之遙。十力常偕余與彼兄弟相晤，或在公園中，或在其家。十力與東蓀相聚談哲理時事，余則與孟劬談經史舊學。在公園茶桌旁，則四人各移椅分坐兩處。在其家，則余坐孟劬書齋，而東蓀則邀十力更進至別院東蓀書

齋中，如是以為常。[10]

　　熊十力是自學成才的，沒有系統地學習外語，使他的知識結構有
缺欠，而年紀已大，補也來不及。他常常為此感到遺憾，曾感嘆地
說：「如果我能通一門外語，可以減少許多錯誤。」同張東蓀交往使
他一定程度上減少了這種遺憾。張東蓀是留學生出身，外文水平相當
高，翻譯過許多西方哲學著作，收藏的外文哲學書籍很多。他對熊十
力的幫助很大，熊十力對西方哲學的了解大都經過張東蓀的介紹。熊
十力雖不懂外文，但他的悟性特強，對西方哲學的理解很透徹。湯用
彤曾佩服地說：「熊先生雖不通西文，但對西方哲學的理解，比一般
留學生還強百倍。」熊十力與張東蓀談論起西方哲學來，引經據典，
滔滔不絕，妙語迭出。有一次他談到興頭上，竟然給張東蓀也來了個
「當頭棒喝」，一巴掌向張東蓀的肩頭拍去，張東蓀連忙側身後退，
避其鋒芒。

　　北大教授林宰平也是經常與熊十力在一起聚談的講友。熊十力同
林宰平很交心，無所不談。他在學術研究中每逢遇到重大的理論問
題，總喜歡找林宰平在一起磋商，「常有友人閩侯林宰平志鈞相攻
詰，使余不得輕忽放過」[11]。熊十力十分感謝林宰平對自己的幫助，
視他為自己的知己。他在《十力語要初續》中深情地寫道：「余與宰
平交最篤。知宰平者，莫過於余；知余者，莫過於宰平……世或疑余
《新論》外釋而內儒，唯宰平知《新論》自成體系，入乎眾家，出乎

10　　《玄圃論學集》，第28頁。
11　　《熊十力論著：新唯識論》，中華書局，1985年，第42頁。

眾家，圓融無礙也。」

到1937年北大南遷以前，熊十力一直任講師。同教授相比，他的收入比較少，但他並不介意。他在北京沒有房產，租房居住。他的藏書也較少，做學問要靠借書。他嗜書如命，讀書很多，博聞強記，許多重要的篇章都能背誦出來。別人把書收藏在書櫥裡，而他則把書「藏」在頭腦裡。他在寫作時，從來不翻書，一字一句都從肺腑中「摳」出來，都充滿著真摯和激情。

1937年抗日戰爭全面爆發，北大南遷昆明，同清華、南開合並成立西南聯合大學。熊十力沒有隨北大一起走。他化裝成商人，搭乘一列煤車，歷盡千辛萬苦，好不容易才逃出淪陷的北平，回到故鄉黃岡。沒住多久，又避難四川。他歷盡周折，終於同西南聯合大學中北大校部聯繫上了。校長蔣夢麟仍聘熊十力為特約講師，並特許他可以不到學校上課，工資照發。按照北大的規定，教授應開三門以上課程並且有大學正式學歷。熊十力只開過《唯識學概論》一門課程，並且是自學成才的，沒上過正式的大學，只能聘為講師。1943年，熊十力已是國內著名的學者，講師的職稱已很不相稱。鑑於此，學校才打破慣例，特聘熊十力為教授。

熊十力曾對自己的最得意的弟子韓裕文說過：做學問不能甘居下游。要作學問就要立志，爭當第一流的學者。沒有這個志向，就不要做學問。做學問要像上戰場拼殺一樣，勇猛向前，義無反顧，富貴利祿不能動心，妻子兒女也不能兼顧。他自己就是這樣走過來的。他常年不同家人在一起，專心致志，一心向學。他把治學看得比什麼都重

要。「千淘萬漉雖辛苦，吹盡黃沙始得金」，辛勤的耕耘終於換來豐碩的成果。經過多年的努力，熊十力成功了，當之無愧地躋身北京大學乃至現代中國學界第一流學者的行列。

1.5　自創新唯識論

熊十力在學術上最大的成就是創立了「新唯識論」思想體系。為了創立這一體系，他深入佛學營壘，進入儒學的堂奧，採擷西方哲學的精華。取乎眾家又超乎眾家，付出畢生的心血與精力。他的大部分著作，都是為了闡發這一思想體系而寫的。

熊十力的「新唯識論」思想體系是邊講、邊寫、邊改逐漸形成的。

1923年，熊十力接北大教職後，便寫出《唯識學概論》講義9萬多字，分為唯識、諸識、能變、四分、功能、四緣、境識、轉識等章，由北京大學印制。此書是按照舊唯識學的體系寫的，尚未闡述熊十力本人的觀點，但它畢竟是熊十力從事「新唯識論」理論創造的起點。此書寫成後，由於對唯識宗的教義發生懷疑，熊十力遂盡棄全稿，著手創立「新唯識論」。1926年，他寫出第二種《唯識學概論》講義，只分為唯識、轉變、功能、境色等四章，砍掉第一稿中大量關於唯識學名相的解釋，增加批評唯識學的內容闡述他本人的觀點，「新唯識論」體系初具雛形。此後，熊十力為完善體系，又屢屢修改。據湯用彤先生介紹：「熊十力先生著《新唯識論》，初稿主眾生多元，至最近四稿，易為同源。」可見他的觀點前後有較大的變化。

1930年，公孚印刷所將熊十力的修定稿《唯識論》印出，熊十力的導言中寫道：「此書前卷，初稿、次稿以壬戌（1922年）、丙寅（1926年）先後授於北京大學，今此視初稿根本變異，視次稿亦易十之三四云。」這一稿雖不是定稿，但已比較成熟了。

由於多年勞累，生活又沒有規律且年紀也大了，熊十力的神經衰弱症越發嚴重了，經常頭痛如裂，夜不能寐。此外，他還患了胃下垂等病。1927年，熊十力不得不離開學校，放下工作到杭州西湖畔的法相寺養病。他早就聽說西湖畔住著一位赫赫有名的大儒，那就是馬一浮先生。馬一浮名浮，一浮是他的字。他通曉多種外語，國學根基深厚，詩詞書畫亦佳，賀麟先生稱他為「代表傳統中國文化的僅存的碩果」[12]。北大蔡元培校長曾邀請馬一浮到北大任教，馬一浮因不喜歡師生蟻聚一堂的現代教學方式，便回信表示「古有來學，未聞往教」，竟堅辭不就。熊十力很想結識這位滿腹經綸、有傳奇色彩的當代大儒，便請單朴庵先生為介紹人。單先生原是熊十力在北大的同事，當時已調浙江省立圖書館工作，同馬一浮也比較熟悉。熊十力原以為問題不大，沒想到單先生竟面有難色。單先生解釋說，馬先生是有名的清高之士，是不肯輕易見客的，好多求見的人都吃了閉門羹，他也沒有辦法。聽單朴庵這麼一說，熊十力愈發想見見這位奇人高士。

他打算採取以文會友的方式敲開馬一浮家的大門，便把自己寫的《新唯識論》稿本寄給馬一浮，附上一函，請馬先生指教並希望有機

12　賀麟：《五十年來的中國哲學》，遼寧教育出版社，1989年，第16頁。

會晤談。書稿寄出數十日，如泥牛入海，看來馬一浮的大門不是很容易敲開的。正在熊十力感到失望的時候，忽然有人來訪。一通報姓名，方知來人正是未曾謀面但傾慕已久的馬一浮先生。性格豪爽的熊十力非常高興，竟像見到老朋友一樣直率地抱怨起來：你怎麼到今天才露面？馬一浮淡然一笑，答道：你若寫封信，約個時間，也許我們早就見面了。可是你寄給我厚厚一本大作，我總得拜讀一些時日吧？這一南一北兩位現代新儒家相對而坐，侃侃而談，十分默契。二人都多年浸潤於儒佛，潛心於國學，許多見解不謀而合。他們沒有多說客套話，主要談論《新唯識論》這本書稿。馬一浮對《新唯識論》的總體構思表示欣賞，但也不客氣地提出一些疑義與熊十力辨析。他們交談甚為投機，結下莫逆之交，馬一浮認為《新唯識論》可以公開出版，熊十力請馬一浮題簽作序，馬一浮爽快地答應。

　　1932年，熊十力花了6年工夫寫成的《新唯識論》文言文本由浙江省立圖書館出版發行。他終於在學術界打起了「新唯識論」這面旗幟。馬一浮在序言中對該書評價很高，他寫道：

　　唯有以見夫至賾而皆如，至動而貞夫一，故能資萬物之始而不遺，冒天下之道而不過，浩浩焉與大化同流，而泊然為萬象之主，斯謂盡物知天，如示諸掌矣。此吾友熊子十力之書所為作也。十力精察識，善名理，澄鑑冥會，語皆造微。早宗護法，搜玄唯識，已而悟其乖真。精思十年，始出境論。將以昭宣本跡，統貫天人，囊括古今，平章華梵。其為書也，證智體之非外，故示之以《明宗》；辨識幻之從緣，故析之以《唯識》；抉大法之本始，故攝之以《轉變》；顯神

用之不測，故寄之以《功能》；征器界之無實，故彰之以《成色》；審有情之能反，故約之以《明心》。其稱名則雜而不越，其屬辭則曲而能達，蓋確然有見於本體之流行，故一皆出自胸襟，沛然莫之能御。爾乃盡廓枝辭，獨標懸解，破集聚名心之說，立翕辟成變之義，足使生（道生）肇（僧肇）斂手而咨嗟，奘（玄奘）基（窺基）撟舌而不下。擬諸往哲，其猶輔嗣（王弼）之幽贊易道，龍樹之弘闡中觀。自吾所遇，世之談者，未能或之先也。可謂深於知化，長於語變者矣！

馬一浮以優雅的文筆概述了《新唯識論》的基本思想，認為熊十力的學識超過了道生、僧肇、玄奘、窺基等過去名家大師，真可謂推崇備至！

「馬一浮」與「熊十力」這兩個名字恰成一副對聯。二人性格也不同。馬一浮儒雅，熊十力簡狂；馬一浮家境殷實，熊十力出身貧寒；熊十力喜歡交遊，馬一浮深居簡出；熊十力主張讀書博覽泛觀，馬一浮主張擇精深研……他們之間的這些差異並不妨礙他們的交往，並且正因為有差異才會收到「和而不同」，互相裨益的效果。熊十力從馬一浮身上學到不少東西。他在《新唯識論》文言文本的緒言中說，本書的《明心》章吸收了馬一浮先生的研究成果。

即使最要好的朋友之間，有時也難免發生一些不愉快的事情，熊十力和馬一浮之間就曾有過這種情形。抗日戰爭時期，為弘揚中國傳統文化，提高民族自信心，馬一浮在四川樂山縣烏尤寺創辦了復性書院，聘請熊十力主講宋明理學。熊十力愉快應聘。1939年9月17日，

他在復性書院作了《開講詞》，並準備好了講義。沒有想到同馬一浮在一些問題上發生了分歧，無法共事下去，只得不歡而散。事後二人都冷靜下來，仍和好如初。1953年，馬一浮為祝賀熊十力七十壽辰寫下一首律詩，回顧他們幾十年的交情：

孤山蕭寺憶談玄，云臥林棲各暮年。
懸解終期千歲後，生朝長占一春先。
天機自發高文在，權教還依世諦傳。
剎海花光應似舊，可能重泛聖湖船。

熊十力很珍視馬一浮的這首詩，背得很熟。有一次他在政協會議上同楊玉清談話，特地介紹馬一浮的這首詩，還展開一紙對詩中的典故加了注解。

熊十力的《新唯識論》文言文本出版後，在哲學家中間反響不算太大，而在佛學界卻引起軒然大波。支那內學院的反應尤為強烈。學院的師生都是唯識宗的信仰者，當然不願意有人批判唯識宗的學說，特別不願意看到曾經是他們之中的一員的熊十力殺回馬槍。他們把《新唯識論》視為離經叛道之作，大有「鳴鼓而攻之」之勢。劉衡如一馬當先，在內學院的院刊《內學》第六輯上發表《破新唯識論》，激烈批評熊十力的觀點。歐陽竟無大師以主帥的身份親自為劉文作序，他寫道：

三年之喪，不肖者仰而及，賢者俯而就，此聖言量之所以須要

也，方便之所以為究竟也。心精颷舉，馳騁風云，豈不逞快一時？而堤決垣逾，滔天靡極，遂使乳臭牗窺，惟非堯舜、薄湯武是事，大道絕徑，誰之咎歟？六十年來閱人多矣，愈聰明者逞才智，愈棄道遠，過猶不及，賢者昧之。而過之至於滅棄聖言量者惟子真為尤，衡如駁之甚是，應降心猛省以相從。割舌之誠征明得定，執見之舍皆大涅槃，嗚呼子真，其猶在古人後哉！

歐陽竟無大師直斥熊十力「乳臭牗窺」、「逞才智」、「滅棄聖言量」，惱怒之情充滿字裡行間。

面對來自師門的洶湧攻勢，熊十力不能不作出回應。他趕寫出《破〈破新唯識論〉》，1933年北京大學出版。在此書中，他對各種批評作出答辯，進一步申述自己的觀點，對《新唯識論》作了重要的補充論證。

《新唯識論》文言文本和《破〈破新唯識論〉》（簡稱《破破論》）是熊十力在初創新唯識論時期主要的學術成果。除此之外，他還寫了一些介紹佛教基本知識的專著，其中有1926年在上海商務印書館出版的《因明大疏刪注》和1937年北京大學出版社出版的《佛家名相通釋》。從《新唯識論》文言文本和《破〈破新唯識論〉》這兩部書看，熊十力的「新唯識論」思想體系的框架基本上已樹立起來，但尚未最後完工。例如，熊十力尚未明確「歸家儒家大易」的理論取向，也沒有使用「矛盾」概念，舊唯識學的胎跡還相當明顯。難怪孫道升在20世紀30年代寫《現代中國哲學界之解剖》時將熊十力看成「新法相宗」的代表人物，而不把他看作現代新儒家代表人物。到抗日戰爭時

期，熊十力又寫出《新唯識論》語體文本，才最後完成由佛到儒的轉折，使「新唯識論」思想體系臻於完善。

在抗日戰爭時期，中華民族到了最危險的時刻。熊十力出於愛國心，深感有必要強化民族意識，讓中華民族團結起來，槍口對外，共同抗擊日寇。因此，他特別重視對儒家思想的研究和闡發。他希望用自己的學術研究服務於抗戰救國的大業。這應當是他出佛入儒，走上新儒家道路的最主要的理論動機。「九‧一八事變」不久，他就表示：「今外侮日迫，吾族類益危，吾人必須激發民族思想，念茲在茲。」[13]1937年他離開北平，輾轉於湖北、四川等地，走到哪裡就把儒家思想宣傳到那裡。他撰了一本通俗的小冊叫《中國歷史講話》，大講漢、滿、蒙、回、藏五族同源，號召各民族團結起來，一致對外，挽救中華民族。從人類學的角度看，這本書的說法當然是不科學的，但他在此書中表達的是愛國主義激情，是能夠起到砥礪民族鬥志的積極作用的。中央陸軍軍官學校印發了這本小冊子，當作軍人的必讀教材。熊十力還寫了《讀經示要》等儒學方面的論著，根據中國社會的需要對儒家思想作了現代闡釋。

抗日戰爭時期，國民黨政府出於維護其統治地位的目的也努力扶植儒學。應當指出的是，熊十力宣揚儒學絕不是有意迎合官方的政治需要，而是根據自己的理解闡揚儒學的。他對當時的國民黨政府始終沒有好感，歷來抱著不合作的態度。他屢屢表示「不為報章雜志寫文章，不應講演之邀」，多次拒絕當局的贈款。他的《讀經示要》作為

13　《十力語要》卷一，第11頁。

《中國哲學叢書》甲集之三由重慶商務印書館出版後，他的弟子徐復觀事先未徵得熊十力的同意，便將此書呈送蔣介石一冊。蔣很欣賞該書中「經為常道不可不讀」的觀點，特意贈給熊十力法幣二百萬元。熊十力認為徐復觀不該這樣做，狠狠地訓斥了他一頓。他拒收蔣介石的贈款，徐復觀說這會使蔣下不了台，力勸他收下。後來熊十力想出一個變通的辦法，把此款轉贈給已遷於四川江津的支那內學院。

國民黨當局打著「訓政」的幌子，大肆宣揚「一個主義，一個政黨，一個領袖」，推行封建法西斯主義，熊十力對此十分反感。他憤怒地揭露說：「今言訓政，似亦張官師合一之幟，顧其實，則國敗官邪，強貪巨污，剝削百姓，以成乎官僚資本主義，而族類危矣。世道至斯而慘極，不忍言矣。」[14]他是一位關心國事民瘼的正直學者。在他的身上充分體現出剛直不阿、不事權貴的高風亮節。熊十力把振興中華民族的希望寄託在中國共產黨的身上，多次鼓勵或資助自己的學生或其他進步青年參加共產黨的隊伍。

熊十力寫作《新唯識論》語體文本時，對他幫助最大的要算是梁漱溟了。抗日戰爭時期熊十力雖應聘為北大哲學教授，可是並沒有到北大上課。他住在梁漱溟在四川北碚辦的勉仁書院，潛心研究「新唯識論」。梁漱溟揭橥直覺，推崇陸王，重視柏格森的生命哲學，這些對熊十力都有直接影響。梁在抗戰時期忙於奔走國事，沒有在學術方面投入更多的精力，而熊十力卻甘於寂寞，一心從事學問。如果說梁漱溟比熊十力更敏銳的話，那麼，應當說熊十力比梁漱溟更深沉。這

14　《十力語要》卷一，第74頁。

兩位現代新儒家代表人物各有自己的特點：梁漱溟較為拘謹，辦事認真，有似於《論語》中所說的「狷」；熊十力不拘小節，為人坦誠，有似於《論語》中所說的「狂」。這一「狂」一「狷」相得益彰。他們相處多年，雖有齟齬但仍不失融洽。梁漱溟晚年在回顧他與熊十力的交情時說：

　　計從1922年熊先生北來後，與從游於我的黃艮庸、王平叔等多人朝夕同處者歷有多年。1924年夏，我辭北大應邀去山東曹州講學，先生亦辭北大同往。翌年，我偕諸友回京，先生均是同去同回的。居處每有轉移，先生與我等均相從不離，其事例不必悉數。然而蹤跡上四十年間雖少有別離，但由於先生與我彼此性格不同，雖同一傾心東方古人之學，而在治學談學上卻難契合無間。先生著作甚富，每出一書，我必先睹。我讀之，曾深深嘆服，摘錄為《熊著選粹》一冊，以示後學。但讀後心裡不謂然者復甚多，感受殊不同，於是寫出《讀熊著各書書後》一文，甚長，縷縷陳其所見。[15]

　　從1938年開始，熊十力開始在《新唯識論》文言文本的基礎上改寫語體文本，進一步完善「新唯識論」思想體系。他聽說的語體文是一種介乎文言文與白話文之間的文體，既有白話文的通俗，又有文言文的典雅，與宋明語錄類似。他還打算請人根據語體文將《新唯識論》譯成西文，使它傳向世界哲學論壇。

　　在開始寫作《新唯識論》語體文本時，尚有弟子錢學熙、韓裕文

15　《玄圃論學集》，第25—26頁。

等幫助，後來二人因故離開，只好由他一人獨立完成。為了早日脫稿，他每天清晨四時就早早起床，中午稍事休息後，繼續工作，直到深夜。因處戰爭年代，條件十分艱苦。「孤羇窮鄉破廟中，老來顛沛，加復貧困，乃強自援筆。」日寇的飛機時常還來騷擾、轟炸，很難過一天安生的日子。1939年8月19日，敵機轟炸樂山，熊十力的寓所不幸中彈起火，他的左膝受傷，多年的積稿也毀於一旦。他沒有因此而灰心喪氣，憑著一股鍥而不捨的韌勁，傷好之後又從頭干起。1940年，《新唯識論》語體文本上卷終於脫稿，由弟子呂漢才資助印了二百本。1942年，中卷定稿，老友居正出面募集到一筆資金，以勉仁書院哲學組的名義出版了《新唯識論》語體文本上、中兩卷合訂本。直到1944年全書才都完稿，被中國哲學會納入《中國哲學叢書》甲集，由商務印書館正式出版。此書是熊十力思想成熟時期的代表作。

熊十力在思想成熟時期的著作除了《新唯識論》語體文本之外，還有《十力語要》和《十力語要初續》。這兩部書是熊十力的言論、信函、札記的總匯，經多年積累，陸續編纂成書。

1930年，熊十力的弟子張立民根據高贊非記錄的熊十力自1924年至1928年論學語錄以及信札，整理刪削，編成《尊聞錄》並作了一篇序。同年11月，印行150冊，分贈友人。這是編纂《十力語要》的開始。1935年，弟子雲頌天、謝百麟將熊十力自1932—1935年寫的短札數十篇整理成書，名為《十力論學語輯略》，由北京出版社出版。後來在此書基礎上編成《十力語要》第一卷。1940年，弟子鄧子琴、潘從理將熊十力從1936—1940年寫的筆記、發表的言論編為《十力語

要》卷二，由周封歧資助印行400冊。1946年，弟子王星賢整理熊十力從1942年到1946年撰寫的短札、信函，匯編為《十力語要》卷三；以《尊聞錄》為基礎匯入熊十力在抗日戰爭期間發表的言論、短札，編為《十力語要》卷四。至此，四卷本《十力語要》全部編成，共33萬字。1942年，湖北省主席萬耀煌撥款資助印行「十力叢書」，《十力語要》印了1000套，方才正式問世。

熊十力很看重這部著作。他在《增訂十力語要緣起》中寫道：「此四卷之書，雖信手寫來，信口道出，而其中自有關於哲學思想上許多問題及做人與為學精神之砥礪者，似未容拋棄。」《十力語要》是從熊十力心中自然流出的，特別能反映他的真實思想。

1948年，熊十力收養安陸池師周遺孤際安為嗣女，改名熊池生，字仲光。仲光是一位很文靜好學的姑娘，文筆亦佳。她常隨侍在熊十力的左右，照顧老人的生活起居，幫助老人整理文稿。熊十力很喜歡仲光，常對人說：「伏女傳經，班女受史，龐女傳道。今得仲光，老熊也有了可以傳道的後人了，幸甚！幸甚！」他把仲光比作西漢幫助父親伏勝傳授今文《尚書》的伏生女，比作東漢秉承父志完成並傳授《漢書》的班固之女班昭，比作東漢末龐德公之女，希冀她來繼承發揚自己的學術思想。他委托仲光將自己從1947年至1949年寫的論著筆札編為《十力語要初續》，書編成後，熊仲光還寫了一篇《困學記》，也收錄其中。1949年香港東升書局出版了這部書。儒家的創始人孔夫子的弟子及再傳弟子曾給後人留下一部《論語》，《十力語要》及《十力語要初續》則是現代新儒家熊十力留下的一部新「論語」。

《新唯識論》語體文本、《十力語要》和《十力語要初續》這三部書可以說是熊十力表達「新唯識論」思想體系的力作。在這三部書中，他最終完成由佛到儒的轉折。他揚棄佛學，參證西方哲學，歸宗儒家，建立了一個新陸王型的現代新儒學思想體系。在1949年以後，熊十力陸續寫出一些新書，這些書大體上可以看作是「新唯識論」的發揮和拓展。

第二章

入佛與出佛

2.1 佛學的浸潤

熊十力決定棄政向學之後，把探求「為己之學」作為努力的目標。為了達到這一目標，他曾徘徊於佛、儒兩家之間。在一段時間裡，他用功讀儒家的經典，四書五經都涉獵過，程朱陸王的書，王船山、戴震的書也都讀過。他覺得先儒的典籍和後儒的注疏似乎是很有道理，但根本的「大道理」在什麼地方，還摸不準，也說不上來。佛教的典籍他也喜歡讀，很欣賞其中「上下天地，唯我獨尊」一類的警句。他在自己的處女作《熊子貞心書》中抄錄了一大段《大乘佛教緣起考》，並加上了一段按語：「佛說何以勝外道而為了義，談此處亟須參透。」從這裡反映出，他在認真思考佛教所含藏的真諦，但一時還沒有「參透」。他很欣賞佛學的精湛深奧，認為「古今言哲理者，最精莫如佛，而教外別傳之旨，尤為卓絕」[1]。他對佛教耽空出世的傾向卻不能相契，寫過批評文章，還惹來梁漱溟的一頓怒斥。熊十力開始專門研究學問的初期，有時偏向佛學，有時偏向儒學，究竟是皈依佛門還是服膺儒家，他一時還拿不定主意。

1919年他結識了梁漱溟。由於受梁漱溟的影響，他終於下定決心鑽研佛學，遂入南京支那內學院，投師歐陽竟無大師門下，成為首批正式學員。在支那內學院，他整整讀了三年佛教經卷。《唯識二十論》、《唯識三十論》、《成唯識論》、《成唯識論述記》、《瑜珈師地論》、《攝大乘論》、《攝大乘論釋》、《因明入正理論》、《肇論》、《古尊宿語錄》、《壇經》等佛教有名的經論，他都精讀過多遍，有些主

1　《熊十力論著：新唯識論》，中華書局，1985年，第19頁。

要的章節、段落甚至都能一字不差地背誦出來。浩瀚的經卷與晦澀的經文沒有把熊十力變成虔誠的佛教徒，卻把他送入哲學的殿堂。經過多年的鑽研，他成為一位佛教哲學專家。他在回顧自己學術思想發展過程時說：「我從前有一個時代，是很傾向於印度佛家思想的。我的研究佛家學問，絕不是廣見聞、矜博雅的動機，而確是為窮究真理，以作安心立命之地的一大願望所驅使。我嘗問無著和世親一派之學於歐陽大師，也曾經服膺勿失的。其後，漸漸棄開百家之說，佛家和其他（連孔家也在內），一概不管，只一意反己自求。」[2]熊十力後來出佛入儒，自創新唯識論，與同門師友發生分裂，但佛學畢竟是他治學的根柢。他在介紹自己治學經驗時頗有感觸地說：「吾嘗言，今日治哲學者，於中國、印度、西洋三方面，必不可偏廢。此意容當別論。佛家於內心之照察，與人生之體驗，宇宙之解析，真理之證會（此云真理，即謂實體），皆有其特殊獨到處。即其注重邏輯之精神，於中土所偏，尤堪匡救。」[3]採擷佛學的理論思維成果，參證西方哲學的思想材料和思想方法，回過頭來整理國故、歸宗儒家，然後推陳出新創立一家之言－這就是熊十力走過的學術道路。

　　經過佛學的浸潤，熊十力確立了唯心主義的哲學信仰，甚至達到了終身不渝的程度。佛教認為，三界唯心，萬法唯識，客觀世界只不過是由主觀意識變現出來的假相，並沒有自性，因而反對人們執著於現實世界以及同現實世界相對的自我意識。佛教唯識宗提出「三自性」理論論證這個佛家各派共同的觀點。按照通常人的看法，一切事

2　《熊十力論著：新唯識論》，第348頁。
3　《佛家名相通釋》，中國大百科全書出版社，1985年，第4頁。

物各有自性差別，客觀世界是實在的。唯識宗稱這種世俗的世界觀為「遍計所執自性」，並作為他們「破斥」的靶子。他們指出：世俗執有實我、實法的種種差別，已陷入不真實的謬誤之中而不悟。按照唯識宗的看法，一切現象均「依他眾緣而得起」，叫作「依他起自性」。在眾緣中，阿賴耶識（又稱藏識，含藏宇宙萬有的種子）最為根本，因為只有它才能引起心識派生萬事萬物的活力。故說一切現象均為「眾緣所行心，心所虛妄變現，萬物萬化而不實，非有而似有」。唯識宗主張，在樹立「依他起向性」觀念的前提下，遠離「遍計所執自性」，認識到一切現象既無「人我」，又無「法我」，這便是「圓成實自性」，也就是證得真如實性，樹立起佛教的世界觀。《成唯識論》卷八寫道：「三種自性，皆不遠離心、心所法。謂心、心所及所變現，眾緣生故，如幻事等非有似有，誑惑愚夫，一切皆名依他起性，愚夫於此橫執我法、有無、一異、俱不俱等，如寶華等性相都無：一切皆名遍計所執，依他起上，彼所妄執我、法皆空，引空所顯識等真性名圓成實。是故此三不要離心等。」這段話比較集中地概括了唯識宗「三自性」說的基本思想。

熊十力把他的哲學思想體系稱為「新唯識論」，正表明它是由唯識宗嬗變而來的，表明「識」的觀念乃是他的思想體系的第一塊基石。儘管後來熊十力對唯識宗有過諸多批評，但誠如他自己所述：「我的主張，大概和舊師相同。」在解釋他的代表作為何題名為《新唯識論》時，他說：「識者，心之異名。唯者，顯其殊特。即萬化之原而名以本心是最殊特。言其勝用，則宰物而不為物役，亦足征殊

特。《新論》究萬殊而歸一本，要在反之此心，是故以唯識彰名。」[4]
在熊十力的「新唯識論」思想體系中，某些具體的說法與唯識宗不
同，但仍舊把「識」或「心」視為宇宙的本體和萬化的源頭，其唯心
主義哲學實質沒有什麼改變。

佛教哲學倡導虛無主義世界觀。佛教認為，「諸法皆空」，一切
事物與現象都可分解為因和緣，本身都不是獨立存在的實體，都沒有
自性，故稱之為「空」或有「假有」。《大智度論》卷一稱：「觀五蘊
無我無我所，是名為空。」熊十力的哲學思想也深深打上這種虛無主
義的烙印。他反覆論證世界上一切事物都是「詐現」的假象，聲稱
「一切物才生即滅。剎那剎那，故故滅盡，說一切物無有常；剎那剎
那，新新突生，說一切物無有斷。一剎那頃，大地平沉，即此剎那，
山河盡異，這並不是稀奇事。」[5]熊十力從佛教那裡接受了「剎那生
滅」的觀念，把它變成自己思想體系的重要組成部分。他明確表示：
「我是贊同印度佛家的見解，主張一切法都是剎那滅。怎樣叫做剎那
滅呢？即凡法於此一剎那頃才生，即於此一剎那頃便滅，所以說，生
時即是滅時。他一切法絕不會有一忽兒的時間留住的。世間見有常存
的物，卻是一種倒見。」[6]

熊十力也很欣賞佛教的某些思想方法。為了明確信仰與常識的對
立，佛教採取「二義諦」的手法論證其基本教義。佛教認為，就現象
而言，一切事物都是「有」，這是順著世俗的道理說的，叫作「俗

4　《熊十力論著：新唯識論》，第239頁。
5　《熊十力論著：新唯識論》，第345頁。
6　同上，第334—335頁。

諦」；就本質而言，一切事物都無自性，本來是「空」，這是順著所謂「真理」說的，叫作「真諦」。熊十力在本體論方面區別體用，認為從「體」來說，本來無物，而從「用」來說，卻不妨「假說為物」。在認識論方面，他區別性智和量智，認為性智可以體悟真諦，量智僅侷限於俗諦。在人生論方面，他區別淨習與染習，認為淨習是基於真諦而採取的行為，而染習則是基於俗諦所採取的行為。這些觀點都運用了佛教「二諦義」的論證方式。除「二諦義」的方法外，熊十力在他的論著中還採取了佛教「因緣分析」、「遮詮破執」等方法。

熊十力很欽佩禪宗的頓悟學說。在中國發展起來的佛教宗派禪宗認為，無須長期修習，也不必讀許多經卷，一旦把握了佛教的真諦，便可以突然覺悟，直抵佛地。禪宗的實際創立者慧能在《壇經・疑問品》中說：「菩提只向心覓，何勞向外求玄？所說依此修行，西方只在眼前。」熊十力也認為，對本體的把握，完全是內心體悟的結果，不是任何外因可以幫助奏效的。這種「本心實證」的狀況難以向不知者說，只可向知者道。他在《新唯識論》語體文本中引述了禪宗的一樁公案：

有一次，百丈和尚與馬祖和尚同行，看見一群野鴨子從頭頂上飛過去。馬祖隨口問道：

「你看見什麼了？」
「野鴨子。」百丈不加思索地答道。
「到哪兒去了？」
「飛過去了。」

馬祖聽後猛地搯了一下百丈的鼻子，百丈負痛大叫失聲，遂「豁然見自本性，乃深悔從前逐物生解而迷其真」。[7]

熊十力引述這樁公案借以說明：「見體」的認識乃是對經驗認識的超越。他從禪宗的頓悟中受到啟發，形成了性智理論（關於這一點我們以後詳述，此處不贅）。

熊十力體會到，讀佛經是一種莫大的精神享受，可以使人產生超脫一切的感覺，暫時甩開人間的種種煩惱。他在給好友湯用彤教授的信中這樣描述自己讀佛經時的心境：「看大智度論，鎮日不起坐思維空義。豁然廓然，如有所失，如有所得。起坐，覺身輕如游仙，惜此境而不常有。」[8]佛經向稱難讀，熊十力卻甘之如飴。他坐得住，讀得進，樂此不疲。雖然他後來已出佛入儒，但終生保持著讀佛經的習慣。為了幫助更多的讀者找到進入佛學堂奧的門徑，熊十力寫了《因明大疏刪注》[9]、《佛家名相通釋》[10]等通俗性讀物。這些著作深入淺出，文字生動，對於初學者很有幫助。他的這些著作的學術價值在學術界得到公認。

熊十力研習佛學時，常常喜歡把儒佛兩家學說的異同加以對照比較，力圖把二家之學融會貫通。他不贊成那種把儒佛兩家截然對立起來的觀點。他認為，儒、佛作為東方哲學的兩枝奇葩，有許多共同之處。例如：「佛家雖主滅度，要是從其大體言之耳，若如華嚴、涅槃

7　《熊十力論著：新唯識論》，第555頁。
8　《十力語要》卷一，第12頁。
9　1926年上海商務印書館出版。
10　1937年北京大學出版部出版，1985年中國大百科全書出版社新版。

等經，其思想亦接近此土儒家矣。」[11]佛學與儒學都是建立在「性智」的基礎之上的，都是「見體」的學問，總的來看與西方哲學不屬於同一類型。但是，在如何處理體用關係問題上，佛學與儒學卻是有區別的。佛家有體而無用，走向否定人生的歧路。「印度佛家，畢竟是出世的人生觀，所以於性體無生而生的真機，不曾領會，乃但見為空寂而已。」[12]與佛家形成鮮明對照的是：儒家注重體用合一，避開了否定人生的歧路。他對儒、佛兩家之學作了這樣的比較：

　　如印度的佛家，便把生滅的世界，說為無常，而隱存呵毀，因有厭離或超脫的意思（小乘直是厭離，大乘別是一種超脫的觀念）。他們印度佛家以為生滅的萬法，是依著不生不滅的實體而有的。順流，則惑苦紛紜（順者隨順，流謂生滅）。證本，則一極寂靜（本和一極並謂實體）。所以，有超越生滅，而安住不生滅的實際的蘄向（實際，即實體之別名）。我國儒家哲學的思想，則以為絕待的太易，舉其全體而顯現為分殊的大用或生滅的萬象（此中太易，即實體之異名。生滅，即謂翕和闢，都是生滅滅生而不已，故言生滅，則翕闢不須另舉），即於生生不息，而見為至誠（生滅滅生，即是生生不息。至誠，亦實體之別名。此非超越生生不息的萬象而獨在，故於生生不息的萬象，直作至誠觀，便於相對中見絕對），於流行而識得主宰（准上可知）。因此，不言超脫，而自無不超脫；不起厭離，則以本無可厭離故。觀法無常，而日新盛德，於是可見。（孔子《易傳》說：「日新之謂盛德。」大化流行，時時更新，故曰日新。）滅故所以生

11　《十力語要》卷一，第14頁。
12　《十力語要》卷一，第14頁。

新，大化無有窮盡，森然萬象，皆一真的顯現也。[13]

在熊十力看來，佛家講生滅，突出一個「滅」字，實則以滅否定了生。而儒家講生滅，則突出一個「生」字，照顧到了體用一致性。兩相比較，顯然儒家略勝佛家一籌。基於這樣的認識，熊十力雖然多年浸潤於佛學，卻沒有成為佛教徒，而是成為援佛入儒的現代新儒家。

2.2　評點大乘空宗

熊十力不是從信仰者的眼光研讀佛經的，而是以哲學家犀利的眼光解剖佛教的理論體系。因此，他既能入乎其中，又能出乎其外，獨具慧眼地評點佛教大乘空、有兩大派系的理論得失，並從中揀擇對自己有用的思想材料，築造接近佛學而又有別於佛學、歸宗儒家的「新唯識論」思想體系。

關於大乘空宗，熊十力認為他們最突出的理論成就就是熟練地運用「遮詮」的手法，蕩滌種種情見，為人們實證本體指點迷津。他說：「古今講玄學的人，善用遮詮的，宜莫過於佛家。佛家各派之中，尤以大乘空宗為善巧。」[14]所謂「遮詮」是指從事物的反面作否定的解釋，以排除對象不具有的屬性的思想方法，以區別於從正面作肯定的解釋的「表詮」。這是大乘空宗最常用的方法。大乘空宗又稱

13　《熊十力論著：新唯識論》，第347—348頁。
14　《熊十力論著：新唯識論》，第300頁。

「中觀學派」，大約在三世紀由印度學者龍樹、提婆創立，後來為佛護、清辯所繼承和發展。在南北朝時期，空宗經後秦鳩摩羅什介紹傳入中國，逐漸成為對中國影響最大的佛學思想。中國的三論宗、天台宗、華嚴宗、禪宗都以空宗的經典為立宗的重要根據。空宗的主要典籍《中論》、《十二門論》、《大智度論》、《百論》、《般若燈論釋》、《大乘掌珍論》等都有中文傳世。大乘空宗宣稱「一切皆空」，認為由世俗的名言概念所獲得的認識都屬於戲論、情見、倒見，都被稱為「俗諦」。他們強調，要證得「一切皆空」的真諦，就必須放棄世俗的思維方式，因為真諦是無法用世俗方式認識和表述的。這就叫作「第一義不可說」。熊十力很讚賞空宗的這種觀點，他在《新唯識論》中寫道：「古今談本體者，只有空宗能極力遠離戲論。空宗把外道乃至一切哲學家，各各憑臆想或情見所組成的宇宙論，直用快刀斬亂絲的手段，斷盡糾紛，而令人當下悟入一真法界。這是何等神睿、何等稀奇的大業！」[15]熊十力把空宗的基本思想概括為「破相顯性」四個字，並承認這是他同空宗特別契合的地方。

熊十力指出，「破相顯性」既是空宗的成功之處，又是空宗的失敗之處。空宗意識到，認識本體不能採用世俗的認識方式，必須另闢蹊徑，這在熊十力看來無疑是對的；可惜的是，空宗在摸到認識本體的門徑之後，竟在門口停住了腳步，並未登堂入室，真正發現本體。換句話說，空宗只是破了相，並未真正作到「顯性」。據熊十力分析，空宗至少有兩個問題未能解決：

15　同上，第377—378頁。

第一，空宗未能從正面回答本體到底是什麼，理論意圖不夠明確。從空宗「一切皆空」的宗旨反映出，他們並沒有領悟性德之全。他們只看到本體「空寂」的一面，而始終沒有看到本體「生化」的一面。「空宗於寂靜的方面，領會得很深切，這是無疑義的。但如稍有滯寂溺靜的意思，便把生生不息真機遏絕了。其結果，必至陷於惡取空，至少亦有此傾向。」[16]「惡取空」本來是空宗在批評那些過分執著於「空」而不悟者時用語，在熊十力看來，由於空宗自身的理論缺陷，不管他們在主觀上如何努力，終究逃不出「惡取空」的誤區。這乃是邏輯的必然。

　　第二，空宗只談本體論而未談宇宙論，未免有「有體而無用」之嫌。熊十力分析說：「依據空宗的說法，是無所謂宇宙論的。」[17]真空宗一味強調「本體是空」，可是空的本體如何體現到現實世界之中，便沒有下文了。這樣，便把體用打成兩橛，只能在用之外另覓本體了。熊十力對這種思想頗有微詞，聲稱他只能在認識論的意義上認同空宗的部分觀點，而在宇宙論方面必須超越空宗，另立新說。他在《新唯識論》中寫道：「在認識論的方面，空宗滌除知見，不得不破法相，唯破相，乃所以去知見，而得悟入法性。這點意思，我和空宗很有契合處。不過，我不妨假施設法相。在上卷裡，依大用流行的一翕一闢，而假說為心和物，這是我與空宗不同的地方。」[18]熊十力感到，他的觀點似乎比空宗更合理。

16　《熊十力論著：新唯識論》，第380頁。
17　同上，第373頁。
18　同上，第383頁。

通過對空宗的批評檢討，熊十力在理論上明確了兩個觀點：第一，本體應該是空寂與生化兩個方面的統一；第二，本體應該全部顯現為現象，本體不在現象之外，體與用應該是統一的關係。這兩點正是熊十力創立新唯識論的指導思想。

2.3　評點大乘有宗

熊十力在支那內學院主要是學習和研究大乘有宗即唯識宗的。他對有宗的理論很熟悉，對有宗的評述所花費的精力比空宗更多。

熊十力並不諱言，他的「新唯識論」是從大乘有宗嬗變出來的。他曾說：「《新論》實從佛家演變出來，如謂吾為新的佛家，亦無所不可耳。」[19]「新唯識論」之「新」是相對於唯識宗的理論而言的，一則表示它同唯識學有繼承關係，二則表明它是在批判唯識學的基礎上產生的，亦即是唯識學的揚棄。《新唯識論》這一名稱已告訴讀者，熊十力已接受了唯識宗「萬法唯識」的基本觀念。不過，值得注意的是他對「識」的界定與闡釋與唯識宗並不完全相同。玄奘在他編譯的《成唯識論》中提出，世界上的一切都是由「內識」變現出來的。「由假說我、法，有種種相轉，彼依識所變。」正是因為世界上一切事物都是由內識變現出來的，所以都沒有自性，僅僅是「假有」，故說：「實無外境，唯有內識似外境生。」唯識宗把這種觀點概括為「唯識非境」，以區別於大乘空宗的基本論綱「一切皆空」。唯識宗不主張「一切皆空」，而主張境空識有，以「唯識非境」為其

19　《熊十力論著：新唯識論》，第404頁。

根本宗旨。在熊十力看來，這條宗旨有加以修正的必要。他直截了當地宣稱：「唯識的說法，但斥破執有外境的妄見，並不謂境是無的，因為境非離心獨在，故說唯識。」[20]他不贊成「唯識非境」的提法，而代之以「離心無境」。他認為，境和心是相對而言的，才說心，便有境；若無境，心也無從談起。因此，只肯定識或心，而否定境或物，在邏輯上是說不通的。他聲稱：「只是不承認有離心獨在的外境，卻非不承認有境。」[21]熊十力對唯識宗的修正無疑沒有超出唯心主義範圍，從唯物主義立場上看並不十分重要，但絕不等於說這種修正沒有理論價值。熊十力正是從此處入手，推倒了唯識宗構築的理論大廈，另起爐灶，以「離心無境」為宗旨建立起新唯識論思想體系。

　　熊十力對大乘有宗所取得的理論成就予以充分的肯定。他認為有空是「佛學發展至最後階段之產物」[22]，理論水平最高，思辨性最強。大乘有宗是在空宗充分發展之後出現的，對空宗只講本體論而不談宇宙論的偏向看得很清楚。為了避開「惡取空」這一誤區，有宗既講「空」，也講「有」；既講本體論，也講宇宙論。其論域之開闊遠遠超過了空宗。唯識宗提出唯識說和種子說解釋宇宙的由來及其構成。《成唯識論》認為，整個人類和世界都是由「識」變現出來的。「識」有八種，分為三類。眼識、耳識、鼻識、舌識、身識、意識等前六識之第一類「能變識」，叫作「了別境識」。第七識「末那識」為第二類「能變識」，叫作「思量識」。第八識「阿賴耶識」為第三類「能變識」，叫作「異熟識」。在這三類能變識中，阿賴耶識「最

20　同上，第271頁。
21　同上，第270頁。
22　熊十力：《佛家名相通釋》，第2頁。

為根本」，前七識都是由它變現出來的，也就是說只有它才是宇宙萬有的大本大源。那麼，宇宙是怎樣由八識變現出來的呢？為了解決這一問題，唯識宗提出「種子生現行，現行熏種子」的理論。他們指出，在阿賴耶識裡蘊藏有種子，種子具有能「親生」同自己的相應的「果報」的功能。種子分為兩類：一類是本來就有的能派生出宇宙萬有的各種各樣的種子，叫作「本有種子」或「本性住種」；另一類是由「識」的各種「現行」活動熏習出來的種子，叫作「始起種子」或「習成種子」。這樣一來，種子生現行（即通過前七識顯現出來的現象），種子生種子，現行又熏習種子，如此循環往復以至於無窮，遂變現出豐富多彩、千變萬化的宇宙中萬事萬物。總之，宇宙間的物界和心界都是種子的產物。這就是唯識宗本體論和宇宙觀的基本思想。

熊十力對唯識宗的本體論和宇宙觀作了分析和批判，否定了唯識宗的理論核心—阿賴耶識。他認為，「阿賴耶識」不過是唯識宗所反對的外道中「神我」觀念的變形。「佛家雖斥破外道之神我，但有宗所立賴耶，實有神我的意義。持說雖有不同，其以為吾人有法爾固有的個體的生命，超脫形骸，無始無終者，則一也。或謂之神我，或謂之神識（賴耶一名神識）奚有異哉？」「阿賴耶識」無非是神化和誇張了的個體意識。同「神我」一樣，不可避免地墮入變相的靈魂不滅論。熊十力指出，唯識宗用「識」來「對治空宗末流之弊，用意未嘗不是，而他們有宗自己所推演的一套理論卻又墮於情見窠臼」[23]。

熊十力集中筆墨批判了唯識宗的種子說。他指出：第一，種子說

---

23   熊十力：《佛家名相通釋》，第2頁。

的最大錯誤「就是劃成種現二界」，「陷於巨謬而不悟也」。在唯識宗的學說中，「種子」相當於本體界，「現行」相當於現象界。唯識宗把種、現二界對立起來，割裂了二者的統一性，便會把本體描繪成隱藏在現象背後的抽象的精神實體。這樣一來，本體和現象似乎成父子關係，「判然兩物」。所以，他認為唯識宗「把體和用，截成兩片。則所謂體者，已不成為用之體，他只是超脫於用之外而獨有空洞的東西」，「根本不了解體和用的意義」，「不知道用之外是沒有所謂體的。因此之故，他們一方面肯定有心和物的現象，又進而求根本的因素，遂建立種子。他們所謂種子好像是隱在現象的背後，而為現象作根荄的本體」[24]。

第二，種子說同佛教共同信奉的真如說齟齬不合，「墮二重本體過」。他說：「有宗即建立種子，為現行作因緣，其種子，即是現行界的本體。」「然而，又要遵守佛家一貫相承的本體論，即有所謂真如，是為萬法實體。」那麼真如與種子是什麼關係？到底哪個是空體？唯識宗陷入兩難境地。「他們既不說種子即是真如，又不說種子是真如的顯現」，「種子自為種子，真如自為真如。此二重本體，即了無干涉。不獨與真理不應，即在邏輯上也確說不通了」[25]。在熊十力看來，唯識宗無論怎樣辯解也彌縫不了這個理論破綻。

第三，種子說實際是根據日常經驗構畫宇宙的本體，抽象思維水平不高。熊十力分析說，唯識宗看到日常經驗中，每一種植物之所以存在、生長、發育，最終的原因可以追溯到種子，於是便把種子的觀

24　同上，第304頁。
25　同上，第304頁。

念搬到哲學中，認為種子是宇宙萬物的本體。照他看來，這種思想方法還沒有擺脫原始唯心主義的素朴性、簡單性，「全由情計妄構」，沒能從抽象思想的高度揭示本體的奧秘。

唯識宗為了證成「唯識非境」，在認識論方面提出「四分說」。他們將認識過程劃分為認識主體和認識對象，稱認識主體為「能緣」，稱認識對象為「所緣」。他們認為，八識中的每一識體既具有「能緣」一面，又具有「所緣」一面。前者稱為「見分」，後者稱為「相分」。人的認識活動就是識體自身的「見分」去緣慮自身的「相分」，或者由「相分」引起「見分」。在二分的基礎上，陳那又提出三分說，把見分和相分所依據的「自體」稱為「自證分」。護法在三分說的基礎上再提出「四分說」，把「自證分」的再證知稱為「證自證分」。唯識宗的四分說通過一系列的繁瑣概念，試圖論證認識對象是認識主體的派生物。

熊十力在不違背唯心主義原則的前提下，對唯識宗的四分說作了剖析和批判。他指出，四分說只不過是一種剖解法。他們把心剖作二分，進而剖作三分、四分，「析成多分，如將物質破作段段片片者然，終成過誤。彼亦知其不妥，故又云以相攝入見，各為一識。然既已破之，又復拼合攏來，適見其輾轉自陷也」[26]。熊十力雖然沒有觸動四分說的唯心主義實質，但確實揭露了唯識宗這套分析主義思想方法的侷限性。

通過對大乘有宗的分析批判，熊十力從中得到這樣的啟發：（1）

26　《熊十力論著：新唯識論》，第472頁。

不能用常識的觀點認識本體論問題，也就是要克服原始唯心主義的素樸性；（2）不能用對立的、抽象的眼光考察體用關係，必須擺脫舊的形而上學的思維方式；（3）不能過分依賴分析的方法，應當重視辯證的綜合，避免支離破碎；（4）不能單從因緣角度靜態地、機械地看待體用關係，而應當從主體與客觀統一的角度動態地、辯證地看待體用關係。只有這樣，才能建立「體用不二」的本體論，當他取得這樣的認識時，也就意味著他找到了走出唯識宗迷宮的出口，而摸到了新唯識論的入口。在體用關係問題上，他終於同大乘有宗分道揚鑣了。

2.4　佛門的抗議

熊十力對佛學尤其是對唯識宗的批評，在佛學界引起強烈的反響。一些著名的佛學家如歐陽竟無、劉衡如、印順、巨贊等紛紛撰文表示抗議。與熊十力同出歐陽竟無門下的劉衡如反應尤為強烈。他在熊著《新唯識論》（文言文本）問世不久，就在支那內學院院刊《內學》第六輯上發表長文《破新唯識論》，駁斥熊十力的觀點，頗有代師「清理門戶」的味道。

劉衡如寫的《破新唯識論》分為三大部分。第一部分《征宗》相當於前言；第二部分《破計》是正文；第三部分《釋難》駁斥熊十力的一些具體觀點，是對正文的補充。《破計》是文章的主體部分，共分為一元之體、眾生同源、宇宙一體、反求實證、真如為體、種子為體、一翕一闢、能習差違等八個小節。

劉衡如認為，熊十力的「新唯識論」已乖離佛教的宗旨。「彼蓋雜取中土儒道兩家之義，又旁采印度外道之談，懸揣佛法，臆當亦爾。」對於熊十力這種「背叛師門」的做法，他表示相當的氣憤。

　　首先，他批判了熊十力「眾生為同源，宇宙為一體」的體用不二論。針對熊十力指斥唯識宗為「多元論」的說法，劉衡如反唇相譏，指斥熊十力「不自知早墮入一元論中而他人是哀也」，有違於佛家「一多相攝」之論。他認為，熊十力的體用不二論中的「本體」觀念無非是「心」或「識」的同義語，完全沒有設立的必要。在他看來，熊十力的體用不二論，實則步西方哲學史上貝克萊的「存在即被感知」的後塵，自陷於「唯心論」而不悟。熊十力的「本體」與貝克萊的「上帝」異名而同實，「雖一為神學，一為玄學，而其說不平等因為增益執則無以異」。

　　其次，劉衡如批評了熊十力「僅求實證」的修行方法。基於體用不二論，熊十力主張「反求自識」，實證本體，聲稱「真見體者，反諸內心，自他無間，征物我之同源」。劉衡如引經據典，指出熊十力此說與佛教的止觀修行方法齟齬不合。他指責熊十力說：「止觀俱轉。通達三摩地所行影像唯是其識，如何可言今一反求即見他心即我心耶？」

　　最後，劉衡如針對熊十力對唯識宗種子說作的批評，作出辯護和回擊。他指出，熊十力並不了解唯識宗種子說的真義，所作的種種批評實則出於誤解。第一，熊十力誤解了唯識宗關於現界與種子之間關係的看法，把「現界以種子為體」的觀點強加於唯識宗。他依據《成

唯識論》說，唯識宗的看法是：種子與現行僅是因緣關係，並非體用關係。種子產生現行，現行熏習種子，二者互為因緣，也可以說互為體用。第二，熊十力誤解了佛教關於真如與現行之間關係的看法。在佛教中，真如「是諸法實相，是無為法」，同現行之間沒有派生與被派生的關係。第三，由於佛教沒有把「本體」觀念引入自己的思想體系之中，所以，也就談不上熊十力所指責的「真如」與「種子」並列的「二重本體過」。

劉衡如是站在衛道的立場上批評新唯識論的，難免偏激之論。在他的眼睛裡，熊十力簡直是大逆不道，故極盡口誅筆伐之能事。他在文章中用了「野狐之鳴鳴亂鳴」、「失心痛言已童豎戲」、「造謠」、「誣謗」、「熊君於唯識學幾乎全無知曉」等情緒性的詞句。囿於門戶之見，他無法理解《新唯識論》（文言文體）的學術價值。

2.5　答辯與申訴

讀了劉衡如著《破新唯識論》，熊十力立即動筆著述，趕寫出一本小冊子《破〈破新唯識論〉》，進行答辯與申訴。依照《破新唯識論》的結構，《破〈破新唯識論〉》也相應地分為三部分。

第一部分是《破征宗》。熊十力明確表示，他不能接受劉衡如的批評，指責劉氏「於吾書綱領旨趣全無所觸，遑論是非，而徒尋章摘句，揀取枝節。不深維義理得失，輕肆詆諆」[27]。他不承認《新唯識

27　《熊十力論著：新唯識論》，第157頁。

論》完全乖離佛教經義，並表示反對泥守經文。他申明，《新唯識論》的一些說法雖然與佛學界通行的觀點有區別，但恰恰是對佛教精義的闡釋。他質問劉衡如：「吾斥破為有理否？另加詮解為有理否？佛說在當年原是隨機，吾儕生於佛滅後數千年，由經文而會其妙義之存可也，若必字字曲與執著，則乃前喻所謂痴童觀指不觀月也。」[28]他鄙視那些皓首窮經、食古不化的書呆子，主張不受經文文字的侷限，唯「真諦」是求。如果處處曲與執著，不僅得不到「真諦」，反而會陷入謬誤。他引述佛經上的一段典故說明這個道理。有一個小和尚不知月亮在何處，他的師父指給他看，可是他竟凝視著師父的手指，仍不知月亮在何處。在熊十力看來，那些死扣經文的書呆子同這個小和尚一樣愚蠢。

針對劉衡如「雜取中土儒道兩家」的指責，熊十力的答復是：「自昔有三教融通之談，吾亦唾之夙矣。」[29]他並不掩飾自己融會儒、佛的學術立場，表示唯真理是從，絕不株守門戶之見。

在第二部分《破破計》中，熊十力也分為八小節答復劉衡如的問難。熊十力聲明：「體用不二」論與佛經的旨趣並不矛盾。「吾所謂『宇宙一體』者，則乃融俗入真，亦得云『即俗詮真』，現前即是無差別相，何事橫生對礙。」[30]他申辯說，佛經上雖沒有使用「本體」字樣，但並非沒有提出本體論思想。佛經中的「實相」、「真如」、「法性」等等都是本體的異稱。佛經中認山河大地即是清淨本然，也反對

28　《熊十力論著：新唯識論》，第160頁。
29　同上，第161頁。
30　同上，第166頁。

離現象而別求本體，這同新唯識論的「體用不二」論是一個意思。

熊十力指出，他提出的「實證本心」的修行方法在佛教經典中也是可以找到根據的。「經言一切有情之類，皆有佛性」，無疑會導引出反求自識的結論。可見，「實證本心」、「直指本心」等提法並不違背佛教的基本教義。

關於如何看待唯識宗的種子說，乃是熊、劉爭論的焦點。在這個關鍵問題上，熊十力始終堅持自己的觀點，寸步不讓。他不否認，在唯識宗的典籍中，有的地方的確將種子與現行處理成互為因果的關係；但基本思想仍然是「種起現行」，強調現行是由種子變現出來，這就等於把種子置於「本原」、「本體」、「始基」的位置了。他反問劉衡如：「試問現行既因種起，則種子非現行界之本體而何？此其義實如是，焉可故意矯亂耶？《三十論》（按：指《唯識三十論》）具在，一切足征，吾無誤解，破者自誤耳。」[31]

在第三部分《破釋難》中，熊十力對劉衡如提出的一些具體問題一一作了答辯。

佛教徒印順也曾對《新唯識論》提出種種批評。熊十力以其弟子黃艮庸的名義寫了一部《摧惑顯宗記》，重申了新唯識論的觀點，反駁印順提出的種種責難。此書沒有提出多少新的觀點，意在申辯補證，在此我們就不必詳細介紹了。

熊十力與劉衡如等佛學家的分歧，並不是因為對佛教教義的理解

31　《熊十力論著：新唯識論》，第181頁。

不同造成的，而是各自所據的學術立場使然。劉衡如等人站在信仰的角度，極力維護佛教教義，當然不能容忍別人說三道四。熊十力站在研究者的立場上，對佛學既有肯定又有否定，他的理論取向是突破佛學的藩籬，創立取而代之的新論。正是因為這個原因，他們之間的論戰只能是唇槍舌劍，你來我往，誰也說服不了誰，結果不了了之。通過這場論戰，熊十力的學術性格越發鮮明地顯露出來了。他是一位具有原創力的新儒家，而不是一位虔誠的佛教徒。他在劉衡如等人論戰之後寫出的《新唯識論》語體文本和《十力語要》等著作，對佛教的批評非但沒有減少而且越來越多，語氣也顯得更強硬一些。

平心而論，熊十力雖然批評了大乘有宗的某些論點，但他絕不像某些人指責的那樣。他並不是佛門的叛徒，他對唯識宗的批評立足於融會、改造，使之實現中國化、現代化，仍抱著一種同情的態度，而不是敵對的態度。佛學自東漢初傳入中國以後，大乘空宗比較好地解決了中國化的問題，同中國儒家和道家等固有思想結合起來，形成了諸如天台、華嚴、禪宗等中國佛教宗派，從而使佛教成為中國文化的重要組成部分之一，即所謂儒、釋、道三教並重。唯識宗經唐代玄奘及其弟子窺基的弘揚，雖曾經興盛過一陣子，但因始終沒有很好地解決外來文化與中國固有文化之間關係問題，很快就衰落了。到了近代，由於受西方傳入學說的刺激，唯識宗的學說再度復興，經過譚嗣同、章太炎等人的提倡和楊文會（仁山）、歐陽漸（竟無）、韓清淨、太虛等大師的闡揚，使之在學術界有一定影響，但依然未能解決使之中國化問題，所以影響面很有限，並未超出上層知識分子的範圍。熊十力正是有鑑於此，才努力用儒家思想融會唯識宗，試圖解決使之中

國化問題，為其在中國的發展作一番培植根基的工作。正如高振農先生指出的那樣：「總起來說，熊十力的《新唯識論》，對《成唯識論》中有宗的佛學唯識思想，在宇宙觀和認識論方面所作的種種批判與改造，並未能改變它的唯心主義本質。但是，也應看到，他畢竟是把中國儒家固有的思想、概念和語言，搬進了佛學唯識論，使印度大乘有宗的學說具有了中國思想的風味，從而建立起他自己的獨具一格的哲學思想體系。儘管他這種『改造』與『會通』，並沒有使更多的人理解和接受，相反還引起了一些人的誤解，紛紛加以指責和評議，認為他是『雜取儒、道諸家』，『任意毀佛』，而且還有《破新唯識論》之作。從這一點上來看，他對佛學唯識論的改造，當時並未完全得到社會上的承認。但是，他在會通儒、佛兩家的唯心主義宇宙觀和認識論方面，又確實做了不少工作。這比起唐玄奘時那種『抱殘守缺』地完全照搬印度佛學那一套做法來，應該說是一個不小的發展。」[32]從這個意義上說，與其說熊十力是佛門的罪人，毋寧說是佛門的功臣。

32　《玄圃論學集》，第296—297頁。

第三章

對治西學

3.1 大潮後的思考

熊十力之所以熱衷於尋求「為己之學」，固然同他本人的經歷、際遇、興趣、愛好等有關，但更主要的原因還應該在他當時所處的時代背景中去找。從宏觀的角度看，他走上這條學術道路乃是對洶湧而來的「西化思潮」的回應。

自從1840年鴉片戰爭以來，西方帝國主義列強用大炮轟開了中國這一「天朝大國」緊閉的大門，使中國社會開始了從封建社會向半封建半殖民地社會演化的歷史。隨著列強的入侵，西方文化迅速湧入中國，並同中國傳統文化發生激烈的碰撞。經過幾個回合的較量之後，西方文化逐漸在器物、制度乃至觀念層面上占了上風。中國固有文化受到沉重打擊，日益式微。在帝國主義列強面前，封建王朝的腐敗性暴露無餘，清廷統治者甚至打出「寧贈友邦，勿予家奴」的旗號，早已墮落成「洋人的朝廷」（陳天華語）。清政府的腐朽敗壞了中國傳統文化的名聲，甚至使一些先進的中國人喪失了信心。這種來自內部的對於傳統文化的打擊比西學從外面的撞擊威脅更大。

自從魏源提出「師夷之長技以制夷」的口號以來，先進的中國人便形成「向西方尋找真理」的心態，湧現出康有為、嚴復、洪秀全、孫中山等大批仁人志士。他們從西方的思想武器庫中搬來進化論、天賦人權論和資產階級共和國等項思想，發動過太平天國起義、戊戌變法運動和辛亥革命，在改造中國方面作出了很大的成績，推翻了統治中國數千年的封建帝制，然而卻沒有從根本上改變中國積貧積弱的狀況。辛亥革命以後，中西新舊之爭更加激烈。爭論的焦點從制度層面

轉向觀念層面，形成「五四」新文化運動。新文化運動的主將陳獨秀、李大釗、胡適、魯迅、吳虞等人，高舉「科學與民主」的大旗，呼喊著「打倒孔家店」的激進口號，向舊學營壘發起總攻擊。

「五四」新文化運動是中國思想界一次偉大的變革，它標志著世界哲學開始走入中國，中國哲學開始走入世界。在中外哲學的交流、衝突、融會的過程中，人們的觀念發生了很大變化，引起空前的心靈激蕩。「五四」新文化運動促使人們摒棄舊思想、舊觀念，接受新思想、新觀念，對於人們「思想現代化」的進程起到了巨大的推動作用，在中國現代思想史上留下光彩奪目的一頁。這樣一個堪與先秦時期「百家爭鳴」相媲美的思想解放運動，成績無疑是主要的，但也難免會出現這樣或那樣的缺點與不足。熊十力作為「五四」新文化的目擊者，擁護科學與民主，歡迎新思想、新觀念，從這個意義上說，也屬於新文化運動的一翼。應該指出的是，他作為「五四」運動以後活躍在論壇上的思想家，比新文化運動的主將們又多了幾分清醒。他冷靜地思考這一大潮的全過程，對於其中的缺點看得相當清楚，批評得相當中肯。

第一個缺點是全盤西化傾向。「五四」時期的一些思想家在反對封建主義的時候，自覺或不自覺地將與封建主義對立的西方資產階級思想體系理想化，滿足於搬用西方的學術觀點，不願意加以鑑別和分析，存在著「食洋不化」的缺陷。例如，胡適毫不掩飾地宣稱，他是「實驗主義的信徒」，認為東西方文明的區別只不過是「人力車文明與摩托車文明的界線」，相比之下，東方文化幾乎一無可取之處。胡適聲稱：「我們必須承認我們自己百事不如人，不但物質機械上不如

人，音樂不如人，藝術不如人，身體不如人。」[1]在他的眼裡，中國人是「九分像鬼一分像人」的民族，唯一的出路就是盡棄所有，全盤西化，徹底地改弦更張。

熊十力不能容忍這種「全盤西化」的論調，針鋒相對地指出：西方文化並不像某些人吹噓得那麼美妙，西方世界也不是盡善盡美的天堂。西方文化本身也有嚴重缺陷，未必事事皆可以效法。例如，「晚世西人便不識性，就認食色等欲，為本來的事」[2]。足見其價值觀念並不怎麼高雅。這種價值觀念造成個人主義泛濫成災，造成一系列社會弊病，這難道不應該引以為戒嗎？全盤西化論者囿於形式主義的思想方法，在他們看來好就是絕對的好，壞就是絕對的壞，不懂得辯證地分析，對西方文化一味盲目崇拜，不肯採取分析、批判和選擇的態度，這是熊十力所堅決反對的。但他並不反對學習西方文化中的精華，尤其是西方的科學技術、民主政治，只是反對生吞活剝、照搬照抄。他不無憂慮地說：「『五四』運動以後，菲薄固有，完全西化之傾向，竊有所未安焉。」[3]為國人敲起警鐘。

第二個缺點是科學主義傾向。科學和民主是「五四」新文化運動兩面最鮮明的旗幟。「五四」時期的思想家把科學視為振興中華民族的希望之所在，號召青年們學習科學，掌握科學方法，這無疑起到了振聾發聵的作用，這是應當予以肯定的，但是在一片對科學的頌揚聲中，也掩蓋著科學主義傾向。一些思想家錯誤地把科學與哲學對立起

1　　《胡適論學近著》第1集，商務印書館，1935年，第639—640頁。
2　　《十力語要》卷二，第76頁。
3　　《十力語要》卷三，第2頁。

來，否認真理的存在價值，試圖用自然科學解決包括人生觀在內的一切問題。在1922年發生的科學與玄學論戰中，科學派的主將丁文匯盛稱「科學萬能」。他說：「科學的萬能，不是在他的結果，是在他的方法」，「在知識界，科學方法是萬能」。[4]他所說的科學方法就是指經驗觀察、邏輯歸納的方法。他說：「我們所謂科學方法，不外將世界上的事實分起類來，求他們的秩序，等到分類秩序弄明白了，我們再想出一句最簡單明白的話來，概括這許多事實，這叫做科學的公例。」[5]他大張科學主義之幟，對「玄學鬼」大加鞭撻，聲言科學可以解決人生觀問題，主張取消本體論研究。他的觀點得到胡適、吳稚暉等人的支持，在學術界有相當大的影響。

熊十力指出，科學主義者一味誇大科學方法的作用，企圖用科學取代哲學的作法是行不通的。他說：「科學無論如何進步，即如近世物理學，可謂已打破物質的觀念。然總承認有外在世界，他們畢竟不能證會本體，畢竟不能通內外、物我，渾然為一。他們所長的還是符號推理，還是圖摹宇宙的表層，不能融宇宙人生為一，而於生活中體會宇宙的底蘊。新物理學，無法證會本體，旁的科學亦然。繼今以往，各科學雖當進步，然其無法證會本體，當一如今日。科學的方法與其領域，終有所限故也。」[6]因此，「若乃主張科學萬能，視古今哲學家皆出自主觀的妄猜亂想，毫無是處，此亦莫如之何」[7]。熊十力站在唯心主義的立場上反駁科學主義者提出的「哲學無用」論和「哲

4　張君勱、丁文江等：《科學與人生觀》，山東人民出版社，1997年，第51頁。
5　同上注。
6　《十力語要》卷二，第84頁。
7　熊十力：《明心篇》，第203頁。

學取消」論，雖不完全正確，卻亦有相當深刻的道理。他認為，科學無論如何發達，也不能取代哲學，哲學也永遠不能歸結為科學。針對科學主義者「取消本體論研究」的論調，熊十力堅決主張，哲學必須研究本體論。他甚至認為本體論就是哲學探討的唯一領域，哲學就是本體論，斷言唯有本體論是「科學所奪不去的」。他聲稱，他構築的「新唯識論」就是以本體論為中心的哲學體系，「實欲以東方玄學思想，對治西洋科學思想」[8]。

第三個缺點是全盤否定傳統的民族文化虛無主義傾向。「五四」新文化運動是一場徹底的、不妥協的反封建運動。出於對封建主義思想的氣憤，一些思想家說出一些過火的話，提出一些過火的、不切實際的主張，形成全盤否定傳統的民族文化虛無主義傾向。例如，錢玄同斷言：「二千年來用漢字寫的書籍，無論那一部，打開一看，不到半頁，必有發昏作夢的話。」[9]毛子水也說：「中國的學術史，就重要的方面講起來，不要說比不上歐洲近世的學術史，還比不上希臘羅馬的⋯⋯因為我們中國民族，從前沒有什麼重要的事業；對於世界的文明，沒有重大的貢獻；所以我們的歷史，亦就不見得有什麼重要。有這些緣故，所以國故在今日世界學術上，占不了什麼重要的位置。」[10]錢玄同主張「廢除漢字」，吳稚暉聲言把線裝書丟到茅廁中去，而「禮教吃人」、「打倒孔家店」則成為更為流行的口號。如此激烈地抨擊本民族的文化傳統，恐怕在世界文化發展史上也是絕無僅有的現象。

8　《十力語要》卷二，第84頁。
9　《中國今日之文字問題》，《新青年》第4卷第4號。
10　《國故和科學的精神》，《新潮》第1卷第5號。

對於這種民族文化虛無主義傾向，熊十力相當反感。他指出，「清末以來，國人恆自卑，視固有學術都不成為學術」[11]，是十分錯誤的。因為這樣做將帶來嚴重的後果，對於中華民族的崛起和振興有百害而無一利。他不否認傳統文化中具有糟粕，但不能因其有糟粕，就全面予以否定，將其中的精華也一股腦兒地丟掉。若將洗澡水與小孩子一塊倒掉，實屬不智；因其糟粕而棄其精華同樣也是愚蠢之舉。熊十力把中國傳統文化比作大蒜，吃了大蒜嘴裡會發出令人討厭的氣味，但大蒜卻含有豐富的營養且有防病殺菌的功效。他感慨地說：「中學精意隨其末流之弊，以俱被摧殘，如蒜精之美不幸隨其臭氣而為人唾棄，因是惶懼。」[12]他力辟民族文化虛無主義之謬，為中國傳統文化辯誣。他表示，將以自己的努力扭轉「菲薄固有」的風氣，抱定「深念舊文化崩潰之勢日劇，誓以身心奉先聖」[13]的宏願，掉背孤行，建立一個有中國特色的哲學體系，為弘揚國學做出應有的貢獻。

3.2　西學的誤區

熊十力雖然反對全盤西化，但並沒有走向另一個極端，對西方文化一概加以排斥。他主張對西方文化尤其是西方的哲學加以解剖分析，取其精華，棄其糟粕，避開西學的誤區，開通中西文化交流的渠道。

19世紀末、20世紀初，實證主義思潮成為西方哲學的主流。實證

11　《十力語要》卷三，第2頁。
12　《十力語要》卷一，第51頁。
13　熊十力：《原儒》，龍門書局，1956年，第13頁。

論者宣稱，哲學就是認識論，把「形而上學」（即本體論）排斥在哲學研究以外。他們稱形而上學為「概念的詩歌」，認為任何本體論觀點都無法得到實證，因而都是站不住腳的。他們主張取消哲學基本問題，把哲學研究限制在認識方法、分析技巧、規範語言等領域，拒絕討論宇宙本源、人生價值等與人們精神生活關係極其密切的問題。熊十力認為這是一種錯誤的傾向。他指出：「治哲學不能不深究萬物之原」，「談知識論與本體論不相關涉，流於瑣碎，習於淺薄，此是哲學衰落現象」。[14]針對實證論者「哲學就是認識論」的口號，熊十力反其道而行之，聲言哲學就是本體論。他宣稱，他建立「新唯識論」哲學體系，就是要解決本體論問題。

西方哲學為什麼會走到「本體不可知」這一步呢？據熊十力分析，根本原因在於西方哲學家們沒有找到認識本體正確途徑。其實，並不是「本體不可知」，而是西方哲學家「不知本體」。熊十力指出，西方哲學家的思想不外乎兩「希」：一個是希臘思想，另一個是希伯來（猶太教以及基督教）。前者以科學崇拜為基本特徵，後者以宗教崇拜為基本特徵。換句話說，西方哲學受科學與宗教的影響最大。

由於受科學的影響，形成西方哲學史上的唯物主義傳統。熊十力認為：「西洋哲學，發源希臘。其哲學上之一元唯物論，當初只是粗而未精之科學思想。及科學從哲學分離以後，哲學中仍有唯物一派之論，而亦無甚精采。」[15]他對唯物論持批評的態度，認為唯物論者沒有把科學與哲學區別開來，因而不能透過物質現象而直探本體。他對

14　熊十力：《原儒》，第814頁
15　同上，第745頁。

唯物論提出質疑：「物質有無本體？科學絕不許過問。易言之，科學唯肯定物質為唯一實在。其實物質變動不居，是本體之功用，而不即是本體。」[16]所以，沿著唯物主義的思路，至多能接觸到「用」的層面而永遠無法達到「見體」的程度。

由於受宗教的影響，形成西方哲學史上的唯心主義傳統。唯心論者把精神當做本體，而他們所說的精神不過是「上帝」的代名詞。「偉大之唯心論者，如黑格爾氏，其所謂絕對精神即上帝之變形也。若以中學體用之義相衡，則精神物質，實為本體流行之兩方面。神、質根本不可剖析。易言之，精神非可超脫於物質之上而獨在，胡為而有絕對精神可言歟？黑格爾不窮宇宙之原遂為宗教所惑而虛構一變形之上帝，謂之絕對精神。其學問宏闊，多精闢之論，而於本原處乃如此迷謬，斯亦不足觀也已。」[17]熊十力認為精神與物質都是本體的「功用」，二者相輔相成，缺一不可，精神離不開物質，物質也離不開精神，並不存在著什麼「絕對精神」。他分析說，唯心論者把精神直接當成本體，表面上看同唯物論者把物質當作本體的觀點正好相反，其實則是半斤對八兩。因為二者都在「用」的層面上半途而廢了，都未能達到本體。

總之，據熊十力看來，西方哲學中無論是受科學影響較深的唯物論，還是受宗教影響較深的唯心論，都不能算是「見體」之學。他套用《荀子‧解蔽》中「莊子蔽於天而不知人」的句式，給西方哲學下一斷語：「蔽於用而不見體」。為什麼西方哲學會走入「有用而無體」

16　同上，第745—746頁。
17　熊十力：《原儒》，第745頁。

的誤區呢？據熊十力分析，原因有三：

第一，西方哲學家往往把本體當作與人相外在的「東西」來尋找，這就不能不陷入倒見。熊十力指出：「哲學家談本體者，大抵把本體當作是離我的心而外在的物事，因憑理智的作用，向外界去尋求。由此之故，哲學家各用思考去構畫一種境界，而建立為本體，紛紛不一其說。不論是唯心唯物、非心非物，種種之論要皆以向外找東西的態度來猜度，各自虛妄安立一種本體。」[18]他強調，本體並不是「東西」，因此，採取向外找東西的方法，是永遠找不到本體的。

第二，西方哲學家談本體時，常常向外推求第一因，這就必然走上歧途。「夫第一因者，自下而上推去，重重因果，推至無可推，始建立第一因，再從上向下，順序而玩之，因果重重，遞相鉤鎖，則吾人與天地萬物，真是一副機械耳。」[19]這種向外推求第一因的作法，有意無意地割裂了本體與現象的統一，把本體想象為現象之外，或現象背後，抑或現象之上某種抽象的實體，並將它描繪成人類的主宰，這就勢必「使吾人自小，而皈依上神，起超越感，易流於絕物、遺世、離群種種變態」[20]，從而導致人生意義或人生價值的喪失。

第三，西方哲學家在談本體時，過分依賴理智，不知道應當通過性智實證本體。他批評說：「今世之為玄學者，全不於性智上著涵養工夫，唯憑量智來猜度本體，以為本體是思議所行的境界，是離我的

18　《熊十力論著：新唯識論》，第250頁。
19　熊十力：《原儒》，第709頁。
20　熊十力：《原儒》，第709頁。

心而外在的境界。」[21]熊十力指出，西方哲學順著理智這條路找本體，如同盲人摸象，永遠也認識不了本體。於是西方哲學本體論學說只能陷入兩條歧路：「其一只是把本體當做外在的東西胡亂猜疑；其次便是否認本體一路。」[22]他分析說：「西學所以迷謬而終不悟者，根本由於偏用分析法，遂致將萬物討論的全體妄行割裂，既已割裂，則隨意之所樂，執取一片，捨棄一片，此乃必至之勢。」[23]

以上三點歸結起來，表明西方哲學家在尋求本體時，始終沒有把握住體用不二和天人不二這兩條原則。熊十力認為，西方哲學家不明白本體與功用（現象）是既對立而又統一的關係，二者既可分又不可分。本體既不在現象之外，也不在現象之上，更不在現象的背後。本體全部顯現為現象，因此，絕不可以離開現象去尋找本體。西方哲學家也不明白本體是人與天聯繫在一起的哲學範疇。本體與人同在，因而絕不可以離開人去尋找本體。熊十力提出：「我人的生命，與宇宙的大生命原來不二。所以，我們憑著性智的自明自識才能實證本體，才自信真理不待外求，才自覺生活有無窮無盡的寶藏。」[24]他堅信，本體就是對於人而言的形上意義，並不是別的什麼「東西」。

以上就是熊十力站在東方哲學立場上對西方本體論思想的清算。熊十力不通外文，對西方哲學的了解很有限，他的一些說法難免有偏激、片面、武斷等毛病，並不是不可以商榷的。然而，值得注意的是，他的某些觀點竟同現代西方哲學中存在主義者對西方傳統哲學的

21　《熊十力論著：新唯識論》，第254頁。
22　《熊十力論著：新唯識論》，壬辰刪簡本，第11頁。
23　熊十力：《乾坤衍》第2分，第49頁。
24　《熊十力論著：新唯識論》，第254—255頁。

批評不謀而合。在西方哲學史上，本體論講了千餘年，哲學家們各持一說，相互辯難，竟然使人莫衷一是。問題出在哪兒？海德格爾的看法是：問題的症結就在於西方哲學家們一向習慣用對象性的思維方式看待本體，盤旋於「認識論—本體論」的窠臼。傳統的本體論思想以主體與客體的分裂與對立為基本特徵；哲學家把自己當作主體，把世界當作客體，並試圖以靜觀的、抽象的方式把握世界。海德格爾主張跳出傳統的由認識論而本體論的思維框架，直接從「存在」入手重構本體論。他的設想是：徹底突破「科學」的狹隘眼界，從一個新的視角看待本源性問題；超越主體與客體的對立，把「存在」作為「一」或「全」來研究、探討、把握。熊十力沒有讀過海德格爾的著作，可是他對西方哲學中本體論思想的批評卻與海德格爾有驚人的相似之處，他們都反對對世界作對象性或工具性研究，都主張消除主、客體之間的原則性分離。熊十力反覆申訴「體用不二」、「天人不二」，無非是提倡從主體與客體相統一的原則出發解決本體論問題。他對西方哲學本體論的批評本想彰顯東方哲學的優勢，不意曲徑通幽，竟然與現代存在主義者殊途同歸，追尋到現代西方哲學的前沿。

3.3　西學的啟迪

雖然熊十力對西方哲學的本體論思想評價不高，但他並沒有因此而全盤否定西方哲學的理論價值。他承認西方哲學中確有精義在，每每為中國哲學所不及。西方哲學中的某些思想材料和思想方法值得中國哲學家研究和借鑑。他自述：「實則新論不唯含攝儒家大易，其於

西洋哲學，亦有借鑑。」[25]他在建立「新唯識論」思想體系時，直接地吸收了羅素、柏格森等人的過程哲學思想，間接地接受了黑格爾概念辯證法思想的影響。

首先，「新唯識論」吸收了羅素的「事素」說。羅素曾提出，世界上只有一件接著一件連續不斷的「事」是實在的，而沒有不依賴於人們的主觀經驗而獨立存在的物質世界。1920年他到中國講學，在北京大學講「物的分析」和「心的分析」時，闡述了這個觀點。對於羅素的這種唯心主義經驗論的宇宙觀，熊十力表示同意。他說：「物質宇宙，本無實物。與事素說，略可和會」，「言事素者，明物質宇宙非實在，新論可攝彼義」。他認為「事素」說把物質世界歸結為連續不斷的流變過程，為否定物質世界的實在性提供了有力的論證。但是「事素」說停留在「用」的層面上，沒有由「用」而及「體」，尚有待於深化。他說，「事素」說「不達宇宙實相，則非進而求之，新論不可也」[26]。

其次，「新唯識論」吸收了柏格森的生命哲學觀點和直覺主義思想。當熊十力要求由「用」及「體」時，便離開了羅素的「事素」說，而同柏格森的生命哲學攜手並肩了。熊十力認為，不僅具體事物是連續不斷的流行過程，而且決定事物的本體也是連續不斷的流行過程，這是一回事，而不是兩回事。他同意柏格森用「生命」表示宇宙本體的提法，承認「生命論者，其所見，足以與新論相發明者自不少」。「新唯識論」表示本體的術語如「生化」、「流行」、「恆轉」等

25　《熊十力論著：新唯識論》，第402頁。
26　《十力語要》卷一，第5—6頁。

等同柏格森的「生命」概念哲學含義基本相同。他有時也用「生命」表示本體，如說：「渾然全體，即流行即主宰，是乃所謂生命也。」[27]「新唯識論」的本體論思想同柏格森的生命哲學在表述方式上是很似的。

同柏格森一樣，熊十力也把直覺主義當作建立本體的認識論根據。他認為「性智」是體認本體的唯一途徑。所謂「性智」同柏格森所說的「直覺」含義基本相同，都是指某種與理智根本不同的自我體驗能力。柏格森提出，哲學的責任應當是使自己擺脫嚴格說來屬於理智的那些形式和習慣，以置身於對象之中的直覺來考察有生命的東西。他把理性認識比作電影膠片上一張張靜止的圖像，認為它並不能反映活動著的實物。對於有生命的東西，唯有靠直覺來把握。這些提法大體上都為熊十力所接受。在當時傳入中國的外國哲學流派中，柏格森主義對熊十力的影響最深。正如在《新唯識論》文言文本問世不久孫道升所指出的那樣：「他的立說頗似柏格森，恆轉照比翕辟對勘張馳，可作佐證。其全書宗旨，則在『站在本體活動的領域內，直探大乘空宗骨髓，而以方便立說』。一言以蔽，『諸行無常』，反覆引申，『翕辟成變，剎那生滅』八字可以盡之。」[28]這大致上符合熊十力的思想實際。

不過，熊十力並沒有生搬硬套柏格森的生命哲學，對之也作了批判和改造。第一，他不同意柏格森把生命本體說成「盲目衝動」的唯意志論觀點，曾說：「近人柏格森創化論的說法，不曾窺到恆性，只

27　熊十力：《新唯識論》語體文本，第102頁。
28　《現代中國哲學界之解剖》，《國聞週報》1935年第12卷第45期。

要臆為一種盲動，卻未了生化之真也。」他認為「盲目衝動」同佛教中的「無明」一樣，都是人類「習心」的表現，並不是「本心」的表現，因此是不能視為本體的。第二，他認為柏格森把直覺同本能等量齊觀是錯誤的。他說：「柏格森之直覺似與本能並為一談，本能相當《新論》所謂習氣。」[29]照他看來，「習氣」非但不是本體的表現，而且原則上與本體相違。第三，他認為柏格森也沒有解決體用統一的問題。柏格森沒有把生命本體貫徹到所有事物之中，給人以「體用兩截」之感。例如，按照柏格森的「創化論」，事物的產生「如滾雪球，越滾越大。依據滾雪球的譬喻來講，雖時時刻刻創加新的雪片，卻總有故的雪片不滅」。那麼，豈不意味著事物構成的世界將越來越大，並且脫離了本體對它的約束嗎？他批評柏格森不懂「生化的本體元自空寂。其生也，本無生。其化也，本無化」，「生化之妙，好像電光的一閃一閃，是剎那剎那、新新而起」[30]。熊十力運用佛教的「剎那生滅」說改造了柏格森的宇宙發生論，用「電光」喻代替柏格森的「雪球」喻。從唯心論角度看，「新唯識論」的「電光」喻比柏格森的「雪球」喻更為徹底。總之，在熊十力的眼裡，柏格森的生命哲學雖有很大成就，但仍沒有達到「體用不二」的程度。

再次，熊十力在構架「新唯識論」的時候，也多少借鑑了黑格爾的概念辯證法思想。照熊十力看來，羅素太偏於「用」，柏格森太偏於「體」，都不十分可取。怎樣把體用統一起來？對這個問題的認真思考，使他轉向了黑格爾的概念辯證法。關於熊十力是如何吸收黑格

29　《熊十力論著：新唯識論》，第68頁。
30　同上，第395頁。

爾的辯證法思想的，我們將在第六章《翕辟成變》中詳述，此處就不多談了。

　　總的來看，熊十力由於受到語言的限制，對西方哲學的了解沒有像東方哲學那樣深，有時也難免產生一些誤解。比如，他認為西方哲學以逐物求知為務，「盤旋知識窠臼中」，「純任思辨構畫本體」等等，都流露出東方文化本位論的偏見。但他恰恰在西方哲學中找到出佛入儒的鑰匙。他參證西方的過程哲學，擺脫佛教否定生化的虛無主義，轉向了儒家的變易哲學；借助概念辯證法的矛盾原則建立了「體用不二」的本體論學說。

3.4　滋植固有根荄

　　通過對中國、西方、印度三種哲學的分析、比較和研究，熊十力發現，本體論學說是中國哲學的長項，邁越印度哲學和西方哲學。中國哲學不像印度佛教哲學那樣「空寂」，也不像西方哲學那樣「務外」。中國哲學講究「體用一源」，「即用顯體」，在印度和西方之間選出一條「中道」，有著二者都趕不上的獨到之處。中國哲學凝結著先人的智慧，蘊藏著極大的理論能量，熊十力對中國哲學的發展前途充滿了自信心。他曾十分感慨地說：「中國他無見長，唯有哲學，比於西人獨為知本。」①[31]他堅信，中國哲學雖曾一度消沉，然而在現代仍有強大的生命力，並將在世界哲學論壇上大放異彩。他斷言，唯有中國哲學才能拯救當今世界人類在精神上的墮落，「吾意欲救人

31　《十力語要》卷四，第34頁。

類，非昌明東方學術不可」[32]。否則，人類不可避免地漸入自毀之途。這種認識也正是熊十力創立新唯識論的理論動機之一。他申明：「《新論》本為融貫華梵之形而上學思想而自成一體系，又實欲以東方玄學思想，對治西洋科學思想。」[33]

　　熊十力對中國哲學表現出崇高的敬意和深切的同情，同東方文化派、本位文化派、國粹派有某些相似之處，但他卻不是他們當中的一員。熊十力對他們的文化主張持批評態度。東方文化派的代表人物梁漱溟在《東西文化及其哲學》中提出「三路向」說，認為西方文化走的是「意欲向前」的路，中國文化走的是「意欲調和持中」的路，印度文化走的是「意欲反身向後」的路，三種文化各自沿著不同的「路向」發展演化，形成各自的基本特徵。對於老朋友的三路向說，熊十力大不以為然。他分析說：「中西人因環境各有不同，性情各有獨至，其學術思想之發展，必不能完全一致。此有孤往，彼或忽視；彼所擅精，此實未逮，畸重畸輕，寸長尺短，此為事勢之所不能免者……吾只可許中西不能完全一致，而絕不能許中西人元始開端，便各走一條路，根本無接近處。」[34]他認為，中西文化的差異、特點都是相對的，相互之間並沒有不可逾越的鴻溝。如果說中西文化一開始就各走一條路，那就是把二者截然對立起來，「根本劃若鴻溝」，這就是完全否認了二者相融合的可能性。所以，熊十力不能不表示反對。他還指出，本位文化論者似乎在強調文化的民族性，然而他們「於中外都無所知，而虛驕無以自樹。余願國人認識固有根基甚美，

32　《十力語要》卷二，第84頁。
33　同上。
34　熊十力：《讀經示要》卷二，重慶南方印書館，1945年，第26頁。

不宜妄自菲薄，而二千年來，由停滯以近於衰退，亦未可自諱其短。夫自卑固不足與有為，而諱短尤為不起之症。朽腐尊國粹（『保存國粹』一詞，『五四』運動前後極流行，然何者為國之粹，則莫肯是究）輒空言儒學，而實不知儒學為何學。」[35]熊十力批評國粹派「情鍾國粹，未知何者為粹」。在處理中國傳統文化與西方文化的關係時，熊十力既不像西化派那樣自卑，也不像東方文化派、本位文化派、國粹派那樣自大。他既主張護住中國傳統文化的固有根荄，又不諱言中國傳統文化的不足之處。在他的身上表現出清醒的理性意識和鮮明的批判反省精神，與上述幾派相比，熊十力的文化觀顯然棋高一手，略勝一籌，包含著更多的合理因素。他熱愛傳統，但不迷信傳統，致力於推進傳統與發展傳統，致力於傳統的現代化。

那麼，什麼是中國傳統文化的根荄呢？熊十力認為就是「天人不二」的本體論和「心物不二」的宇宙論。按照熊十力的理解，中國哲學中的「天」主要不是自然科學意義上的天，也不是宗教神學意義上的天，而是哲學本體論意義上的天。天就是指宇宙萬物的本體。中國哲學中的「人」，主要不是作為生物存在者的人，而是作為本體存在者的人。人就是體現本體的主體。在這個意義上，人不是與宇宙萬物相外在的小我，而是「渾然與萬物同體」的大我。對於這樣的人來說，「吾人的生命與宇宙的大生命不可分為兩片」[36]。在中國哲學中，天與人雖有辨而不可分。「中國哲學明天地萬物一體主義，已普遍浸漬於中華民族之心髓。」[37]本體論方面的天人不二論引申到宇宙論方

35　同上，第29頁。
36　熊十力：《中國歷史講話》，第3頁。
37　《十力語要》卷二，第44頁。

面便是心物不二論。在中國哲學中，心和物都是本體的功用，二者互相依存，既對立又統一。「一言乎物，已有心存，一言習心，當有物在」。正因為如此，中國哲學「在宇宙論中所以無唯心唯物之分裂者」，而能「真正見到宇宙人生底實相」[38]。

從熊十力關於中國文化根荄的見解中我們可以看出，他試圖揭示中國傳統哲學的整體觀和系統觀，試圖將本體論、宇宙論、人生觀融為一片，確有深刻之處。但他的概括未必囊括中國文化幾千年來發展演變的複雜歷程，畢竟是他自己的體會，並且缺少充分的事實根據。因此，他的結論沒有得到學術界同行們的認同。他自己也清楚這種情況，但仍然不改其志：「在此歐化時代，唯物思潮洶湧之際，吾所為者，極不合時宜。然掉背孤行，以亢乎往古來今而無所悔，則吾志也。」[39]他堅信，他的觀點終有一天會得到人們的理解和社會的承認，決心為「滋植固有根荄」、弘揚中國傳統文化付出自己的畢生精力。「衣帶漸寬終不悔，為伊消得人憔悴」，熊十力的確為闡揚國學付出了他所能付出的一切。

38　熊十力：《原儒》下卷，龍門書局，1956年，第32頁。
39　《十力語要》卷四，第51頁。

第四章

國學發微

4.1 諸子同源於儒

　　經過佛學的浸潤和西學的刺激，熊十力最後終於立下弘揚國學的志向。他認為中華民族都出於一個共同的祖先，中國的學術思想也有一個共同的源頭，這個源頭就是儒家學說。先秦時期學術繁榮，諸家蜂起，百家爭鳴，是中國學術奠基的黃金時代。百家立說雖異，終究都是儒家的支流。這就是熊十力從總體上對國學的認識與把握。

　　中國文化歷史悠久，源遠流長。熊十力把中國文化的源頭一直追溯到傳說中的伏羲時代。他認為在孔子以前中國的政治文化和哲理文化各有其淵源。堯舜以及文武等先王開啟了政治文化，制定政治制度、國家體制乃至禮儀規範、生活準則等，為中國社會奠定了政教方面的根基。「堯舜至文武之政權等載籍，足以垂范後世者，可稱為實用派。」[1]伏羲為哲理文化的開山鼻祖。「伏羲初畫八卦，是為究理知化，為辯證法之導源，可稱為哲理派。」[2]到了孔子時代，兩派合而為一，遂出現孔子創立的儒家學說。他斷言：「孔子之學，殆為鴻古時期兩派思想之會通。」[3]他認為孔子在中國文化史上處於承前啟後的重要地位，是中國文化的集大成者。孔子一方面前繼往聖，把中國文化整理成為一個嚴謹、完整、獨具特色的體系，另一方面後開來學，使儒家之學成為孔子以後中國文化的正統、主流。熊十力認為《周易》實為孔子所創作。在這部傳世經典中凝結著孔子博大精深的哲學思想和政治倫理思想。按照學術界流行的說法，《周易》並非出

1　　熊十力：《原儒》，第544頁。
2　　同上。
3　　同上。

自孔子之手，一些學者以充分的證據證明這一觀點。熊十力不理睬考據學家的考證，本著「六經皆我注腳」的宗旨，認定孔子為中國傳統文化的象徵，認定《周易》就是孔子儒學的代表作。

熊十力把孔子創立的儒學視為國學的正宗，從這種立場出發，梳理先秦諸子的學說，提出「諸子皆源於儒」的論斷。他宣稱：「儒家宗孔子，為正統派，其餘五家，其源皆出於儒。」[4]由此出發，他對先秦諸子逐一評述。

（1）道家。道家是中國傳統文化的重要組成部分，素有「儒道互補」之說。按照通行的觀點，道家的出現似乎比儒家更早。在《史記‧孔子世家》和《禮記‧曾子問》中都有「孔子問於老聃」的記載。熊十力對「老先於孔」的說法表示疑問，他的理由是：歷史上是否確有老子其人，尚難以確考。司馬遷在《史記‧老子韓非列傳》中關於老子的記載是含混的。關於老子其人，司馬遷提到三個人的名字：老聃、李耳、老萊子。可見在西漢年間人們就弄不清楚老子為何許人也了。所以「老先於孔」之說證據是不充分的。關於老子其人其書的問題，學術界有不同的看法。大多數學者根據先秦典籍都肯定老子其人的存在，主張老子先於孔子之說，也有一部分學者主張老子晚出說，老子在孔子之後。熊十力贊成晚出說，並提出更大膽的論斷：「道，《易》之旁支。」[5]他認為道家是從儒家衍化孳生出來的學派，與《周易》有直接的淵源關係。《周易》的基本符號是陰（▬▬）、陽（▬）兩爻。每三爻相重構成乾（☰）、坤（☷）、震（☳）、艮（☶）、

4　　熊十力：《原儒》，第558頁。
5　　同上，第538頁。

離（☲）、坎（☵）、巽（☴）、兌（☱）等八個經卦，每兩個經卦相重，構成六十四個別卦。《老子》也使用過陰陽範疇。《老子》在論述萬物生成發展過程時說：「道生一，一生二，二生三，三生萬物。萬物負陰而抱陽，沖氣以為和。」[6]熊十力認為《老子》中的陰陽觀念就是來自《周易》，而《老子》所說的「三」就是指構成每一經卦的三爻。這就是他為「道家為儒家的分支」說找到的根據。他的論點證據是不夠充分的，但確有新鮮之處。

熊十力提出，老子創立的道家雖然為儒家的分支，但畢竟成一家之言，早已乖離儒家的宗旨。儒家主張實行禮治，倡導仁義之教，推崇先王聖人，道家則反其道而行之。《老子》說：「大道廢，有仁義……六親不和，有孝慈。國家昏亂，有忠臣。」[7]「禮者，忠信之薄而亂之首。」[8]道家認為儒家倡導的仁、義、禮、智等道德規範是沒有用處的，不能解決社會昏亂的問題，從而主張「絕聖棄智」、「絕仁棄義」，重新回到「小國寡民」的時代。熊十力認為老子的這些主張折射出道家廢棄文明的反文化心態，「不知從禮樂育德，而深惡智慧技能，厭文明而思返淳樸，此實褊狹之見耳」[9]。對於道家的人生哲學，熊十力也持批評態度。他批評道家說：「詳莊周之論，蓋驚嘆有外界唯一之大力，獨司造化之機，吾人或萬物皆出於機，又皆反入於機，只是造化之玩具。人生無一毫自立自動力，無一毫意義，無一毫價值。故生如贅疣，無足貴，無所樂。死如癰之自潰，疣之自決，

---

6   《老子》第四十二章。
7   《老子》第十八章。
8   《老子》第三十八章。
9   熊十力：《原儒》，第633頁。

亦非所惜。」[10]在熊十力看來，道家的這些思想是一種「下劣思想」，不足為訓。

由於儒、道兩家的價值取向不同，反映到認識論方面，彼此也大相逕庭。熊十力認為，儒家走的是理性主義路線，「信任知之權能，尊重知之價值，發展求知之愛好，此乃孔子與儒學偉大處」[11]。與儒家正相反對，道家走的是反理性主義路線。《老子》說：「塞其兌（孔竅，指感官），閉其門，終身不勤（借為瘽，指病態）。開其兌，濟其事，終身不救。」[12]主張擯棄一切感覺的經驗知識，關起智慧之門，進入「滌除玄覽」（借為鑑，指鏡子）的最高境界。在熊十力的眼裡，儒家的理性主義認識路線是一條正確的路線，而老子堅持的反理性主義路線儘管也包含一些合理因素，但從總體上看畢竟是錯誤的，他批評說：「老氏反知之論，偏淺而不可為訓。」[13]

在本體論方面，老子把「道」看成宇宙萬物的本源，而「道」又帶有神秘、玄虛的色彩：「天下萬物生於有，有生於無」[14]，「道之為物，惟恍惟惚。惚兮恍兮，其中有象；恍兮惚兮，其中有物；窈兮冥兮，其中有精。其精甚真，其中有信」[15]。熊十力指出，老子把「道」描繪成玄虛恍惚的、脫離萬物獨立存在的精神實體，有悖於中國哲學「體用不二」的原則。他批評說：「老氏以道為宇宙基源，其所謂道，即虛、神、質混然為一，所謂混成是也。維神與質，並由虛

10　同上，第563頁。
11　同上，第632頁。
12　《老子》第五十二章。
13　熊十力：《原儒》，第634頁。
14　《老子》第四十章。
15　《老子》第二十一章。

生，故雖混成，而實以虛無立本。」[16]既然老子「以虛無為本」，那就不可避免地割裂體與用的統一，使體成為無用之體，從而犯了同佛教及西方哲學類似的錯誤。由於老子的道是無用之體，因而對於人缺乏親切感，於是便走上否定人生、逃避現實的道路。「老子嘆天地不仁，以萬物為芻狗。從佛氏以世間為生死苦海之觀點而論，老氏非不近於佛（佛法來華，實由道家首迎入之。以具有相近處故耳）。然老氏卻無抗拒宇宙生生洪流之深慧、大勇。其見道之真，體道之健，既不能望孔，又不能如佛氏之偏得有力。佛氏一轉手便是孔，老氏卻不能為孔。」[17]在熊十力看來，莊子不大講「有生於無」，並且強調「道」無所不在，關於本體的看法比老子前進了一步。「莊子知本，傳有契於儒。惟其無儒者裁成、輔相諸大作用，所貴求其長而舍其短也。」[18]熊十力以儒家學說為尺度評判莊子的學說，既有肯定，又有否定。

以上，熊十力從價值觀、認識論、本體論等方面梳理道家的學說，處處都表明他的思想天平是傾向於儒家這一面的。不過，熊十力並沒有因此否定道家的學術價值。他承認，「老氏以及莊子之書，莫不忿詈統治階層，齊稷下之徒，聞隱君子之風，非堯舜，薄湯武，其論亦偉哉」[19]。他表揚道家反對專制主義的思想，認為在這一點上道家要比漢以後的「奴儒」強得多。他認為道家本體論學說亦有很深刻的地方，那就是也反對把心與物區分開來，也表現出中國哲學心物合一的思想特徵。這些對於把握儒家的內聖外王之學是有幫助的。熊十

16　熊十力：《原儒》，第736頁。
17　同上，第617頁。
18　同上。
19　熊十力：《原儒》，第690頁。

力對道家總的評價是：「道家以主一開宗，其在宇宙論、人生論諸方面，皆有偏蔽在。道家已悟本體，惜乎其於體用不二處，未能徹了。此處一差，則流弊不堪言矣。」[20]他抱著對道家同情的態度，試圖對其學說作出辯證的評說。

（2）墨家。在先秦時期，墨翟創立的墨家也是影響較大的學派。墨家倡導「兼愛」思想，與儒家的仁義之教相抗衡。關於墨翟的身世，《淮南子・要略訓》作了這樣的記載：

墨子學儒者之業，受孔子之術，以為其禮煩擾而不悅，厚葬靡財而貧民，久服傷生而害事，故背周道而用夏政。

根據這條材料，熊十力斷定墨翟所開創的墨家為儒家的旁支，並認定墨子之學導源於孔門的子夏。

在先秦，儒墨之爭是百家爭鳴的重要內容之一。墨家的著作集《墨子》中有《非儒》、《非命》、《節葬》、《耕柱》等篇，指責儒家宣揚天命、繁飾禮樂、愛有差等、厚葬久喪等觀點。墨家針對儒家的仁義之教，提出「兼相愛、交相利」的主張。孟子以「距楊墨」為己任，猛烈抨擊墨家的兼愛思想。他說：「楊氏為我，是無君也；墨子兼愛，是無父也。無父無君，是禽獸也。」[21]孟子認為墨家的兼愛思想與儒家的尊卑觀念格格不入，故表示反對。熊十力雖然尊奉孔子創立的儒家，但卻沒有受孟子這種觀點的束縛，他對儒墨之爭作了新的

20　　同上，第564頁。
21　　《孟子・滕文公下》。

評判。他認為，墨家的兼愛思想與儒家的大同觀念有相近之處，都帶有「社會主義」的味道。在最高的人類社會理想上，儒墨殊途同歸，並無原則分歧。他指出，孟子由於受到宗法觀念的侷限，沒有發現墨家兼愛思想中的合理內核而妄加評議，並沒有真正擊中墨家的要害。在熊十力看來，墨家真正的失誤之處在於：沒有把兼愛思想上升到本體論的高度，而誤入宗教的歧途。墨家主張「尊天」、「事鬼」，借鬼神的權威宣揚兼愛思想，這是熊十力所不能同意的。關於墨家的科學思想，熊十力評價很高，認為這在現時代仍然應當予以發揚。總之，他對墨家的基本評價是：「余以為墨子是科學天才而不必長於哲學。兼愛兼利，未嘗不本於孔子之仁道，然言仁，而不酌以義，則仁道不可通矣。」[22]墨家雖有合理內核，但從總體上，墨不如儒。這就是熊十力的最終結論。

（3）法家。法家也是先秦時期儒家的主要論敵之一。法家主張實行耕戰政策，提倡法治，強調「名當時而立法，因事而制禮；禮法以時而定，制令各順其宜」[23]。法家批評儒家的禮治主張保守、迂腐，儒家指責法家苛刑峻法的政策違背仁義之教。孟子針對法家的耕戰政策提出：「善戰者服上刑，辟草萊任土地次之。」[24]可見，當時儒法兩家的論爭是相當激烈的。儒法之爭歷來是國家研究的重要問題之一，熊十力自然不會放過這一問題。不過，他沒有重複別人已作出的結論，自己獨辟蹊徑，提出一些與眾不同的看法。他認為，儒法儘管有嚴重的分歧，但法家仍可視為儒家的分支。

22　熊十力：《原儒》，第559頁。
23　《商君書・更法》。
24　《孟子・離婁上》。

熊十力把大家公認的法家區分為兩派：一派是以申不害、韓非為代表的激進派；另一派以《管子》書的作者們為代表的正統派。申韓維護中央集權制，帶有濃重的封建專制主義色彩，故為熊十力所不喜。他認為以申不害、韓非為代表的法家激進派與儒家沒有直接關係，他們是道家的支流，不過，他們比老莊更落後、更褊狹。「申韓雖源於老，而別辟途徑，則老氏之庶孽耳。」[25]「關老以主一開宗，申韓襲取而變之，用明治術。」申韓在道家「主一」本體論的基礎上，形成君主極權思想，「以利出一孔，為其一切施為之最大原訓。臣民之思想與意志，皆一宗於君上」[26]。熊十力認為申韓的這種主張同民主思想格格不入，弊大於利，不足為則。他一反學術界的通行觀點，不把商鞅、申不害、韓非等看成法家的代表人物。

在熊十力看來，真正的法家代表人物應當是《管子》書的作者們。據他考證，法家大約在春秋戰國之際就從儒家中分裂出來，成為一個獨立的學派。周王室東遷後，王道衰微，霸道興起，先後出現五個以霸業著稱的諸侯，即齊桓公、晉文公、楚莊公、吳王闔閭、越王勾踐，號稱「春秋五霸」。齊相管仲輔佐齊桓公「九合諸侯，一匡天下」，使齊國成為五霸之首。管仲以法治整齊臣民，勤於政事，為法家的形成提供了社會實踐基礎，於是便有人總結管仲等政治家的實踐經驗，寫出托名管仲的《管子》一書。熊十力斷定《管子》為「齊魯間儒生」所作。他們「感禮讓為治，不可起衰救弊，於是變而崇法」[27]。

25　熊十力：《原儒》，第564頁。
26　熊十力：《原儒》，第565頁。
27　同上，第574頁。

在熊十力看來，《管子》書中隨處可見其脫胎於儒家的痕跡。「綜觀管子書，括囊大宇，經緯萬端，要皆從與民同患出發。至於倉廩實則知禮節，衣食足則知榮辱，此即本於孔子先富後教之意。」[28]《論語・子路》記載著這樣一段孔子同冉有的對話：「子適衛，冉有僕。子曰：『庶矣哉！』冉有曰：『既庶矣，又何加焉？』曰：『富之，』曰：『既富矣，又何加焉？』曰：『教之。』」熊十力認為《管子》書中「倉廩實則知禮節，衣食足則知榮辱」[29]的著名論斷就是從孔子同冉有的這段對話中演化而來的，由此可見《管子》書中的民本意識同儒家是一脈相承的。不過，《管子》書的作者們雖知尊重民意，然猶無民主思想，畢竟與儒家有區別。這就是熊十力為其「法出於儒」之說找到的內證。據熊十力研究，法家內部亦當分為若干個小學派，其中法家民主派的學說最值得重視。由於歷史年代久遠，法家民主派的著作已佚，難以窺其全貌。熊十力根據《淮南子》一書提供一些材料，把法家民主派的思想歸納為以下三點。

第一，反對「法生於君」的專制主義觀點，視「民意」為立法之本。法家君主專制派主張由君主立法，定吏執法，民眾守法。法家民主派反對這種主張，把上述順序顛倒過來，主張「法生於義，義生於眾」[30]，把民意看成立法的根本。法家君主專制派維護君權，把君放在首要位置，把民擺在從屬的位置；法家民主派與此相反，把民放在首要位置，把君放在從屬的位置。熊十力對二者的主張加以比較，得出的結論是：前者「以獨夫之意制法，迫天下億兆之眾以必從，雖欲

28　同上。
29　《管子・牧民》。
30　熊十力：《原儒》，第575頁。

勿陷於不可得」；後者「由天下億兆之眾，各本其公欲、公惡，互相扶助、互相制約以立法，則不義之萌絕矣」[31]。他認為君主專制派的學說違背了正義原則，而民主派的理論則是正義原則的體現。

第二，主張實行君主立憲制。在法家民主派看來，民主政治的實現有一個過程，不可能一蹴而就。第一步應當對君權加以限制，「本群眾公意制法以限制君權，是亦民主之始基也」[32]。這樣一來，便可以避免君主獨斷專行，使人民的意志得以體現，為更充分的民主創造條件。熊十力猜想，法家民主派大概是「君主立憲制」的最早發明者。

第三，禮法並重，出儒入法。熊十力認為法家民主派的理論是從儒學中衍生出來的。「儒學本有民主思想，其變儒而為法甚易。」[33]法家民主派主張「法者，發於人間而反以自正」，倡導從自己做起，以法為準繩調整人我關係，這正是儒家恕道原則的貫徹。熊十力充分肯定這種主張，認為「此真儒學骨髓，親切至極，超脫至極。民主政治之任法，必遵乎此，而後春秋太平之盛可期矣」[34]。

熊十力對法家的研究，提出許多新觀點，儘管論證不夠充分，但畢竟成一家之見。他努力發掘傳統文化中的民主意識，這樣的理論追求是值得肯定的。

（4）名家。熊十力認為名家是先秦時期一個很興盛的學派，應

31　同上。
32　同上。
33　同上。
34　同上，第576頁。

當予以重視。史家一般把名家劃分為惠施為代表的合同異派和以公孫龍為代表的離堅白派。熊十力不完全同意這種劃分，提出一種與眾不同的看法。他認為，名家當有廣義和狹義之分。廣義的名家應包括荀況、墨翟和後期墨家也在內，因為他們對名實問題也都有相當深的研究並撰有這方面的專著。在狹義的名家當中，以惠施和公孫龍為最傑出。公孫龍「少學先王之道，長而明仁義之仁」，師承儒家，他是由儒家轉向名家之學的。熊十力斷定：「公孫龍本儒者，而其專長究在名學。」[35]他認為名家與儒家有很深的淵源，也是儒家的一個分支。「名家之學，其源於《易》、《春秋》。」[36]《易‧繫辭》說：「夫易，彰往而察來，微顯而闡幽，開而當名辨物，正言、斷辭則備矣。」《春秋》經歷來被史家視為「辨物之理以正其名」「道名分」的典範。據此，熊十力斷言：《易》、《春秋》二經為「名家大祖」[37]。

據熊十力研究，名家的專長不僅限於邏輯學方面，當涉及更廣泛的科學領域。「惠子強於物，散於萬物而不厭，逐萬物而不反。其對黃繚遍為萬物說，可見惠子之學是向大自然裡努力追求，並非不根於實測而徒為詭辯者。」[38]熊十力讚揚惠施「確有大科學家之熱誠與風度」。他認為重視自然科學當為名家的學術特色之一，可惜因其著作散失而不得其詳。

在哲學方面，惠施提出「泛愛萬物，天地一體也」這一極有價值的命題，熊十力認為這正是名家與儒家仁學相契合的地方。不過，從

35　熊十力：《原儒》，第572頁。
36　同上。
37　同上。
38　同上。

這裡也表現出名家的理論侷限。熊十力批評惠施說：「惠施言泛愛萬物，天地一體也，是乃知有仁而不知有義。由其道，則對於在上者之橫暴唯有忍受而無忿恨。則天子諸侯大夫，以少數人統治天下之敝制，萬世不易可也。」[39]名家空談「泛愛」，而缺乏正義觀念，必然導致對專制主義的讓步、妥協、遷就，不能引導合理社會的出現。所以，熊十力對名家頗有微詞，認為名家的思想遠不如儒家的仁義之教全面深刻、切實可行。他很同意荀況在《非十二子》中對惠施所下的評語：「辯而無用，多事而寡功，不可以為治綱紀。」[40]

（5）農家。司馬談在《論六家之要指》中論到了陰陽家、儒家、道家、墨家、法家、名家等六家的學說，認為這六家就是先秦時期主要的學術流派。熊十力不完全同意司馬談的概括。他認為陰陽家雖為大宗，但學術價值不高，不能同其它五家相提並論。「陰陽家，蓋上古術數之大宗，古代天文學雖發源於此，而陰陽家本身畢竟是術數。」「陰陽家言陰陽，則為占休咎而設，其事起於迷信。」[41]因此熊十力沒有把陰陽家看作主要學術流派，而把為司馬談忽略的農家提到主要學術流派的位置。也許是因為他是農村出生、成長的吧，他對農家懷有一種特殊的感情。

據熊十力考證，晚周農家亦源於儒學。具體地說，也就是出於《詩經》。「農家之學，當出於《詩經》。三百篇自變雅以至列國之風，小民呻吟窮困，無以為生，其怨恨王侯卿大夫貪污侵剝之詩占大多

39　同上。
40　熊十力：《原儒》，第582頁。
41　同上，第586頁。

數。孔子刪定為經,以教三千七十之徒,傳播民間,此農家所由興也。」[42]在《詩經》中有許多篇章反映了人民的呼聲和對占有者的抗議,如《碩鼠》寫道:「碩鼠,碩鼠,無食我黍!三歲貫女(汝),莫我肯顧。逝將去女,適彼樂土;樂土,樂土,焉得我所。」詩中把那些盤剝農民的貪官污吏比作糧倉中的大老鼠,控訴他們不勞而獲的種種罪行。熊十力認為農家正是這種平民意識的升華與結晶。

班固在《漢書‧藝文志》中對農家作了這樣的概述:「農家者流,蓋出於農稷之官。播百谷,勸耕桑,以足衣食,故八政一曰食,二曰貨。孔子曰:『所重民食』,此其所長也。及鄙者為之,以為無所事聖王,欲使君臣並耕,悖上下之序。」熊十力認為班固的概述是對農家的曲解,並不足為據。在他看來,農家的思想代表恰恰正是被班固譏為「鄙者」、《孟子》一書所提到的許行。關於農家的學術宗旨,熊十力作出同班固截然不同的概述:崇拜傳說中的神農;主張人人勞動,皆並耕而食,不允許統治階級的存在;要求破除等級觀念,實行人人平等互助,建立沒有剝削現象、沒有私有制的新型社會。他由此得出結論:農家的主張與儒家的大同思想完全一致,都表現出「社會主義」傾向。熊十力對農家幾乎沒有作任何批評,認為農家的學術價值在其余四家之上。道、墨、法、名等四家雖都由儒家歧出,但卻與儒家原旨相牴牾,並且以儒家為論敵,唯有農家是個例外。

以上就是熊十力對道、墨、法、名、農家與儒家的關係以及各家學術宗旨的研究和考察。他得出的結論是:

---

42   同上,第573頁。

中國學術思想,當上追晚周。儒家為正統派,孔子則儒家之大祖也。六經雖竄亂而全亡,而易經大體無改。春秋經、傳雖亡失,而以緯書、何休公羊注及他經相參證,大意尚可尋也。周官經不能無改易,而大體猶可識。此與春秋之思想為一貫。今文家無知之排斥,只是歷史上無聊故事,後人不當為其所惑。墨翟、惠施、農家,或為科學之先導,或為社會主義之開山,皆儒家之羽翼,不可不延續其精神也。法家書罕存,《管子》可略考。道家有極深遠處,亦有極不好處,取長舍短,不容絕也。[43]

熊十力「諸子同源於儒」的說法,當然不是沒有商榷余地的。他的這種說法實際上在學術界並沒有得到廣泛的認同。他的論斷疑古過勇且帶有很大的主觀隨意性,立論的根據也不太充分,這是熊十力諸子學研究顯而易見的缺點。不過,應當注意的是,熊十力將諸子折衷於儒,並非要論證儒家的獨尊地位,同董仲舒「罷黜百家,獨尊儒術」有本質區別。熊十力雖認為諸子皆源於儒,但並不否認諸子的學術價值,並且旨在強調諸子學的出現是儒學進一步發展必不可少的條件,這是較為公允的評論。他對諸子學雖有微詞,但絲毫沒有敵意,反倒是抱著同情的態度,甚至是敬意。在他看來,諸子學與儒學是相輔相成的關係;要研究儒學,必須研究與儒學密切相關的諸子學。無論是儒學,還是諸子學,都是國學不可或缺的組成部分。其實熊十力用來作為評判諸子得失標準的儒學,並非原初意義上的儒學,而是他創立的已吸納科學和民主觀念在其中的現代新儒學。所以,與其說熊

43　熊十力:《原儒》,第621頁。

十力以儒學為標準折衷諸子，勿寧說以科學與民主為標準揀擇諸子中有現代價值的內容。熊十力提出的「諸子同源於儒」說，其真正的含義在於：試圖論證熊十力自創的新儒學在中國傳統文化方面有充分的依據；試圖解決中國傳統文化如何同科學、民主等現代意識接榫的問題。熊十力的諸子學研究是他建立新儒家思想體系必不可少的一個理論環節。

4.2　儒學的演變

熊十力以新儒學為尺度梳理先秦諸子之學，也以新儒學為尺度梳理清末以前儒學發展演變的歷史。他以新儒學為指導，編了一部簡要的儒家學術史。他的基本看法是：幾千年來，儘管孔子的地位不斷抬高，儒家的名氣越來越大，然而儒學的精華並未真正得到發揚。

關於儒學的由來，熊十力提出一種十分奇特的看法。《論語‧述而》有這樣一條記載：「子曰：『加我數年，五十以學《易》，可以無大過矣。』」根據這條材料，熊十力把孔子的思想分為前期與後期兩個階段：50歲以前為第一階段；50歲以後到74歲逝世為第二階段。熊十力認為孔子50歲以前的思想不夠成熟，只能算是儒學的準備階段，50歲以後方才形成正統的儒家思想體系。他指出：「孔子早年，當無革命與民主等思想，他還是承唐虞三代群聖的遺教，而欲得君行道。」[44]在50歲以前，孔子寄希望於君主，主張實行開明專制，維護禹湯文武的小康禮教。熊十力把孔子這一階段思想概括為「小康

44　《原儒》上卷，龍門書局，1956年，第88頁。

學」。孔子從40歲以後便開始逐漸放棄小康思想，萌發革命和民主意識，到50歲時，思想發生根本變化，毅然摒棄小康學，要求廢除君主專制，主張建立「群龍無首，天下為公」的大同社會。「孔子晚年（五十學《易》以後）其思想確突變。始作六經，發明首出庶物，貶天子、退諸侯、討大夫，乃至天下之人人有士君子之行。群龍無首，天下一家，可謂大道之行，天下為公。」[45]熊十力把孔子50歲以後的思想概括為「大同學」。他認為「大同學」才是孔子儒學的真髓，才是孔子努力追求、積極倡導的「大道」。

由於孔子思想有「大道」與「小康」兩種截然相反的傾向，於是孔子的後學自然而然劃分為兩大學派：「其弟子守其早年之教而不變者，遂成為小康學派」，「其弟子守其晚年六經之學，而不從其早年之說者，遂成為大道學派」。[46]可惜的是，大道學派因歷史的原因未能得到長足發展，致使孔子思想的精華逐漸湮沒；而小康學派由於得到統治階級的扶植，竟成為孔子以後儒家的大宗。熊十力認為，幾千年來在中國意識形態領域中占統治地位的儒學正是小康學。小康學當然不是孔子儒學的精華，而是早已為孔子本人清除的糟粕。這種以紫奪朱、以瑕掩瑜的情況，實在為孔子始料不及。在熊十力看來，孔子以後的儒學史，其實是一部小康學派的演化史，是孔子思想精華遭篡改、逐漸喪失的慘史。就這樣，他一舉推翻了漢宋儒家精心編造的道統，要求重新纂述儒學的歷史。

孟子通常被人們公認為孔子的繼承者，習慣於孔孟連稱，尊他為

45　熊十力：《原儒》，第839頁。
46　同上。

「亞聖」。熊十力不這樣看。他認為，孟子亦屬於小康學派，並未真正繼承和發揚孔子創立的大同學。例如，孟子在評論孔子時說：「世衰道微，邪說暴行有作。臣弒其君者有之，子弒其父者有之。孔子懼，作春秋。」又說：「《春秋》成而亂臣賊子懼。」[47]熊十力認為，這樣理解孔子是一種極大的誤解。他引了孟子上述言論之後批評說：「孟子願學孔，而此言則厚誣孔子，可奈何！夫臣弒君，子弒父者，爭權奪利故也。而君位者，大權厚利之所在，難保臣子不爭奪也。孔子深見及此，故作《春秋》，發明貶天子、退諸侯、討大夫之義，以詔當時後世也。」「君位廢而主權在庶民，原利均於庶民，何有弒父與君之事乎？孟氏不深研《春秋》，乃妄誣孔子欲誅亂賊以擁護君子制度，是未能學孔也。」[48]熊十力由此作出判斷：孟子並非繼承孔子的大道學，而是繼承了曾子尊君尊父的孝治宗法思想，否定了孟子儒家正統繼承者的地位。熊十力指出，參孟的孝治宗法思想已離開孔子儒學的正統大旨，將儒學的發展方向引向了歧途。熊十力分析說，孟子由於受到孝治宗法思想的限制，讓孔子的大道學從眼皮底下漏掉了。本來孟子在處理「君主與庶民」關係時也曾提出一些具有民主因素的思想，如說：「民為貴，社稷次之，君為輕，是故得乎丘尼而為天子。」[49]但他沒能把這種合理的思想貫徹到底。所以，「孟子誠於《春秋》有知，獨惜其夾雜宗法社會思想，而於《春秋》無深解也」。同孟子相比，荀子的宗法思想不那麼濃重，但他也表示擁護君主制，亦屬於小康學派。

47　《孟子・滕文公下》。
48　熊十力：《原儒》，第611頁。
49　《孟子・盡心下》。

孔子的學說在孟荀那裡已被誤解，在秦統一全國後，再次遭到更大的厄運。秦始皇採納李斯的建議，下令焚書坑儒，使儒學遭到致命的打擊。從此，孔子發明的大道學更無傳人。雖《易》幸免於秦火，但已無人識得其真意。

劉漢政權建立後，統治者吸收秦王朝二世而亡的教訓，革除弊政，廢棄苛刑峻法，欲圖長治久安，開始扶植儒學。漢高祖劉邦在他死的前一年用太牢祭祀孔子。漢惠帝廢除「挾書之律」，允許儒家經書在民間傳授。到文、景之世，朝廷有意識地搜尋儒家典籍，開獻書之路。文帝派晁錯向伏生受《尚書》，設《詩》博士；景帝時又立《春秋》博士。漢代的儒學以注疏《詩》、《書》、《禮》、《易》、《春秋》等先秦經典的方式傳世，故稱為經學。在漢代搜集到的儒家經書中，有一部分是儒生口授，用當時流行的文字記錄下來整理成書的，叫作今文經學；有一部分是散在民間、藏在牆壁中偶然被發現的，這些書用漢以前的文字即古籀文寫的，叫作古文經學。今、古文經學不僅所據文字不同，而且學術風格、學術觀點也不同，這兩派長期爭論不休。公元前140年，漢武帝即位，詔舉賢良文學策問。今文經學大師董仲舒向武帝提出：「春秋大一統者，天地之常經，古今之通誼也。今師異道，人異論，百家殊方，指意不同，是以上亡以持一統；法制數變，下不知所守。臣愚以為諸不在六藝之科、孔子之術者，皆絕其道，勿使並進。」[50]武帝採納董仲舒的建議，罷黜百家，獨尊儒術，於建元五年興太學，置五經博士，各以家說傳授儒家經典。在漢初幾代皇帝的扶植下，儒學終於從一家之言上升到官方哲學的顯赫地位。

50　《漢書・董仲舒傳》。

熊十力指出，在漢代初年，儒家似乎紅紅火火地發展起來了，堂而皇之占據了意識形態的統治地位，其實對於真正的儒家思想來說，未必是一件好事。因為儒學的經學化和官方化，嚴重地扭曲了孔子之道的真精神，使儒學墮落成封建帝制的婢女。「漢學陽尊孔子，而隱變其質，以護帝制。」[51]已從根本上背棄了孔子的原義，丟棄了其中民主精神的精華。所以，熊十力的看法是：漢儒扶植儒學是假，篡改儒學是真，這種「扶植」對儒家的打擊並不亞於秦始皇焚書坑儒。他很不客氣地將漢儒斥為「奴儒」。今文經學與古文經學之爭是漢代儒學的基本內容。熊十力從新的視角看待這場爭論，得出的結論是：無論今文經學還是古文經學，在維護皇權至上的基本點上，二者是一致的。所以，他們都沒有承續孔子的真精神。

熊十力把漢儒的思想理論歸納為三個基本觀點：「漢人擁護帝制之教義，約分三論：一曰三綱五常論，二曰天人感應論，三曰陰陽五行論。」[52]熊十力分析說，這三論實際上是「曾參孝治思想與陰陽家之術數相互結合」的產物，與孔子並無直接關係。在這三論中，天人感應論和陰陽五行論來自格調不高的陰陽家，而三綱五常論則是孝道觀念的政治化或教條化。

熊十力著重剖析、批判了董仲舒倡導的三綱五常，指出：「三綱者，君為臣綱，父為子綱，其本意在尊君，而以父尊於子、夫尊於妻而配合之。於是人皆視為天理當然，無敢妄疑。夫父道尊而子當孝，天地可毀，斯理不易。子之思想行動不背於正義者，父母不當干涉，

51　熊十力：《原儒》，第613頁。
52　同上，第585頁。

而子可自行其志，要不失孝道。虎狼有父子，況於人乎？但以父道配君道，無端加上政治意義，定為名教，由此有王者以孝治天下與移孝作忠等教條，使孝道成為大盜盜國之工具。」[53]熊十力並不反對體現父子親情的孝道，但堅決反對以孝道配君道的「孝治」，力圖把「孝」的倫理意義同政治意義區分開來。他認為漢代儒生們極力倡導孝治，用三綱五常論證君權至上，有悖於正義原則，是對儒學的極大曲解。熊十力對漢儒三綱五常說的批判，實則是對封建禮教的否定。他作為一位辛亥革命的參加者，經過反封建鬥爭的洗禮，對封建禮教的本質有著深刻的認識，在他的身上仍能體現出高昂的反封建的戰鬥精神。他對假儒學深惡痛絕，激烈程度並不亞於「五四」新文化運動的主將們。他痛斥那些甘當封建帝王的有學問的奴僕們說：「皇帝專政之制度愈穩定，則奴儒詮經籍者，穢雜迂陋之說是日滋，至可恨也。」[54]

總的來說，熊十力對漢代經學的評價不高。在他看來，漢代經學的興起並不等於儒學的復活。這種興起對真正的儒家精神來說並不是福音，對於中國社會的發展史也並不是福音。這也就是說，漢代儒生所尊崇、宣揚的儒學其實是假儒學，不幸的是，這種假儒學竟然以假亂真，統治中國思想界兩千多年，遂使後人難識儒學真面目。「自西漢迄清世，二千數百年儒生，疏釋群經，皆以三論為骨子，可謂不約而同。所謂朝廷之教命，社會之風氣，無不本於三論之旨意者。」[55]漢代儒生製造的三綱五常論、天人感應論和陰陽五行論，以封建專制主義思想糟粕掩蓋了儒學的精華，遂使經學依附於封建政治得以流傳

53　熊十力：《原儒》，第583頁。
54　同上，第605頁。
55　同上，第587頁。

發展，而封建政治又以經學為理論支柱。二者的緊密結合便是中國封建制度延續兩千多年的原因之一。對此，熊十力不能不扼腕痛惜。

東漢末年經學趨於式微，魏晉玄學代之而興起。此後，佛教傳入中國並逐漸擴大影響，發展成中國論壇上的勁旅，到唐代形成儒、釋、道三教並用的格局。至宋代，儒學再興，援佛、道入儒，形成宋明理學，儒學進入第二期發展。宋明理學一反漢學的訓詁義疏傳統，直接從儒學經典中尋繹義據，學術風格與經學大不一樣。

宋明理學分為程朱理學與陸王心學兩大派系。程朱理學由程顥、程頤兄弟二人創立。他們自稱「學雖有所受，天理二字卻是自家體貼出來」。他們以理為最高範疇，認為理是形而上者，器是形而下者。斷言「天下只是一個理」，而這個理也就是君臣父子夫妻等人倫道德之理。朱熹繼承二程學脈，集理學之大成，創立以理為核心的哲學思想體系。他認為「天理」本身「無造作，無計度」，它借助於「氣」產生出宇宙萬物，構成「理在氣先」、「理一分殊」的本體論和宇宙論。

陸王心學由南宋陸九淵創立。他針對朱熹以理為最高範疇的哲學體系，主張以心為最高範疇，提出「吾心便是宇宙，宇宙即是吾心」的心學體系。他曾在鵝湖之會上同朱熹辯論過關於太極、心與理之關係、治學方法等，批評朱學「支離」，並提出「發明本心」「先立乎其大」等簡易、便捷的方法。宋代程朱理學占統治地位，心學的勢力不如理學大。到明代，王陽明繼承陸九淵學脈加以發揚光大，創立了「心外無理、心外無物」的本體論學說。他強調「物理不外吾心，外

吾心而求物理，無物理矣」。還提出「致良知」和「知行合一」說，批評朱熹知先行後說。明代後期陸王心學盛行一時，學術影響一度超過程朱理學。程朱理學與陸王心學的論爭貫穿宋明理學的整個發展過程。

宋明理學是中國封建社會後期影響最大的理論形態，也是同熊十力思想有密切聯繫的學派。所以，熊十力自然而然地把它作為疏理儒學的重點之一。他的新儒學思想有許多地方與宋明理學是一致的，正如馮友蘭先生所指出的那樣：「熊十力先生一生治學所走的道路，就是宋明道學家們所走的道路。」[56]但是也應看到，熊十力並不盲目崇拜宋明理學家，對他們的觀點亦作了取捨，並且也貫穿著反省批評的精神。

宋明理學家往往瞧不起那些咬文嚼字、皓首窮經的經學家。朱熹在編排儒家道統譜系時，毫不客氣地把漢儒一概排斥在外。然而熊十力卻發現了宋學與漢學一脈相承的地方。他說：「宋儒名為反對漢學，實則宋學之異於漢者，只是存養心性工夫，而天人感應與陰陽五行之論，宋明理學始終夾雜其間，未能解其敝也。」[57]他認為宋明理學也是沿襲儒家小康派的學統，走的仍是依附封建政體的路子，未能真正作到改弦更張，未能真正窺得儒家大道之真。

宋明理學家雖然未能窺得孔子儒學的大道之真，雖然未能擺脫小康派的陰影，但畢竟在闡發儒學的大本大源方面花了一些工夫，提出

56　《玄圃論學集》，第30頁。
57　熊十力：《原儒》，第587頁。

一些有價值的見解。熊十力認為這是宋明理學比漢代經學深刻的地方。「宋儒鞭辟入裡切己之學，可謂知本，惜其短於致用。陽明廓然返諸良知，無所拘滯，以致良知於事事物物釋大學之格物。於是學者多有獨辟之慮。民主思想、民族思想、格物或實用之學，皆萌於明季。清人雖斬其緒，而近世吸收外化，明儒實導先路，不可忽也。」[58]熊十力把宋明理學擺在中國學術史上的重要地位，認為它一方面努力挖掘儒家的本體論，前繼往聖；一方面啟迪著民主和科學等現代意識，有補於後學。

熊十力提出，宋明理學最大的功績在於回應佛學這種外來文化的挑戰，努力消化吸收佛學的理論思維成果，重新樹立起儒家思想的權威。宋明理學家使儒學走出神學的誤區，向著體用不二的方向邁出了一大步。他讚揚宋明「諸師在反己，其精神上繼孔門，於大本大源，確有體認，不可薄也」[59]。他對於宋明理學的評價顯然高於漢代經學。他不否認自己是宋明理學的後繼者，自述：「中國有儒之學而廢置弗究，非獨中國人之不幸，而人類之憂也。宋明諸老先生崛起，頗有所致力。然重陽未開，大明未啟，其願則已宏矣。余當明夷之運，智小謀大，本平生之積測，欣一旦而貫通。因此平竟華梵，抑揚儒佛而造新論。尋鄒魯久墜之緒，竟宋明未竟之業。」[60]他表示自己將繼承「宋明諸老先生」的宏願，百尺竿頭，更進一步，深究儒家的骨髓。

58　同上，第817頁。
59　《熊十力論著：新唯識論》，第567頁。
60　《十力語要》卷一，《印行十力叢書記》。

在宋明理學裡陸王心學和程朱理學這兩大派中，熊十力比較欣賞陸王，尤其是明代的王陽明。他在《新唯識論》（語體文本）中多次引證王陽明「即體而言，用在體；即用而言，體在用，是謂體用一源」[61]的論斷，讚為「見道語」。事實上，熊十力的新儒學思想正是陸王派在現代的伸展和延續。他努力倡導的「體用不二」原則正是從陸王派「心外無物」的思想中衍化出來的。他認為陸九淵宇宙不在我心外的思想和王陽明心外無物的思想「言近而旨遠」，最接近儒學的大旨。正是由於受到陸王的啟發，他在《新唯識論》中將「心」提到絕對本體的高度，把萬物說成「心」之本體的表現形式，即說成「用」。他的體用不二論歸根到底是要證明：「人人各具之心，即是宇宙統體之心」，「此心遍為眾星球或萬有之實質」。按照他的觀點，「物」是「用」的一種表現形式，而「用」從屬於「體」，「體」直接就是「心」。於是，「體用不二」便成了「心物不二」的同義語，轉了一圈，又回到「心外無物」上來了。正因為如此，熊十力被人們恰如其分地視為現代新儒家中新陸王派的思想代表之一。[62]

熊十力在肯定宋明理學的理論成就的同時，也看到了它的思想侷限。他對宋明理學提出五點批評。

第一，他認為宋明理學家也沿襲了漢儒的天人感應論、陰陽五行論和三綱五常論，因此未能跳出小康學的藩籬，未能復興孔子的大道學。他指出：「宋儒之最可責者有二，一無民族思想，二無民治思

61　《傳習錄》上。
62　參見拙著《現代新儒家研究》。

想。」[63]這同宋明理學家囿於小康學有直接的關係。

第二，他認為宋明理學未能真正將體與用統一起來，這集中表現在他們關於心與理互相關係的爭論之中。熊十力指出：「吾國宋明哲學家，關於理的問題，有兩派的爭論。一、宋代程伊川和朱元晦等，主張理是在物的。二、明代王陽明始反對程朱，而說心即理。二派之論，雖若水火，實則心和境本不可截分為二（此中境字，即用為物的別名。他處凡言境者皆仿此），則所謂理者本無內外。一方面是於萬物而見眾理燦著；一方面說吾心即是萬理賅備的物事，非可以理別異於心而另為一種法式，但為心上之所可具有，如案上能具有書物等也。唯真知心物本不二者，則知心境兩方面，無一而非此理呈現，內外相泯，滯礙都捐。如果偏說理即心，是求理者將專求之於心，而不可徵事物。這種流弊甚大，自不待言，我們不可離物而言理。如果偏說理在物，是心的方面本無所謂理，全由物投射得來，是心純為被動的，純為機械的，如何能裁制萬物、得其符則？我們不可捨心而言理。二派皆不能無失，余故說理無內外。說理即心，亦應說理即物，庶無邊執之過。」[64]程朱離心而言理在物，偏於客體方面，王陽明即心而言理可是撇開了物，偏重於主體方面。在熊十力看來二者都是「邊執之見」，沒有真正把握住體用不二的原則。熊十力要求達到主體與客體的統一、體與用的統一，故對兩派皆有所批評。

第三，由於宋明理學家未能處理好體用關係，因而也就未能處理好內聖與外王的關係。熊十力所說的內聖，是指道德自我意識的樹立

63　熊十力：《讀經示要》卷二，第61頁。
64　《熊十力論著：新唯識論》，第272—273頁。

和對於本體的體認，他所說的外王是指經世致用、安邦定國的才幹。他認為宋明理學過分強調內聖而忽視外王，故此不可避免地產生空疏無用之弊端。例如：「陽明一生精神，畢竟理學家的意味過重，其所以自修而教人者，全副精神都只在立本，而不知本之不可離末也；都只在明體，而不知體之不離用也；都只在修身，而不知身之不離國家天下與一切民物也。此其所弊也。」熊十力指出，這種重內聖輕外王的理論傾向在實踐方面造成極其不良的後果，弄得宋明時代「賢儒」輩出卻不能大造於世運，沒能遏止中華民族走下坡路的頹勢。他感嘆地說：「孔子內聖外王的精神，莊子猶然能識之，至宋明諸師，而外王之學遂廢。自此，民族愈益式微。此非我輩之殷鑑耶？」[65]這一歷史教訓是沉痛的，現代新儒家絕不能重蹈宋明理學的覆轍。熊十力強調，時當民族危亡之際，尤其應當發揚內聖外王並重的精神。「今世變愈亟，社會政治問題日益複雜，日益迫切。人類之憂方大，而吾國家民族亦膺巨難而瀕於危。承學之士，本實既不可撥（本實，謂內聖之學），作用尤不可無（作用，謂外王或致用之學），實事求是，勿以空疏為可安。深知人生責任所在，必以獨善自私為可恥。置身群眾之外而不與合作，乃過去之惡習。」[66]不講外王，內聖必將落空。熊十力認為宋儒的這一歷史教訓今天必須牢牢地記取。

第四，由於宋明理學家未能處理好內聖與外王的關係，因而也未能處理好天理與人欲的關係。宋明理學中程朱與陸王兩派在許多問題上有分歧，唯獨對理欲關係的看法是一致的，都主張存天理滅人欲。

65　《十力語要》卷二，第68頁。
66　《十力語要》卷二，第57—58頁。

熊十力認為理學家的這一主張是行不通的。他分析說：「儒者亦有把人欲看作是天理之敵人而必欲克去之者，此亦大錯。夫欲曰人欲，則亦是人之欲也。人之欲，其可盡去乎？使人之欲而可盡去，除非人不生也。人既有生，便不能無人欲，如何盡去得？大抵人欲所應去者，只是不順理之欲。吾人見得天理透，使天理常作得吾身之主，則欲皆從理，而飲食男女莫非天理中事矣。」[67]熊十力認為，不能籠統地講「滅人欲」，因為人欲有兩重性，既有順理的人欲，也有背理的人欲，順理的人欲是不能盡去的。理與欲既對立又統一，宋明理學家只看到了二者的對立方面，而沒有看到二者的統一方面，這是錯誤的。熊十力在一定程度上肯定了欲的正當性，糾正了前儒的偏失，不過並沒有完全改變對欲的否定態度。

他仍然相信「私欲淨盡，雜念不起，即見性之候」。他之所以採取這樣的態度，是針對時弊而發的。他在寫給友人的信中說：「當今之患，誠在縱欲，固宜誦法程朱以拯生人。然欲不可縱，亦不可禁。故弟自中年以來，於程朱諸大師拳拳服膺，不敢輕叛。雖謂禁欲主張稍過，然深以不許縱欲，為真理所在。實未敢攻擊程朱。」[68]但他並不主張像程朱那樣消極地去「滅欲」，而是主張積極地發明本心，體認大本大源。因為「使昭昭明明的本心，常時提得起，則欲皆當理，自不待絕了。如果做絕欲工夫，勢必專向內心去搜索敵人來殺伐他。功力深時，必走入寂滅，將有反人生的傾向」[69]。從熊十力對理學家「存天理滅人欲」的比較溫和的批評中透露出這樣的消息：他不贊成

67　《十力語要》卷四，第13頁。
68　《十力語要》卷一，第13頁。
69　《十力語要》卷四，第42頁。

把理欲截然對立起來。因為理是「體」的同義語，欲同「用」聯繫在一起；既然體與用是「不二」的關係，理與欲也應當是「不二」的關係。故熊十力對欲的態度比較寬容，不像宋明理學家們那樣偏激。

第五，宋明理學雖然回應了佛學輸入中國後帶來的挑戰，但並未完全擺脫佛學的消極影響。熊十力認為這是宋明理學之所以造成上述失誤的根本原因。他分析說：「宋明諸大師於義理方面，雖有創獲，然因浸染佛家，已失卻孔氏廣大與活潑的意思，故乃有體而無用。於物理、人事少所發明；於社會政治唯誦說古昔。」[70]由於受佛教出世思想的影響，宋明理學家對人生價值沒能夠予以充分的重視，有意無意地接受了佛教「空寂」的價值觀。他們宣揚「主靜」、宣揚「絕欲」，都是「空寂」觀念的變形。結果弄得人生無活氣，脫離實際。「減卻了日常接觸事物的活動力。」[71]熊十力指出：「宋儒受佛氏禪宗影響，守靜之意深，而健動之力似疏於培養。寡欲之功密，而致用之道，終有所未宏。」[72]正因為這樣，才形成了理學家們不健全的人格：「從前那般道學家，一面規行矩步，一面關於人生道理也能說幾句懇切語、穎悟語。談及世道人心，亦似惻隱滿懷，實則自己空疏迂陋，毫無一技之長。尤可惜者，沒有一點活氣。」[73]在熊十力看來，宋明理學的「空疏」實則來自佛學的「空寂」，這表明宋明理學家援佛入儒做得還不夠徹底，還有點食「佛」不化的味道。他由此意識到自己還應當繼續做援佛入儒的工作，以便承續孔子的真精神。

70　《十力語要》卷四，第42頁。
71　同上，第40頁。
72　熊十力：《讀經示要》卷三，第25頁。
73　《十力語要》卷四，第11頁。

以上五點既是熊十力對宋明理學的批判，又是他找到的走出誤區的突破口。他試圖克服這些缺陷，重新建構新儒家思想體系，真正弘揚孔子之道的精粹。

　　程朱理學在南宋時代就受到陳亮、葉適等學者的批評，陸王心學在明清之際和清初也成為顧炎武、王夫之、顏元等學者批評的對象。對於這些宋明理學反對派的思想家，熊十力也能抱著同情的態度，努力捕捉他們思想中的閃光點。他指出，為宋明理學家們所忽略的外王之學在陳亮等人那裡得到發揚。他對陳亮的評價是：「同甫（陳亮的字）思想雖粗，卻甚可愛。那時候確少不得同甫一派底功利思想。」[74]他承認，自己正是在陳亮等人的影響下，才走上舊民主主義革命道路。「余稍讀船山、亭林諸老先生書，已有革命志。」「少慕陳同甫，開拓萬古心胸，推倒一切智勇，以此自負，晚而悔之。」熊十力對陳亮等人的認同是打了折扣的：即認為他們有可取的一面，也認為他們有不可取的一面。在他看來，陳亮等人重視外王、倡導事功無疑是正確的，但可惜沒有把外王之學同本心本體聯絡起來，未免失之於「粗」，以致於使他「晚而悔之」。儘管如此，他仍認為陳亮等人的思想是一副解救理學家空疏之弊的良方。「唯宋儒於致用方面，實嫌欠缺。當時賢儒甚眾而莫救危亡，非無故也。及至明季，船山亭林諸公崛起，皆紹述程朱，而力求實用。諸公俱有民治思想，又深達治本，有立政之規模與條理，且皆出萬死一生以圖光復大業，志不遂而後著書。要之，皆能實行其思想者也。此足為宋儒干蠱矣。」[75]

74　《十力語要》卷四，第41頁。
75　《十力語要》卷二，第57頁。

明清之際中國社會發生天崩地解的變化，朱明王朝垮台，清兵入關，少數民族再次入主中原。激烈的社會變動震撼了學術界。一些儒學思想家們痛定思痛，反省宋明理學的過失，形成一股崇尚實學的啟蒙思潮，湧現出顧炎武、黃宗羲、王夫之、方以智、顏元、李塨、李顒、傅山、唐甄、呂留良等思想巨匠。熊十力認為這是中國學術界上繼先秦百家爭鳴之後再次掀起的高潮，非常值得重視和研究。

　　熊十力認為明清之際啟蒙學者上承孔子「大道」之學，復興孔子的民主、民權思想，下開向西學吸納科學和民主精華的先河，構成中國文化由傳統向現代轉型的重要環節。他非常讚賞黃宗羲在抨擊封建專制主義時提出的著名論斷：「天下者非一人之天下，天下人之天下也。」他說：「經濟之科，自宋陸子靜兄弟及鄧牧，並有民治思想，迄晚期王船山、顧亭林、黃梨洲、顏習齋諸儒，則其持論益恢宏，足以上追孔孟，而下與西洋相接納矣。」[76]熊十力認為啟蒙學者的研究成果對於現代中國人處理東西方哲學的關係問題仍有現實意義。「宋學經一再變，始有上復晚周之幾。由今而論，中西文化融通，亦於晚明之新宋學，可見其端。余每以晚明為漢以後學術史上最光輝時代。」[77]在當今時代，應當在他們的基礎上再向前跨進一步了。

　　郭齊勇在《熊十力─文化意識宇宙中的巨人》一文中，認為熊十力肯定了明清之際學者的五大優點：「第一，尚經驗，反空疏，注重實用與實測，道器兼綜，體用賅備，實事求是；第二，發揚了民族主義精神；第三，在社會政治思想方面，發漢唐以來諸儒之所未發，具

76　熊十力：《讀經示要》卷一，第3─4頁。
77　熊十力：《讀經示要》卷二，第70頁。

有了進化史觀和民主主義思想，提出了『工商皆本』的主張；第四，依據《大易》重建了中國人的宇宙觀和人生觀；第五，為學務博通、切實用，啟樸學端緒。」[78]這五點概括是符合熊十力的思想實際的。

在明清之際的啟蒙學者中間，熊十力最佩服的是王夫之。他對王夫之的評價是：「晚明有王船山作《易內外傳》，宗主橫渠，而和會於濂溪、伊川、朱子之間，獨不滿於邵氏。其學尊生以箴寂滅，明有以反空無，主動以起頹廢，率性以一情欲，論益恢宏，浸與西洋思想接近矣。」[79]熊十力以「尊生、彰有、健動、率性」等特徵概括王夫之的思想面貌，實際上已肯定王夫之已走出宋明理學的誤區，把儒學推進到新的境地。可惜的是，王夫之之學未受到應有的重視。清兵入關斷送了儒學健康發展的轉機，儒家的真精神再次受到李光地等「奴儒」的曲解，遂使孔子之學沉淪，人們難以識得儒家真面目。熊十力表示，他將繼承王夫之的宏願，孤往直尋，撣去蒙在孔子之學上累積數千年的灰塵，使它重放光芒。他始終把王夫之引為同道，晚年曾在贈給親友的楹聯中寫道：「衰年心事如雪窖，姜齋（王夫之的號）千載是同參。」表達自己對王夫之拳拳服膺的心曲。

以上就是熊十力對於幾千年來儒學發展演變的歷史過程的回顧與總結。他用「發皇—沉淪—復興—再沉淪」的曲線勾勒出這一過程的軌跡。在他的心目中，真正的儒家只有孔子一人而已。王夫之雖接近儒學原旨，畢竟沒有達到孔子的高度。至於其他儒生，至多不過承續小康之學，從未見孔子大道之真。先秦的孟荀，漢唐的經學，宋明理

---

78 李根霞主編：《當代中國十哲》，華夏出版社，1991年，第282頁。
79 《十力語要》卷一，第69頁。

學，概莫能外。幾千年來，統治階級為了維護封建統治，把孔子抬到嚇人的高度，奉為「至聖先師」。

熊十力一下子戳穿了這個騙局，直截了當地宣布：歷代統治者供奉的孔子其實是虛假的偶像，同孔子本人毫不相干。熊十力不買韓愈道統說的賬，也不買朱熹道統說的賬，更不買近人編排的「新道統」的賬。他對「奴儒」的訓斥，充分表達出他對封建專制主義的憤慨。他努力挖掘儒學中科學與民主的精華，剔除摻入其中的封建主義糟粕，努力推動儒學由傳統向現代的轉型。熊十力雖然被標榜為現代新儒家，可是在他身上體現出來的反封建的戰鬥精神和追求科學和民主的熱忱，同「五四」新文化運動的倡導者相比毫無遜色之處。

4.3　六經新證

研究儒學當然離不開儒家的經典。那麼，流傳到現在的儒家六經是否可靠？對於這一問題熊十力提出獨特的看法。

熊十力不同意學術界流行的「六經為後儒陸續補作」的看法，認定六經為孔子所作，專門寫了一篇《六經為孔子所作》的專著，闡述他的觀點。不過，他認為孔子所作的六經並非現在看到的六經；現在看到的六經是秦火之後漢儒補綴成書的。漢儒在整理六經時，出於維護封建大一統的目的，篡改了孔子的原意。「漢武與董仲舒定孔子為一尊。實則其所尊者，非真孔子。乃以祿利誘一世之儒生，盡力發揭封建思想與維護君主統治之邪說，而托於孔子以便號召。故漢儒所弘

宣之六藝經傳，實非孔門本本。」[80]經漢儒之手整理的六經不可全信，然而又不能不信，因為捨此之外至今尚未發現別的版本。熊十力指出：「漢人傳來之經，保存大道者猶不少。惜乎漢宋群儒傳注，一致本大義以為說而大道遂隱。」[81]漢儒雖然篡改了六經，但畢竟保存了六經原有的一些文字。在這些文字中隱含著孔子大道學的真義，關鍵在於怎麼讀。如會讀，亦可不為傳注所限，捕捉到大道學的真義。遺憾的是漢宋群儒中間竟然沒有一個善讀儒經的。自從董仲舒發明「微言大義」說以來，後儒競相效尤，紛紛為君主專制制度作論，遂使大道湮沒。熊十力感到，自己有責任清除蒙在六經上的封建主義塵垢，還其本來面目。他主張求儒學真義當在先秦時期，不可輕信漢儒傳注。「由大易、春秋、周官（即周禮）三經，參以禮記諸經，謹於抉擇，猶可窺見內聖外王之大體。」[82]基於這種指導思想，他對儒家六經作了新的考證、梳理。

（1）《易經》。易經一向為儒生所重，推為六經之首。漢儒認為易經為周文王所作。司馬遷在《報任安書》中說：「文王拘而演《周易》。」唐孔穎達發現《易》卦、爻辭中經常提到文王以後的史實，推翻了漢儒的說法。近現代學者多認為《周易》作為占筮之書，大約成書於周代，它是多人陸續寫成，非出於一人之手。熊十力對這些說法一概棄之不取，斷定《周易》出於孔子的手筆。他沒有採取史學家們的史實考據方法，而是採取「思想考證」的方法證明他的觀點。理由是：既然大家公認《周易》是儒家六經之首，公認孔子是儒家的奠

80　熊十力：《原儒》，第546頁。
81　熊十力：《原儒》，第839頁。
82　同上，第549頁。

基人，那麼也就等於承認《周易》只能出於孔子之手；因為如此成熟、精闢的儒家代表作，非孔子莫能為之。他不否認《周易》的前身可能是卜筮之書，但這並不重要。重要的是經孔子寫定的《周易》才是中國學術史上最重要的哲理經典。作為哲理經典的《周易》是不能還原為卜筮之書的，二者有原則區別。「孔子乃別為彖、象、文言、系辭傳、序卦等，以發揮己之哲學思想。」[83]從孔子開始，《周易》的主要思想影響並不是卜筮之書，而是深邃的宇宙大法、人生哲理。它為儒家立大本、開大源，構築起儒家本體論體系的基本框架。熊十力認為，《周易》（他所說的《周易》包括《易經》和《易傳》兩部分）一書有不可估量的學術價值。他感慨地說：「大哉孔子《周易》也，人天大典，鎮國之寶！」[84]

熊十力指出，自漢代以來儒生們關於《周易》的傳注數以千計，真可謂汗牛充棟，但大都不得要領，偏離了《周易》的原旨。「漢易無論何家，其為說，都與孔子之辭不相應」，因為他們的方法不對頭。「漢易之方法，只向卦與卦、爻與爻之間去作活計，自然不會探及道理。」[85]在熊十力看來，漢易學家解易的路數其實並不是儒家的路數。「漢世易家同主象數，實皆古術數家支流。」[86]他們受到象數學的侷限，忽略了義理的探求。宋明理學家比漢易學家要明智一點，他們努力捕捉《易》理，突破了象數的樊籬。可是，「宋以來治《易》者，其所謂人事，皆繼承漢人擁護統治之主張，提倡忠君思想，程頤

83　同上，第589頁。
84　熊十力：《原儒》，第553—554頁。
85　同上，第620頁。
86　同上，第548頁。

之《易傳》，其愚陋甚於漢人。楊氏誠齋《易傳》師法程氏之意……皆廣陳用人、行政得失，垂為鑑戒。冀帝王之修省，好自為之。」[87]他們受到「應帝王」狹隘眼光的限制，不能擺脫封建專制主義的束縛，難免對《周易》產生種種誤解，所取得的學術成就很有限。在熊十力的眼裡，在從前的易學家中，成績最大的要算是王夫之了。「船山易傳，在漢宋群儒中，獨有精守，雖有二元之嫌，其猶白日有時而蝕，終無損於大明之失也。」[88]不過，王夫之也未能完全探到《周易》的精意，「船山時有精思，而未識孔子之旨，則無可為之諱也」[89]。

熊十力認為《周易》是六經中保存得最好的一部。它幸免於秦火，雖經漢儒曲解，但大體無改，基本上是可信的。不過，其中也有個別之處系後儒偽造而混入其中。例如，「余竊怪系辭傳，門宗明義云：『天尊地卑，乾坤定矣。卑高以陳，貴賤位矣。動靜有常，剛柔斷矣。』此數語者，顯然背叛易義。古之術數家以天或君皆為乾之象，地或臣民皆為坤之象，其言天尊地卑者，即謂君居上位，為至尊；而臣民卑下也，此必非聖人之言」[90]。熊十力心目中的孔子是民主思想的倡導者和君主專制制度的反對者，不當有如此言論。這種上下尊卑的等級觀念絕非孔子的主張。「詳玩孔子之意，則君與臣，在人格與道義上純屬平等。」[91]所以要弄懂《周易》的精義，就不能完全拘泥於文字，必須大膽地清除羼入其中的糟粕，去偽存真，去粗取精，方是善讀書之人。熊十力拋開前儒的傳注，直接從經典出發，把

87　熊十力：《乾坤衍》，中國科學院1961年影印版，第2、133頁。
88　同上，第81頁。
89　同上，第16頁。
90　熊十力：《原儒》，第599頁。
91　同上。

《周易》一書的基本思想概括為以下幾點：第一，囊括儒家內聖外王之道的全部內容。他在《乾坤衍》中寫道：「先聖《大易》一經，廣大至極，無所不包通，而可約之為內聖、外王兩方面……內聖學，解決宇宙人生諸大問題，《中庸》所謂『成己』之學是也；外王學解決社會政治諸大問題，《中庸》所謂『成物』之學是也。」[92]他在《原儒》中寫道：「《易‧說卦傳》曰：『窮理、盡性以至於命，一言而總括內聖外王之全體』。」[93]熊十力認為《周易》之所以居六經之首根本原因就在於此。他聲稱，這也是他服膺儒家的最根本原因。他在《新唯識論》、《讀經示要》、《原儒》、《乾坤衍》等書中多次談到自己的學術思想「歸宗儒家大易」。

第二，用辯證法解決心物關係問題，確立儒家「內聖學」的最高原則。陰陽是《周易》中兩個基本範疇，二者既對立又統一，凝結著辯證法的精髓。「孔子作《易》，首以陰陽成變解決宇宙論中之心物問題，蓋本其所觀測於萬事萬物萬化者，莫不由辯證法，因此深窮心物問題，從宇宙開端，已是陰陽成變，斷不可作片面觀，故易之於辯證法，徹上徹下，《論語》所謂一以貫之是也。」[94]依據辯證法，《周易》形成心物不二、體用不二的原則，從本體論、宇宙論而人生論，建立起物我一體的儒家思想體系。按照這一體系，宇宙的本體即是真實的存在，萬物乃本體的顯現，因而在「終極關懷」方面杜絕了任何宗教崇拜的可能。熊十力說：「孔子作《易》，廢除天帝。於流行而洞徹其元，於萬有而認識其體，譬之於翻騰活躍的眾漚，而明了其本

92　熊十力：《乾坤衍》第二分，第131頁。
93　同上，第751頁。
94　熊十力：《原儒》，第724頁。

身即大海水。是故萬有即實體，即流行，即真元。一言以蔽之曰：體用不二。」[95]

第三，從「體用不二」原則出發觀察社會歷史，要求推翻封建統治，實行社會革命，建立「天下為公」的理想社會，提出儒家外王學的理論框架。熊十力認為《周易》實則是孔子向君主專制制度宣戰的挑戰書。「孔子明知周天子不可維持，《大傳》曰：『窮則變，變則通，通則久。』云云。孔子蓋以天子統治天下之亂制，由夏殷至於西周，不可不廢除，故倡導革命也。」[96]在熊十力看來，《周易》中「首出庶物，萬國咸寧」、「群龍無首」等警句都隱含著革命的思想，號召人們起來推翻君主統治，建立人人平等的民主政權，從而實現「天下為公」的大同社會。他對《易·乾卦》作了別開生面的釋義：

乾元初爻曰潛龍，《文言》曰：「潛龍勿用，下也。」此言群眾卑賤處，不得展其用，乃受統治者壓抑之象。二爻，見龍在田。則革命潛力已發展於社會，是為見龍之象。九三，君子終日乾乾。大成未成，不得不乾乾也。九四，或躍在淵。或躍，則幾於傾復統治，而奪其大柄矣。然猶未能遽遂，故曰在淵，仍處下也。九五，飛龍在天。則大功竟成，主權在人民，上下易位矣，故為飛龍在天之象。上九，亢龍有悔。明統治崩潰，乃天則之不爽也。[97]

經過熊十力這樣的解釋，《周易》簡直就成了一篇人民革命的宣

95　熊十力：《乾坤衍》第一分，第84頁。
96　熊十力：《乾坤衍》第二分，第70頁。
97　熊十力：《原儒》，第836頁。

言書！成了一份孔子制定的推翻君主制度的戰略規劃圖！如此解《易》雖未免有將古人現代化之嫌，然而熊十力的確是站在人民的立場上說話的，同封建社會中的儒生千方百計為統治階級辯護的態度形成鮮明的對照。

（2）《春秋》經。《春秋》是中國現存最早的一部編年體史書。所記之事起於魯隱公元年，終於魯哀公十四年，是一部春秋時魯國的編年史。《孟子》、《史記》、《漢書》等均有「孔子作《春秋》」的記載。司馬遷在《史記‧太史公自序》中提到，「《春秋》辨是非，故長於治人」，「《易》以道化，《春秋》以道義。撥亂世返之正，莫近於《春秋》」。漢儒認為，《春秋》不僅僅是一部史書，而是孔子借記事寄托「微言大義」的論著，遂尊為儒家經典，漢景帝時即立《春秋》博士，最早立於官學。《春秋》也是儒生們意見分歧最大的一部儒家經典。屬於今文經學的注釋有《春秋公羊傳》、《春秋穀梁傳》。《公羊傳》舊題戰國時齊人公羊高撰，因董仲舒宣揚而大行於世。《穀梁傳》舊題谷梁赤寫定，體裁與解釋方法與《公羊傳》相近，但具體說法亦有不少歧異，學術影響沒有《公羊傳》大。屬於古文經學的注釋有《春秋左氏傳》。據司馬遷說系魯國左丘明作，但也有人不同意此說。熊十力既不採納今文經學的看法，也不採納古文經學的看法，他撇開兩派的分歧糾葛，從一個新的視角看待《春秋》經。

熊十力認為，《春秋》經、傳都是孔子親筆所作，理由是《春秋》的思想觀點同《周易》是一致的，只能是出自一人之手。至於孔子作《春秋》的動機，他猜測說：「孔子作《春秋》，本欲改亂制，廢黜天子諸侯大夫，達乎天下為公而已。故知之者，當為天下勞苦庶民；罪

之者，必為上層有權力者。」[98]也就是說，孔子在《春秋》中表達了跟《周易》同樣的主張，它必為孔子所作無疑。遺憾的是，《春秋》經的精意在先秦時代就已被儒家的後繼者誤解。

例如，孟子在評論《春秋》時說：「世衰道微，邪說暴行有倫，臣弒其君者有之，子弒其父者有之。孔子懼，作《春秋》。《春秋》，天子之事也；是故孔子曰：『知我者其惟《春秋》乎？罪我者其惟《春秋》乎！』」又說：「孔子成《春秋》而亂臣賊子懼。」[99]按照孟子的說法，《春秋》成了正名分、別卑尊，為君主專制制度張目的典冊，這是熊十力所不能同意的。他批評孟子說：「孟子誠於《春秋》有所知，獨惜其夾雜宗法社會思想，而於《春秋》無深解矣。」[100]孟子之後，《春秋》名存而實亡。雖被立於官學，實無人解得其中真意。

熊十力指出，孔子親筆所作有《春秋》經，傳雖亡失，但借助緯書、何休《春秋公羊解詁》以及其他經典，亦可尋繹其中大意。何休在《春秋公羊解詁》中提出「三世」說，認為歷史是沿著「據亂、升平、太平」三階段逐步進化發展的。他認為這才是《春秋》經的「微言大義」。熊十力從何休那裡接過「三世」觀念，並賦予其新的含義。他說：「據亂世，列國互競；升平世，尚德而不貴力，崇禮而賤橫行之力；今謂之太平者，孔子蓋假托以明其理想。其意以謂：於據亂之世，撥亂而起治，本欲為全人類開太平；而太平不可以一蹴遂至，故必經過一升平之漸次。」[101]又說：「三世之說，明示革命成功

98　熊十力：《原儒》，第604頁。
99　《孟子‧滕文公下》。
100　熊十力：《原儒》，第612頁。
101　同上，第650—651頁。

與社會發展，實由鬥爭而歸和同。」[102]在這裡，他把《春秋》說成「為全人類開太平」的政治綱領，把孔子打扮成了高瞻遠矚的革命領袖。近人康有為在《孔子改制考》和《新學偽經考》中借三世說為孔子披上「托古改制」的外衣，而熊十力則比康氏更大膽，直接給孔子穿上革命的時裝。他盛讚孔子的革命精神：孔子「作《春秋》，則盛張貶天子、退諸侯、討大夫之正義。其急嫉三層統治階級欲掃蕩之，可謂大智大仁大勇，為曠世未有之大聖矣」[103]。熊十力對《春秋》的解釋未必符合原意，但確實是發前人所未發。他把前儒傳注一概推翻，把立腳點移到同情人民革命的立場上來，為古老的經學研究注入反封建的新意。

（3）《周官經》。《周官經》又稱《周禮》。據《漢書‧藝文志》載，此書分為《天官冢宰》、《地官司徒》、《春官宗伯》、《夏官司馬》、《秋官司寇》、《冬官司空》等六篇。關於《周禮》的作者，有種種不同的說法。有人說是周公所作，也有人說是西漢劉歆所偽造，還有人考定為戰國時代的作品。對於這些說法，熊十力一概不接受，他斷定亦是孔子寫定，因為《周官經》的宗旨與《周易》、《春秋》一脈相承，如出一轍。

《周官經》搜集周王室官制和先秦各國制度編纂而成，以特殊的方式表達儒家的政治思想。按照通行的說法，《周官經》是維護君主專制制度的典籍，表達「官本位」的政治思想。熊十力的看法同此相反。他認為《周官經》也是一部孔子寄托革命思想、向往大同之世的

102　同上，第657頁。
103　同上，第642頁。

著作，表達「民本位」的政治思想。據他研究，《周官經》的基本思想有以下幾點：

第一，「《周官》之治道，大要以均為體，以聯為用。」[104]他把《周官經》的政治經濟主張概括為兩個字。一個字是「均」，即主張在政治上人人平等，沒有人壓迫人的現象；另一個字是「聯」，即在經濟上互相幫助，互相合作，沒有人剝削人的現象。在熊十力看來，良好的政治制度是發展經濟的前提，故為「體」；發達的經濟又促進政治制度的優化，故為「用」。根據「體用不二」原則，政治、經濟相輔相成。他認為《周官經》揭示的正是這個道理。

第二，「《周官經》，為撥亂起治之書。承據亂世衰敝之余，奮起革命而開升平之運，將欲為太平造其端。」[105]他認為《周官經》與《春秋經》都是建立在「三世進化」的歷史觀之上的，都主張採取革命的手段改造據亂世，經由升平世而進入太平世，實現人類的最高理想。

第三，「周官之政治主張，在取消王權，期達到《春秋》廢除三層統治之目的，而實行民主政治。」[106]他認為，取消王權，實行民主是《周官》的政治綱領，這同《春秋》「廢天子、貶諸侯、討大夫」的意見是一致，都表達了孔子反對「家天下」、要求實行「公天下」的主張。

第四，「《周官經》之社會理想，一方面本諸大易格物之精神，

104　熊十力：《原儒》，第669—677頁。
105　同上。
106　同上。

期於發展工業；一方面逐漸消滅私有制、一切事業歸國營，而薪至平天下一家。」[107]熊十力認為《周官經》設計的不是「五母雞二母豬」式的小生產社會的織耕圖，而是發展大生產的宏偉藍圖：發揚科學精神，建立發達的工業體系，消滅私有制，完善公有制，使「天下一家」的美好理想變為現實。

通過對《周官經》的考證，熊十力得出的結論是：「《周官經》不能無改易，而大體猶可識。此與春秋之思想為一貫，今文家無知之排斥，只是歷史上無聊故事。」[108]這就是他對《周官經》真意的發掘和闡釋。不難看出，他實際上把自己參加舊民主主義革命實踐所得到的感受以及對「儒家社會主義」的憧憬，全都傾注在其中了。

（4）《禮運》。《禮運》原是《禮記》中的一篇，其中描述了「大同」與「小康」兩種社會形態。文中寫道：

孔子曰：大道之行也，與三代之英，丘未之逮也而有志焉。大道之行也，天下為公，選賢與能，講信修睦。故人不獨親其親，不獨子其子；使老有所終，壯有所用，幼有所長，矜寡孤獨廢疾者皆有所養。男有分，女有歸。貨，惡其棄於地也，不必藏於己；力，惡其不出於身也，不必為己。是故謀閉而不興，盜竊亂賊而不作，故戶外而不閉，是謂大同。

今大道既隱，天下為家，各親其親，各子其子，貨力為己，大人世及以為禮，城郭溝池以為固，禮義以為紀，以正君臣，以篤父子，

107　同上。
108　熊十力：《原儒》，第621頁。

以睦兄弟，以和夫婦，以設制度，以立田裡，以賢勇智，以功為己。故謀用是作，而兵由此起。禹、湯、文、武、成王、周公，由此其選也。此六君子者，未有不謹於禮者也，以著其義，以考其信，著有過，刑仁講讓，示民有常；如有不由此者，在執者去，眾以為殃。是謂小康。

自近代以來，《禮運》篇受到許多進步思想家的重視。康有為著《禮運注》，闡發大同思想，以大同社會為社會改革應達到的最終目標。洪秀全、孫中山曾以大同思想作為發動革命的思想武器。熊十力繼承進步思想家的傳統，對《禮運》篇作了仔細的研究。他在《原儒》中對上述《禮運》引文逐句作了注釋，並提出了一些新的見解。他認為《禮運》系孔子所作，不過現存版本也有被漢儒削改的痕跡，並且注釋亦有誤。本來，在《禮運》中孔子的褒貶是很分明的：表揚大同之世，而批評小康之世。可是經漢儒篡改後，大同與小康竟變成了平列關係，似乎小康之世也是合理的治世。這在熊十力看來絕不符合孔子的原意。「大人世及為禮，此為統治階級成立之根本」，所以孔子必表示反對。因為「同情天下勞苦小民，獨持天下為公之大道，蕩平階級，實行民主，以臻天下為一家，中國為一人之盛」才是孔子一向追求和向往的崇高目標。

（5）《書經》和《詩經》。熊十力認為孔子曾作過《書經》，可惜未傳於世。現存的《書經》《今文尚書》和《古文尚書》都不是孔子《書經》的原本。因為無論《今文尚書》，還是《古文尚書》，都以維護統治階級利益為宗旨，在其中找不到同情勞苦大眾的詞句，所以它

們必定為漢儒所偽造。熊十力說：「孔子六經，唯《書經》全亡，真可惜也。」[109]至於《詩經》，熊十力同意學術界通行的看法，也認為系孔子依古詩三千多篇刪定而成。不過他猜測，孔子在刪定《詩經》時肯定作有《詩傳》，可惜也亡失殆盡。

　　以上就是熊十力用「思想考證法」對儒家主要經典的考證。很顯然，熊十力的方法無非就是「六經注我，我注六經」式的方法，有不免於武斷之處，亦不可能得到學術界的認同，但作為一家之言，還是很有獨到之處的。熊十力在舊民主主義革命實踐的基礎上，重新塑造出一座孔子的偶像。這座偶像其實就是舊民主主義革命的護法。他從這種現代的儒學觀出發，反觀六經傳注，自然會得出許多與前儒不同的結論。他發掘出來的「大義微言」不是「大一統」的陳詞濫調，而是激越高昂的時代之聲。從學問家的眼光來看，熊十力的考證很難說能站得住腳。我們不能用這種眼光苛求熊十力，因為他並不是坐在書齋裡討生活的學究。他首先是一位革命家，然後才是一位學問家。他本人主觀上是想把二者統一起來，可是事實上並沒有做到。充沛的革命激情不容許他同時保持學問家的冷靜。他的一些觀點未必都是至論，但至少有一點他看得相當準確：被歷代統治者抬到嚇人高度的孔子其實是假孔子；必須去掉種種假相，才能還孔子儒學的本真。他正是這樣做的。他按照自己的理解，重新塑造孔子的形象。他披在孔子身上的不是達官顯貴的莽袍玉帶，也不是村儒學究的長袍馬褂，而是一襲體現革命時尚的中山裝。

109　熊十力：《原儒》，第595頁。

4.4 原外王

《莊子·天下篇》在概述先秦百家爭鳴時說：「天下大亂，賢聖不明，道德不一，天下多得一焉以自好……是故內聖外王之道，暗而不明，郁而不發，天下之人各為其所欲焉以自為方。」熊十力認為莊子所說的「內聖外王之道」就是指孔子開創的儒家學說。在他看來，儒學包括內聖學和外王學兩個方面。外王學是儒家的社會政治思想，內聖學是儒家的哲學倫理思想。這兩部分緊密地聯繫在一起：內聖學是理論核心，外王學是內聖學的貫徹和伸展。

何謂「外王」？熊十力提出一種獨特的解釋。他指出，這裡的「王」不是「帝王」的王。「王者，往義」。所謂外王是指以儒家的宇宙觀和價值觀為指導，處理各種社會政治問題，經世致用，安邦定國。這就是說，外王學絕不是「應帝王」的奴儒之學，而是引導人類通向理想社會的指南針或方向盤。然而，孔子發明的外王學卻沒有得到貫徹和發揚，反倒遭到後儒的毀棄與曲解。「呂秦以焚坑毀學，漢人竄亂六經，假借孔子以護帝制。孔子之外王學，根本毀絕，誰復問其真相！」[110]

珍寶即使被埋沒仍舊是珍寶。儘管孔子的外王學遭到厄運，還是可以從前人留下的著作中尋找出它的蹤影。熊十力自稱從司馬遷《史記·太史公自序》中發現了孔子外王學的大旨。《史記·太史公自序》中有這樣一段話：

110　熊十力：《原儒》，第625頁。

余聞董生曰：「周道衰廢，孔子為魯司寇，諸侯害之，大夫壅之。孔子知言之不用，道之不行也，是非二百四十二年之中，以為天下儀表，貶天子，退諸侯，討大夫，以達王事而已矣。」

熊十力猜測，孔子的外王學在漢代由於受到統治階級的限制，不能見諸文字，但在儒生的講堂上還可以「口義相傳」。深研儒家之學的董仲舒自然能了解孔子外王學的大概，不過他並不願意得罪權貴，所以在公開場合不敢講。只是在同司馬遷閒聊時無意之中透露出消息，遂被司馬遷寫入《史記》。根據《史記》中的這條材料，熊十力斷言「貶天子、退諸侯、討大夫」就是孔子外王學的基本綱領。熊十力的立論雖有「孤證」之嫌，總算是於史有據。

熊十力認為，孔子的外王學是春秋戰國之際社會大動盪、大變革的產物。春秋戰國之際，「列國互謀吞並，戰禍日亟，民生困憊，孔子蓋深知唐虞三代之法制，不得不隨時更變，始以改造思想為要圖，而創發貶天子、退諸侯、討大夫之新學說」[111]。在熊十力心目中，孔子是一位傑出的政治家，他生活在春秋戰國之際「禮崩樂壞」的時代，有見於君主專制政體的種種弊端，毅然決定改弦更張，探索新的政治經濟模式，提出外王學的大膽構想。

一外王學要求推翻君主專制制度，建立「天下為公」的大同社會，改「家天下」為「公天下」。「六經之外王學，實不容許有少數人宰割天下最大多數之統治階級存在。」[112]外王學反對人壓迫人的不

111　熊十力：《原儒》，第581頁。
112　同上，第582頁。

合理現象，主張人人平等；反對彌縫統治階級與私有制之缺陷的「小康之禮教」，「創發天下為公之大道」[113]。在「天下為公」的大同社會裡，人人懂得自尊、自愛、自立，享有高度的民主權利。雖設有天子，然而「天子之職與俸，與民主共和國之首長正無異」[114]。在這樣的社會裡，沒有人人相欺的現象，精神文明極其發達，依靠禮樂維系良好的社會風尚，協調人際關係。「禮者，敬以持己而不敢偷（敬者，禮之本），敬以持人而不敢侮，修於外以養其內也。樂者，沖和而不倚，同物而無己，誠於忠，以形諸外也。禮樂交修而和與敬之德本醇固。」[115]熊十力相信，孔子設計的大同社會符合人類進化發展的大趨勢，終有一天會變為現實。「蓋社會發展，由蒙昧而迸進，終乃突躍而至於全人類大同太平。人類以格物之功而能開物、備物、變化裁成乎萬物。利用安身，馴至與天地合德，與日月合明之盛而人道尊嚴極矣。」[116]換句話說，大同社會乃是人類發展的必然歸宿。在這裡，熊十力把進化論學說引入儒家的大同理論，為這一古老的學說塗上一層現代釉彩。

一外王學要求廢除私有制，實行「均平」「聯合」的「儒家社會主義」社會制度。君主專制制度與生產資料私有制是聯繫在一起的，要根除君主專制制度，就必須廢除它賴以存在的經濟基礎—私有制，實行公有制。「云何本天下為公之道，以立制度？大人世及之體與私有制悉廢除，即蕩平階級而建立天下一家之新制，是謂公。」[117]在

113　同上，第624頁。
114　同上，第690頁。
115　熊十力：《原儒》，第633頁。
116　同上。
117　同上。

「天下為公」的大同社會裡，一切事業歸國營，社會財富平均分配，沒有富貴貧賤的差別，更沒有人剝削人的現象，人們的經濟地位一律平等。在公有制的前提下，人們自願組成經濟聯合體，互相協作，發展工業生產，創造巨大的社會財富。在「天下為公」的大同社會裡，由於廢除了私有制，人們消除了私有觀念，道德水平極大地提高。「天下一家之制度下，人人可以表現其道德智慧，所以者何？天下之人人，皆化私而為公，戒渙散而務合群，則智慧超脫小己利害之外，而與日月合其明。」[118]也就是說，只有在大同之世，儒家倡導的道德規範才能真正地發揮作用。

一外王學主張發展科學，格物致知，駕馭自然力，使之為人類服務。「六經為內聖外王之學。內聖則以天地萬物一體為宗，以成己成物為用。外王則以天下為公為宗，以人代天工為用。」[119]熊十力認為儒家並不反對科學，因此把儒家思想同科學對立起來是錯誤的。孔子儒學尊重知識的價值，鼓勵人們追求知識，探索大自然的奧秘。從這個意義上說，孔子的外王學也就是格物學。正如孔子的大道學沒有傳下來一樣，孔子的格物學也沒有傳下來。那些迂腐無知的儒生竟以「玩物喪志」之名厚誣孔子格物學，遂使格物學沉淪。「自漢以下，二千數百年間格物學廢。」[120]致使中國在科學技術方面逐漸落在西方的後面。但這個責任絕不能要孔子承當，難辭其咎的應當是那些視格物之學為「玩物喪志」「奇技淫巧」的腐儒。

118　同上。
119　同上，第630頁。
120　熊十力：《原儒》，第640頁。

由上述不難看出，熊十力是站在現代的立場上闡釋儒家外王學的。他從外王學中看到的是民主，是科學，是「天下為公」人類最美好的理想。他對外王的解釋已遠遠超出經世致用的範圍，注入了新鮮的時代內容。熊十力勾勒出的「儒家社會主義」藍圖，雖然沒有可行性，但的確包含著民主性的精華，這是無可置疑的。從這裡我們可以體味出熊十力對私有制的厭惡，對剝削者和壓迫者的憎恨。熊十力闡揚的「儒家社會主義」當然難與科學社會主義相提並論，但也透露出他對社會主義的同情與向往，透露出他關心人民疾苦的古道熱腸。

4.5　原內聖

熊十力強調，外王學還只是孔子儒學的外層。要想真正把握住外王學，就必須由外王層面進展到內聖層面。「且外王骨髓在內聖，不解內聖，休談外王。」[121]熊十力對內聖學極為重視，花了許多筆墨闡述內聖學。他的見解主要有以下幾點。

第一，內聖學充分體現出中國哲學的特點。熊十力認為中國哲學有兩個不同於西方哲學的特點，一是本體論方面的天人不二義，二是宇宙論方面的心物不二義。據熊十力分析，中國哲學中的天，不是宗教意義上的主宰之天，也不是星體群集的自然之天，而是統攝萬有的本體的異稱。中國哲學中的人，不是個體意義上的小我，而是渾然與萬物同體的大我。所以「吾人的生命與宇宙的大生命不可分為兩

121　同上，第557頁。

片」[122]。天人雖有辨而實相即，雖有分而實不可分，不能將天人割裂為二。本體論中的天人不二義引申到宇宙論方面便是心物不二義。在中國哲學中，心特指「本心」或「宇宙之大心」，並非「習心」或意識主體。本心借助物表現自身的實在，故心物不二。「一言乎物，已有心在；一言乎心，當有物在。」[123]熊十力指出，中國哲學的這兩個特點在孔子的內聖學中得到充分的發揮。「此二特點固不始於孔子，要至孔子始發揮光大。」[124]

第二，內聖學是生命的本體論。熊十力認為，孔子儒學中的本體不是抽象的物質實體，也不是抽象的精神實體，而是動態的生生之流。這種自強不息的生命之流貫注於天人、心物之間，使宇宙萬物形成一個有機的整體。熊十力發現，《易經》中「窮理盡性至命一語，含攝內聖學無量義，無有不盡。」他解釋說：「盡性至命，正是聖學之所以為聖學處。若只說到窮理而止，則聖學與中外古今哲學家者，亦無甚區別。西洋哲學家談本體者，只是馳騁知見，弄成一套理論，甚至以其理論即是真理，而真理被他毀棄。須知，哲學不當以真理為身外物，而但求了解。正須透悟真理非身外物，而努力實現之。聖學歸本盡性至命，所是聖學與世間哲學根本區別處。」[125]他強調，內聖學不是一般意義上的哲學，它探究的是與人類休戚與共的生命本體，以「大生命」為研究對象，絕不承認任何與人相外在的本體。

第三，內聖學是道德的形上學，亦即探索人生價值的大本大源。

122　熊十力：《中國歷史講話》，第3頁。
123　《熊十力論著：新唯識論》刪簡本，第21頁。
124　熊十力：《原儒》，第694頁。
125　同上，第557頁。

熊十力指出，內聖學與世間哲學的根本區別還在於，內聖學所探究的本體，既是真實的存在，又是至善和至美的根據，它是真、善、美的統一。「仁者，本心也，即吾人與天地萬物所同具之本體也。」[126]在內聖學中，由於本體具有道德的含義，那麼，也就理所當然地成為人生價值的源泉。「吾人一切純真、純善、純美的行，皆是性體呈露。」[127]正是因為有本體作為價值的源泉，人生才富有價值、意義，而不致於產生失落感。「識得孔氏意思，便悟得人生有無上崇高的價值，無限的豐富意義，尤其對於世界，不會有空幻的感想，而自有改造的勇氣。」[128]

第四，內聖學就是「返己之學」。熊十力指出，對於內聖學來說，本體既是價值的源泉，又是價值目標。人生的使命就是充分體現本體的價值規定，成己成物。「余以是知返己之學，不可不講也。夫返己之學，以窮究宇宙真源為根柢，其於萬物萬事，制割大理觀其會通而切要處，則在返己而知是知非，不容自欺，此在哲學中最為特殊。」[129]人實現了這一價值目標，便進入天人合一的人生最高境界。「上天德理咸備之豐富寶藏，惟人全承之。故欲知天者，不可不知人。天人本無二。」[130]與天德合而為一的人便是聖人。人類實現了這一價值目標，便進入了「天下為公」、「天下一家」的大同社會。「將見吾人自能充養其與天地萬物一體相親之懷抱，日益宏拓深遠，而無閉閡之患。《春秋》太平，《禮運》天下一家之道，由斯而可大可久

126　《熊十力論著：新唯識論》，第249頁。
127　《熊十力論著：新唯識論》，第389頁。
128　同上，第384頁。
129　熊十力：《原儒》，第767頁。
130　同上，第708頁。

也。」[131]從這個意義上說，外王學則是內聖學的題中應有之義。

第五，內聖學必須落實到外王學上面。熊十力提出，本體作為「內聖」的價值源頭，應當通過「外王」這一渠道得以貫徹。只有這樣，才能避免「有體無用」的空疏。他認為，內聖外王並重是儒學的基本要求。儒學「大中至正，上之極廣大高明，而不溺於空無；下之極切實用用，而不流於功利」[132]。比如，孔子在評論子路、冉求、公西華等人的專長時，稱讚他們都有「經邦定國」之才，可見孔子並不輕視事功。既然儒學是一種入世的哲學，當然應當把「內聖」之學落實到「外王」層面上。熊十力說：「學者須知，滿足人生物質需要，正所以發揚靈性生活。惟仁無對，惟禮有對而不礙無對，惟智大明，周通萬物而無蔽，利用萬物而不系，惟敬可以定命，可以發智。此人生之最高薪向，聖學之骨髓，萬世無可廢也。」[133]他認為仁、禮、智、敬等儒家的優秀品格只有在經世致用的磨練中才能形成。內聖離不開外王，外王也離不開內聖，只有二者並重才能體現儒家「體用不二」的最高原則。鑑於宋明理學家偏重內聖而忽視外王的教訓，熊十力特別重視內聖與外王的一致性。

以上就是熊十力對孔子內聖學的梳理與概括。熊十力把內聖外王之道看成孔子儒學的根本宗旨，他為這一宗旨沒能在中國得到貫徹而扼腕痛惜。漢儒為君主專制制度作論證，宣揚「家天下」「大一統」，背離了儒家大旨；宋明理學家因輕視外王，內聖也落了空。熊十力感

131　同上，第708頁。
132　《十力語要》卷三，第27—28頁。
133　熊十力：《原儒》，第752頁。

到自己有責任把孔子發明的、被埋沒了數千年的內聖外王之道復興起來。而要達到這一目標，第一步還應當從透辟地闡釋內聖學做起。他提出的「體用不二」論就是他為內聖學建立的理論基礎。

第五章

體用不二

5.1 立　宗

　　熊十力認為，孔子創立的內聖外王之道以「體用不二」為哲學基礎。孔子在六經中已提出這一原則，可惜未作系統的闡述。為了使儒學在現代復興起來，熊十力一生中所做的最主要的工作就是圍繞著「體用不二」原則重建儒家的本體論系統，奠立現代新儒家思潮的根基。他反覆申明，「《新論》本為發明體用而作」[1]。「本書根本問題不外體用」，「學者如透悟體用義，即於宇宙人生諸大問題，豁然解了，無復凝滯」[2]。「體用不二」雖被熊十力掛在孔子的名下，其實則是他思想體系中最突出、最鮮明的觀點，同時也是把握熊十力新儒學思想體系的關鍵。

　　體與用是中國古代哲學最基本的範疇之一。《荀子·富國篇》最早以體用對舉：「萬物同宇而異體，無宜而有用。」這裡的「體」指形體，「用」指用處。到魏晉時代，體用成為哲學家們經常使用的哲學範圍。王弼注《老子》時說：「雖盛德大業而富有萬物，猶各得其德，雖貴以無為用，不能舍無以為體也。」[3]他認為天地萬物既以「無」為體，又以「無」為用。一些佛學家也使用體用範疇。如慧遠在《沙門袒服論》中寫道：「夫形以左右成體，理以邪正為用，二者之來，各乘其本，滯根不拔，則事求愈應，形理相資，其道微明。」[4]玄學家和佛學家雖都使用體用範疇，但所賦予的含義並不相同。玄學家以「無」稱體，而佛學家則以體指謂佛教的最根本觀念—真如：

1　　《十力語要初續》，第5頁。
2　　熊十力：《新唯識論》語體文本，第241頁。
3　　王弼：《老子注》第三十八章注。
4　　《弘明集》卷五。

《壇經》說：「念者真如本性，真如即是念之體，念即是真如之用。」[5]
不管怎樣，中國傳統文化與佛教這種外來文化之間畢竟找到了共同的
哲學語匯。這就為兩種文化形態的融合提供了便利條件。宋明理學家
充分利用這一便利條件，把儒、釋、道三家熔為一爐，將中國哲學推
向新的發展階段。程頤在注釋《周易》時用「體用」說明「理」與
「象」的關係：「至微者，理也；至著者，象也。體用一源，顯微無
間。」[6]他借鑑玄學以「無」為體的觀點和佛教以「真如」為體的觀
點，形成了以「天理」為體的本體論思想。這種本體論學說特別強調
體用的一致性，「體用一源，顯微無間」成為宋明以後儒家的基本信
條之一。朱熹繼承程頤的學脈，亦認為「理」是最高的本體。他說：
「理者，天之體；命者，理之用。」[7]王陽明則主張「心」為最高本
體，聲稱「心之本體，即是天理」[8]。王夫之既不同於程朱的理本體
論，也不同於陸王的心本體論，認為本體是物質實體，並非物質之外
的玄虛概念。他強調體與用的密切聯繫，在《張子正蒙注》卷二中寫
道：「體者所以用，用者即用其體。」認為體是用之體，體必有其用；
用是體之用，用必有其體。

　　從上述我們對中國哲學史極為簡略的回顧中，不難看出體用關係
問題是中國哲學家最關心的理論問題之一。哲學家們從不同的角度理
解「體」的含義，顯示出各自不同的哲學傾向。儘管各家各派的理解
不同，但都強調體與用的緊密聯繫。這一理論思維成果成為熊十力進

5　　慧能：《壇經·定慧品》。
6　　《二程全書·易傳序》。
7　　《朱子語類》卷五。
8　　王陽明：《傳習錄》上。

行哲學思考的起始點。他的「體用不二」論是中國哲學中「體用一源」說在現代的繼承和發展。宋明理學家曾成功地借助體用範疇溝通中國固有思想與佛教之間的聯繫；熊十力也沿著這條路走下去，試圖借助體用範疇溝通中國、印度、西洋三者之間的聯繫，實現儒家思想的第三期發展。

在熊十力看來，中國古代哲人提出的體用關係問題，其實就是整個哲學本體論最根本的問題。它所適用的範圍不僅只限於中國哲學，還應當囊括印度哲學與西洋哲學。印度佛經所討論的色與空即物質與真如的關係問題，其實也就是體與用的關係問題。不過，印度哲人把真如說成真實的本體，把「色」視為假相，使二者截然對立起來，從而無法回答體與用是如何統一起來的問題。西方哲學家們所討論的本體與現象之間關係的問題，也是體與用的關係問題。但是西方哲學家大都喜歡在現象之上、之外或現象的背後尋找抽象的本體，致使體用關係成了根本無法解決的難題。據熊十力分析，印度哲人與西方哲人都習慣於用靜態的眼光看待體用，永遠也解不開這個死結，因為他們走錯了路。中國哲學家與他們不同。中國古代哲人用動態的眼光觀察體與用的關係，看到了二者之間的一致性，顯然要比印度人和西洋人高明。令人遺憾的是，由於中國哲人對體用範疇缺乏明確的界定，滿足於直觀、籠統，所以沒有能根據體用一源的原則建立起系統的、完整的本體論體系。熊十力意識到，不建立這樣的本體論體系，很難把儒家思想講深講透，很難真正找到「安身立命」之地。於是他把建立「體用不二」本體論學說體系看成自己責無旁貸的責任，看成儒家思想能否復興的關鍵。

熊十力總結中、印、西三方哲學理論的教訓，吸收其中的理論思維成果，力圖把體用關係問題的研究推向深入。他注意到，西方現代哲學家也意識到西方傳統哲學思維方式的弊病，開始放棄靜態的、對立式的思考方式，採用動態的思考方式重新建築本體論學說，例如，羅素的「事素」說，柏格森的「生命衝動」論都反映出這種大趨勢。因此，在熊十力看來，體用關係問題也是世界哲學研究中的前沿問題。突破這一環節，乃是中國哲學在世界哲學論壇上再領風騷的契機。

　　熊十力一方面接受現代哲學意識，一方面承接中國哲學的傳統，對體用範疇重新作了規定。他認為，「體」的確切含義就是宇宙本體。在中國古代哲學中表示「本體之名甚多：乾元、太極、元、仁、誠、理、實理、良知、道、天、命」[9]。在印度佛教哲學中有真如、法性、實相、第一義、佛性、真諦等；在西方哲學中有實體、絕對、第一因等。「用」是指本體的功用或表現，往往用來指謂物質世界。在中國哲學中表示「用」的術語還有形而下、器、大有、萬有、萬物等；在印度佛教中有色、境、相、功能等；在西方哲學中有物質、現象、屬性、樣態等。體與用相當於西方哲學中的本體與現象，但也有區別。「用」與「現象」不同。現象似乎是本體的派生物；用卻不可作這樣的理解，它並不是本體的派生物。用即是本體的功用，同體是一而二、二而一的整合關係。體全部顯現為用，從這意義上說，體即是用，用亦即是體，二者不可以分開說。在西方哲學中，現象似乎是游離於本體之外的東西；「用」無論如何也不能脫離本體。本體與現

9　　熊十力：《原儒》，第697頁。

象是一對靜態的哲學範疇，如同凝固的畫面；體與用則是一對動態的哲學範疇，仿佛川流不息的河流。這就是說，體與用的含義比本體與現象更豐富、更精確。所以，熊十力喜歡用體用範疇展示他的哲學體系，而不大使用本體與現象這對術語。

自從張之洞力倡「中學為體，西學為用」之說以後，體用範疇在學術界有被濫用的傾向。鑑於此，熊十力不得不作一些澄清和梳理的工作。他主張把體用的通常意義與哲學意義區別開來，強調「體用之名，大概有一般通用及玄學上所用之不同」[10]。就通常意義而言，體用表示主次、輕重、本末、先後、緩急等意思。「用類中，即如隨舉一法而斥其自相，皆可名之為體，如云瓶體；隨舉一法而言其作用，皆可名之為用，如瓶有盛貯用。」[11]這裡的「體」是指具體事物，「用」指某種具體事物的功用。就哲學意義而言，「體」僅表示宇宙的本體或全體；「用」僅表示本體的功用亦即物質宇宙及其運動形式。「玄學用為表示真實之詞，則體用之名似分而實不分，不分而又無妨於分。」[12]在哲學意義上，體用就宇宙人生大本大源處立言，超乎尋常的具體意義，是一種高度的思維抽象。在這種意義上，體用雖有分而實不可分：一言乎體，便有用在；一言乎用，便有體在。即用即體，即體即用，體用永遠不可剖分為二。

中國古代哲學家雖然創立了體用範疇，但由於他們沒有自覺地意識到哲學基本問題，沒能夠從物質與精神相互關係的角度明確地闡釋

10　《熊十力論著：新唯識論》語體文本，第182頁。
11　同上。
12　同上。

體用範疇。這一步在熊十力那裡實現了。他在現代哲學意識的薰陶下，已達到對於哲學基本問題的自覺。在熊十力哲學中，體用關係實質上就是精神與物質的關係。他強調，體絕不是物質實體，而只能是精神實體。他直截了當地稱「本心」或「宇宙的心」為體，並把體用關係同心物關係聯繫在一起，強調「這是哲學上的根本問題」。這些解釋表明，熊十力是主張以「本心」為體，以物質世界為用的。他把「本心」擺到第一性的位置，把物質世界放到從屬於「本心」的位置，其哲學的唯心主義性質，不言而喻。熊十力的體用觀「以體用不二為宗極」，雖為唯心主義，但並不否認物質世界的存在。他申明：「創明體用不二，所以肯定功用，而不許於功用以外求實體，實體已變成功用故；肯定現象，而不許於現象以外尋根源，根源已變成現象故；肯定萬有，而不許於萬有以外索一元，一元已變成萬有故。」[13]從他「肯定萬有」這一點來說，在他的體用觀中也包含著某些唯物主義因素。

　　為創立「體用不二」論，熊十力幾乎投入畢生的精力。他在二十世紀二十年代就著手研究這個問題，於二十世紀三十年代中期搭起理論框架，然後又磨礪修改多年，多方面展開論證，直到晚年因遇「文革」浩劫，才不得不中止這一研究。他在回憶「體用不二」論形成過程時說：「求源之學所最費尋思者，厥為本體與現象是否可析而為二，此一問題常在吾腦中。」[14]「苦參思究，老夫揮了許多血汗，求之宋明，不滿；求之六經四子，猶不深契；求之老莊，乍喜而卒舍

13　熊十力：《乾坤衍》第二分，第5頁。
14　《熊十力全集》第7卷，湖北教育出版社，2001年，第690頁。

之；求之佛家唯識，始好而終不為然；求之般若，大喜；而嫌其未免耽空也。最後力反之自心，久而恍然有悟，始嘆儒家《大易》於真實根源甚深處確有發明。自此，復探《華嚴》、《楞伽》、《涅槃》等經，更回思無著、世親之學，以及此土晚周諸子，逮於宗門大德、宋明諸老。眾賢群聖，造詣不齊，而皆各有得力處。乃至西哲所究宣者，亦覺非大道之散著。折其異而會其通，去其短而融其所長，則一致百慮之奇詭，殊途而同歸之至妙，乃恢恢乎備有諸己。」[15]他吐納中外百家之學，自心恍然有悟，終於創立了獨具特色的「體用不二」論。熊十力體用關係問題的哲學思考，概括起來大體可分為掃相、顯體、釋用三個步驟。

5.2　掃　相

　　熊十力認為，哲學研究的對象應當是「真實的本體」。怎樣才能揭示「真實的本體」呢？熊十力從大乘空宗「破相顯性」的方法受到啟迪。他說：「《新論》根本在明體用，首須識得體。其討論及於空宗者，特取其第一義諦，破相顯性之方便法門，實則此方便法門即是究竟理趣。」[16]大乘空宗認為，一切法相都無自性，皆由因緣和合而成。不實，故謂之「空」。這裡所說的「空」並不是一無所有，而是得證真如後達到的涅槃境界，故空理即是本體。這就是所謂「破相顯性」。

15　《十力語要初續》，第99頁。
16　同上，第64頁。

同空宗一樣，熊十力也堅決主張，要透悟本體，就不能停滯於現象層面，必須清除一切拘滯於現象的謬見，方得證到真實的本體。他說：「站在玄學或本體論的觀點上來說，是要掃蕩一切相，方得冥證一真法界。如果不作空一切相，那就不能見真實了。譬如有一條麻織的繩子在此，我們要認識這種繩子的本相，只有把它不作繩子來看。換句話說，即是繩子的相，要空了它，才好直接地見它只是一條麻。如果繩子的相未能空，那便見它是一條繩子，不會見它是一條麻了。」[17]他借用佛經上的繩麻之喻說明本體與現象的對立關係。他認為本體是真實的，現象是不真實的。從他看到本體與現象的差別來說，有一定的合理因素；但他反對從肯定現象的真實性出發進而尋求支配現象的本體，而主張從否定現象的真實性出發另外尋求絕對真實的本體，這就表明他的建構本體論時，已選擇唯心主義立場為其哲學思考的出發點或立腳點。

　　空宗在談空時，將物質分析到極微，然後再否定極微的實在性，以此證明「物相空」；觀諸法由眾緣和合而生，以此證明任何事物都無自性，本來空。空宗的這些破相顯性的手法熊十力都採用了，並作了一些新的發揮。他把「相」分為兩種：一是「物相」，即物質現象；一是「心相」，即意識現象。他認為「物相本空，心相亦泯」，二者都不真實。那麼，人們為什麼把「物相」看作不依賴於心的真實存在呢？他分析說，有兩條理由：一是「應用不無計」，二是「極微計」。如果認識到這兩條理由是站不住腳的，人們自然就會放棄「離心有實外境」的俗見。

17　《熊十力論著：新唯識論》，第296—297頁。

何謂「應用不無計」？他解釋說：「此在日常生活方面，因應用事物的慣習，而計有外在的實境。即依妄計的所由而立名，曰應用不無計。」[18]就是說，人們出於日常生活的需要，囿於常識的觀念，從「功利價值」的角度看世界，總認為他所面臨的那個世界是客觀實在的。「或別計有瓶和盆等物，是離心而實有的……或總計有物質宇宙，是離心而實有的。」[19]他認為這是一種「偏執、錯誤」的看法。理由是：「應用不無計者，或別計現前有一一粗色境，離心獨存。殊不知這種境，若是離開了我的心，便沒有這個東西了，因為我的識別現起，粗色境才現起。若離開識別，這種境是根本無有的。試就瓶來說，看著他，只是白的，並沒有整個的瓶；觸著他，只是堅的，也沒有整個的瓶。我們的意識，綜合堅和白等形相，名為整個的瓶。在執有粗色境的人，本謂瓶境是離心實有的，但若從實事求是的態度來審核他，將見這瓶境，離開了眼識看的白相和身識觸的堅相，以及意識綜合的作用，這瓶境還有什麼東西在那裡呢？由此可知，瓶境在實際上說全是空無的。」[20]

在這裡，他從主、客觀相互關係的角度對客觀存在的具體事物作了感覺主義的分析。他首先把「瓶」說成堅、白等感覺的復合體；然後把白的感覺完全歸結為視覺的功能，把堅的感覺完全歸結為觸覺的功能，把感覺的復合體拆散，割斷感覺之間的有機聯繫；最後把意識解釋為感覺復合體的基礎，於是便得出「瓶是虛幻不實」的結論。這種分析強調主觀與客觀的相互聯繫，也不是完全沒有道理的；但熊十

---

18   《熊十力論著：新唯識論》，第257頁。
19   同上。
20   同上，第258頁。

力誇大了主觀與客觀的聯繫而抹殺了二者之間的區別。他的分析犯了這樣一個邏輯錯誤：用作為認識對象的「瓶」的概念，偷換了作為客觀事物的「瓶」的概念。他的全部分析只駁倒了那種把客觀事物看成感覺的復合的唯心主義經驗論觀點，並沒有駁倒把事物看成是離心實有的唯物主義觀點。

　　什麼是「極微計」呢？熊十力說：「極微計者，於物質宇宙推析其本，說有實在的極微，亦是離心而獨在的。」[21]極微原是印度古代哲學家提出的物質範疇，相當於西方哲學中的原子。他們認為極微是宇宙萬物的始基，一切事物均用極微構成，世界上除了運動著的極微之外，什麼也沒有。這是一種舊唯物主義宇宙觀。對於這種宇宙觀熊十力作了這樣的「斥破」：「外道和小乘在世間極成的範圍裡，設定極微是實有的，和科學家中曾有在經驗界或物理世界的範圍裡，設定元子電子等為實有的，是一樣的道理。不過，我們如果依據玄學上的觀點來說，這裡所謂極微，或元子電子等，是實有的呢，抑非實有的呢？那就立刻成了問題。因為玄學所窮究的，是絕對的、真實的、全的，是一切物的本體。至於世間或科學所設定為實有的事物，一到玄學的範圍裡，這些事物的本身都不是獨立的、實在的，只可說是絕對的真體，現為大用，假名事物而已……外道和小乘所謂極微，即是物質的小顆粒，把這個說為實有，當然是一種謬誤。由現代物理學之發見，物質的粒子性，已搖動了，適足為大乘張目。」[22]

　　熊十力是從科學與哲學有區別的觀點出發破斥極微觀念的。他認

21　《熊十力論著：新唯識論》，第257—258頁。
22　同上，第269—270頁。

為科學有科學的思維方式。這種方式與常識是一致的，是一種對象性思維，把研究對象作為純粹的客體看待。哲學有哲學的思維方式，這種方式與常識不一樣，它不是一種對象性思維，而是把主體與客體統一起來考察研究對象。他認為極微論者以科學的思維方式看待哲學問題是錯誤的。他對「極微計」的破斥除了依據大乘佛學的唯心主義外，還吸收了現代「物理學唯心主義」的觀點。在這裡，他確定抓住了舊唯物主義的嚴重缺陷，即把哲學上的物質概念同物理學上的物質結構混為一談。當人們對物質結構的認識深化時，舊唯物主義便遇到無法克服的困難。從這一點來說，熊十力對舊唯物主義的批判有一定道理，但他也走過了頭。他以為駁倒了唯物主義的一般原則那就錯了。他指責「唯物論者，把物質看作本原是極大的錯誤」，「唯物論者，其神智囿於現實世界或自然界」，指責唯物論者囿於「妄計有物質的俗見」，都是沒有根據的。我們知道，原子論或極微論是一種早已過時的舊唯物主義學說，並不能代表所有唯物論者的共同觀點。辯證唯物主義已經克服了原子論（極微論）唯物論的缺陷，從哲學基本問題的角度規定物質範疇。辯證唯物主義認為，物質是標志客觀實在的哲學範疇，這種客觀實在是通過感覺感知的，它不依賴於我們的感覺而存在，為我們的感覺所複寫、攝影、反映。辯證唯物主義的物質觀正確地說明了世界的物質統一性。熊十力對「極微計」的破斥，反映出他對陳舊思維方式的不滿，對於促進哲學理論的深化有一定積極意義，但他沒有看到辯證唯物主義同舊唯物主義之間的區別。

總之，在熊十力看來，物質現象不是實在的，作為物質現象基礎的物質實體也不是實在的。其所以如此，就在於它們都沒有「自

性」，都是由「心」（習心）變現出來的幻相或假相。這就是他「掃除物相」、「對彼執離心有實外境的見解加以斥破」之後得出的結論。

如果到此為止，熊十力基本上沒有超出佛教唯識宗「萬法唯識」的觀點。但他沒有止步，繼續追問，變現出物質現象的「心」是否有實在性？他的回答是否定的。為此，他進一步「對彼執取境的識為實有的這種見解，加以斥破」，也就是批評唯識宗「萬法唯識」的觀點。

熊十力對「心」作了分析。他認為「心」有兩種。一種是與物質相對而言，變現出物質相的心，他叫作「習心」（在他看來，唯識宗視為本體的「阿賴耶識」也就是習心）。「習心」是執著於物質世界為實有的心，或者是與物質現象相隨相伴的心，故他又稱之為「妄執的心」。另一種叫作「本心」。本心才是把「心相」和「物相」統一起來，超越各自的片面性的最高本體（關於本心，我們將在下文詳述）。他只否定習心的真實性而不否定本心的真實性。他依據佛教的緣起說斥破「習心」。佛教的緣起說認為，一切事物必須具備種種因緣、條件而生成。宇宙人生中的種種現象都在關係中存在，離開這種關係，就不能繼續存在，所以說它們都沒有自性。它們不能自己規定自己，要受因緣的支配。《中阿含經》卷四十七中寫道：「此有則彼有，此無則彼無，此生則彼生，此滅則彼滅。」據此，熊十力對「習心」作了這樣的解析：「所謂妄執的心（或取境的識）就是緣生的。換句話說，這個心就是許多的緣互相藉待而現起的一種相貌，當然不是有自體的，不是實在的。若把眾多的緣一一拆除，這個心在何處

呢？實際上可以說他是畢竟空、無所有的。」[23]

　　照他看來，習心是有條件、相對的，自己並不能規定自己。它必須以「物相」為前提，與「物相」相對而起。如果沒有「物相」，習心作為「心相」來說也不會「孤孤零零的獨起」。既然「物相」是虛幻的，「心相」同樣也不會是真實的。熊十力對「彼執取境的識為實有的見解」加以斥破，可以說是一劍二刃：一方面，他批判了把主觀意識看成第一性的簡單的、膚淺的唯心論；另一方面否定了把外物看成離心實有的唯物論。當然，他的側重點在於後者而不是前者。按照他的邏輯，「明妄執的心無有自體，易言之，即此心不是獨立的實在的東西。心既如此，則由此心而迷妄分別，以為外在的境，其無自體及不實在，自然不待說了」[24]。所以，熊十力所進行的「兩個斥破」歸結為一點，就是反對人們以唯物主義的宇宙觀看待世界。他力圖證明：不僅客觀世界是虛幻不實的，而且反映客觀世界的主觀世界也是虛幻不實的。他試圖從本體論和認識論兩個角度都排除通向唯物主義的可能性。從他對唯物主義的批判態度來看，他之所以「掃相」，實則借助「遮詮」即反證的手法為其建立唯心主義本體論開拓道路。他所要建立的不是那種直接認主觀意識為實在的唯我論式的唯心論，而是比較聰明的、深刻的唯心主義本體論。

　　熊十力通過「掃相」達到了這樣的認識：無論從「物相」出發，還是從「心相」出發，都不可能找到「真實的本體」。如果片面地執著於「物相」，將導致「粗俗的唯物論」；如果片面地執著於「心相」，

23　《熊十力論著：新唯識論》，第279頁。
24　同上，第305頁。

將導致膚淺的唯我論。這也就是說，只有把「物相」和「心相」統一起來思考，才是尋求「真實本體」唯一可行的進路。基於此，他在本體論方面特別強調「境和心是不可分的整體的兩方面」。這實際上已接觸到主體與客體相統一的問題。在他看來，那種徑直把心視為第一性的唯心主義和那種徑直把物視為第一性的唯物主義都是一種陳舊、過時的哲學思維方式，因為他們都沒有把握主體與客體相統一的原則。他要求改革這種舊的哲學思維方式，把主體與客體的整合性作為思考本源性問題的基本點。可惜的是，熊十力本人也未能全面把握主、客體的辯證關係。他片面地誇大了主、客體的統一性，抹煞了二者的對立，錯誤地把二者看成一個東西，把客體消融到主體之中，否定了客體自身的實在性。這樣一來，熊十力接觸到的關於主、客體統一這一有價值的思想反倒成了他走向唯心主義的契機。按照他的思路，分開來看，「心相」、「物相」都沒有自體，同其不真實；合起來說，「並不是骨子裡全無所有」，那麼，就可以推斷，使「心相」、「物相」、「所以然與所當然的道理」就在於有一個支持二者的「真實本體」，這個本體才是最高的實在，才是支配宇宙萬有的終極原因。

5.3　顯　體

「掃相」是熊十力建立唯心主義本體論的準備工作。用他的話來說：「就本體上說，是要空現象，而後見體。」通過掃相，他從反面確立了唯心主義本體的前提，接著便從正面提出了唯心主義本體論學說，這就是所謂「顯體」，由「掃相」到「顯體」，用佛教哲學的術語說，也說是由「遮詮」到「表詮」。

熊十力宣稱，要想發現本體，唯有一個辦法能辦到，那就是「即用顯體」。意思是說，通過對「心相」和「物相」加以總體考察，即可找到支配二者的本體。他指出，心相和物相雖有區別，但有一點是共同的，那就是二者都是瞬息萬變、流行不止的「用」。「所謂心和物的現象，並非實有的東西，而只是絕的真實（本體）顯現為千差萬別的用。」[25]借用佛學的術語來說，又叫做「行」。心相和物相從靜態的目光來看，都是虛假不實；但是，如果不執著於「相」，改用動態的目光看待心和物，也就是把心物現象「流行變化」的特性抽象出來，推究其所以如此的原因，就會發現「能變」的主體。這個主體就是絕對真實的本體。他提出，如果給宇宙的真實本體起個名字的話，可以叫作「恆轉」。「上來把本體說為能變，我們從能變這方面看，他是非常非斷的。因此，遂為本體安立一個名字，叫做恆轉。恆字是非斷的意思，轉字是非常的意思。非常非斷，故名恆轉。我們從本體顯現為大用的方面來說，則以他是變動不居的緣故，才說非常，若是恆常，便無變動了，便不成為用了。又以他是變動不居的緣故，才說非斷，如或斷滅，也沒有變動了，也不成為用了。不常亦不斷，才是能變，才成為大用流行，所以把他叫做恆轉。」[26]

這說明本體不是離開「用」單獨存在的精神實體，而是「變動不居、非常非斷」的總的流變過程。它是連續性（「常」）與間斷性（「斷」）兩方面的統一。本體既是從心物現象抽象出來的，又表現於心的現象之中。它賦予現象以真實性。熊十力充分肯定本體的能動

---

25 《熊十力論著：新唯識論》，第302頁。
26 同上，第315頁。

性，充分肯定本體與現象的一致性，這種看法包含著豐富的辯證法因素。熊十力的哲學本體論無疑是一種唯心主義學說，但它比唯我論式的唯心論高明得多、精緻得多。這是一種辯證的唯心主義本體論。

關於本體，熊十力作了如下幾點規定。

（1）「本體是備萬理、含萬德、肇萬法、法爾清淨本然……清淨者，沒有染污，即沒有所謂惡之謂。本然者，本謂本來，然謂如此。當知，本體不是本無今有的，更不是由意想安立的，故說本來。他是永遠不會有改變的，故以如此一詞形容之。」[27]在熊十力看來，本體是第一性的實在，是宇宙萬有的本源，是古往今來一切可能的世界的本根。它原本如此，沒有從無到有的發生發展過程。不能從發生學的角度判定本體，也不能用對象性思維（「意想」）判定本體。本體是宇宙的根據，在它之前再沒有什麼可以追溯的了。它是哲學思考的邏輯終點。他構想的本體體現出東方哲學的特色，被設定為價值的源頭、根據。它是理想的、完滿的、至真至善至美的，與世間的「惡」、「染污」形成鮮明的對比。

（2）「本體是絕對的，若有所待，便不名為一切行的本體了。」[28]熊十力認為任何心物現象都是相對的、有條件的。心與物相對而言，互為條件。然而相對涵蘊著絕對，取決於絕對。任何相對的心物現象歸根到底都是絕對本體的表現形式。本體已超越任何條件的限制，所以是無條件的，不能設想還有什麼支配本體的因素，因為這樣設想的

27　同上，第313頁。
28　《熊十力論著：新唯識論》，第313—314頁。

本體已不成為本體。本體是把宇宙作為總體而抽象出來的根據，故稱絕對。本體是一切心物現象的主宰者，但它同現象之間並不是派生與被派生的關係。它只是一切現象的內在的普遍聯繫：一切心物現象都統一於本體。

（3）「本體是幽隱的，無形相的，即是沒有空間性的。」[29]在熊十力看來，本體不是任何具體事物，沒有形狀和廣延，不受空間觀念的約束。它是抽象意義上的「實在」，不是具體意義上的「存在」。因此，它是「幽隱的」，不能把本體想象為某種「東西」。

（4）「本體是恆久的，無始無終的，即是沒有時間性的。」[30]熊十力認為，既不受空間觀念的約束，也不受時間觀念的約束。它是超時間的，既沒有開端，也沒有終點，是永恆的實在。他在這兩條規定中排除了時空對本體的限制，目的在於把本體同物體區別開來。他認為時間和空間都是物質宇宙存在的形式。在物質宇宙中，每個事物有東西南北等「分布相」，這叫作空間；有過去、現在、未來等「延續相」，這叫作時間。時間和空間是與物質相對應的觀念，本體不是物質的東西，因此它必須具有超時空的規定性。

（5）「本體是全的、圓滿無缺的、不可分割的。」熊十力強調，本體是對宇宙總體加以考察形成的哲學抽象，因而必須具有整體性、圓滿性，能包容、涵蓋宇宙間一切事物。一切事物作為現象來說都是部分，都是可以分割的，然而部分只有在整體中才成其為部分。本體

29　同上，第314頁。
30　同上，第313—314頁。

作為整體來說，不是部分的相加之和，而是使部分成為部分的依據，它理應具有圓滿無缺、不可分割的規定性。在西方哲學史上，英國大主教安瑟倫曾對上帝存在作「本體論證明」。他指出：當人們思考著上帝時，人們是把他作為一切完美性的總和來思考的。但是，歸入一切完美性的總和的，首先是存在，否則就不能算是完美的。因此必須把存在算在上帝的完美性之內；所以，上帝一定存在。熊十力對本體完全性、圓滿性的說明同安瑟倫的「本體論證明」很相似。

（6）「若說本體是不變易的，便已涵著變易了；若說本體是變易的，便已涵著不變易了，他是很難說的。本體是顯現為無量無邊的功用，即所謂一切行的，所以說是變易的，然而本體雖顯現為萬殊的功用或一切行，畢竟不曾改移他的自性。他的自性，恆是清淨的、剛健的、無滯礙，所以說是不變易的。」[31]熊十力認為，本體是超時空的，恆是清淨，沒有發生發展的歷史，法爾如此，無所謂變化，故稱之為「不易」。但本體又是萬事萬物運動變化的推動者。它以動態的形式表現自身的存在。本體作為萬化之源只能通過變動不居的心物現象表現出來，這就是所謂「即變易，而不易」。換言之，本體應該是動與靜的統一，常與變的統一，具有辯證的規定性。

以上就是熊十力從本末、絕對與相對、時間與空間、全體與部分、變易與常經等角度對本體所作的規定。這些規定旨在強調本體與現象的區別，彰顯本體的實在性、絕對性、超越性、全體性、圓滿性和辯證性。在這些規定中物質性已被徹底地排除掉了，這就表明了他

31　《熊十力論著：新唯識論》，第314頁。

所顯立的本體是一種唯心主義的精神本體。

　　熊十力根據他對本體的理解，把「恆轉」本體落實到生命這種運動形式上，在「恆轉」同「生命」之間劃上了等號。他認為，本體即是生命。但是他所說的生命不是生物學意義的生命，而是哲學意義上的主宰者。他解釋「生命」一詞的哲學含義時說：「夫生命云者，恆創恆新之謂生，自本自根之謂命。二義互通，生即是命，命亦即是生故。故生命非一空泛的名詞。吾人識得自家生命即是宇宙本體，故不得內吾身而外宇宙。吾與宇宙，同一大生命故。此一大生命非可剖分，故無內外。」[32]在這裡，熊十力把「恆轉」同「生命」等量齊觀，認為這兩個名詞都是恰當地表示本體的用語。「恆轉」即是「生命」，「生命」亦即是「恆轉」，二者異名而同實。宇宙萬物既可以說是「恆轉」的體現，也可以說是「生命」的體現。「生命」既是主體（「吾身」）又是客體（「宇宙」），它是合內外、一天人的基礎。所以說「吾與宇宙，同一大生命」。熊十力從佛教中借來「恆轉」觀念，又受柏格森的影響從生物學中借來「生命」觀念，用這兩個觀念表示本體，借以凸顯本體的流變性質。他對「生命」作了神秘主義的理解並加以本體化，使他的本體論思想表現出物活論的特徵。

　　接著，熊十力又從「生命」範疇過渡到「本心」範疇。他認為「生命」是「本心之別名」，二者在本體論意義上是同等程度的範疇。「生命與心靈不容分為二，離心靈無別生命可說故。」[33]「本心」觀念是熊十力從傳統的儒家思想承繼來的。孟子稱人天賦的道德觀念為

32　《熊十力論著：新唯識論》，第535頁。
33　同上，第538頁。

本心，指責那些行為不端的人為「失其本心」[34]。陸九淵發揚孟子思想，把本心視為心性本體，強調「心即理」的心，「此吾之本心也」[35]。熊十力沿著陸九淵的思路作了進一步的發揮，把本心說成宇宙的本體。他指出，「本心」與「生命」一樣，貫徹於宇宙萬物之中。甚至「無機物非無心靈」，只不過心靈「未得光顯發皇」而已。在無機物中，本心是潛存著的。由於生命的進化，本心「始從無機物中，逐漸顯發其力用。於是而能改造重濁之物質，以構成有機物，及從有機物漸次創進，至於人類，則其神經系特別發達。而生命乃憑之以益顯其物物而不物於物之勝能」[36]。這時，本心才脫離潛存狀態，表現為人類的意識。熊十力關於本心從無機物而有機物而人類發展過程的描述，同黑格爾的外化理論很相似。

熊十力用來表示本體的恆轉、生命、本心三個主要範疇，一個來自佛教，一個來自現代西方哲學，一個來自中國儒家，表現出熊十力在本體論方面力圖把這三種理論形態融會貫通的致思趨向。在這三個範疇中，「本心」乃是表述本體的最高範疇。關於本心，熊十力作了這樣的闡述：

本心是絕待的全體。然依其發現，有差別義故，不得不多為之名，一名為心。心者主宰義，謂其遍為萬物實體，而不即是物。雖復凝成眾物，要為表現其自己之資具，卻非舍其自性而遂物化也。不物化故，謂之恆如其性。以恆如其性故，對物而名主宰。二曰意。意者

34　《孟子·告子上》。
35　《陸九淵集·與曾宅之書》。
36　《熊十力論著：新唯識論》，第528頁。

有定向義。夫心之一名，通萬物而言其統體，非只就其主乎吾身而目之也。然吾身固萬物中之一部分，而遍為萬物之主者，即主乎吾身者也。物相分殊，而主之者一也。今反求其主乎吾身者，則淵然恆有定向。於此言之，斯謂之意矣。定向云何？謂恆順其生生不息之本性以發展，而不肯物化者也。故此有定向者，即生命也，即獨體也。依此而立自我，雖萬變而貞於一，有主宰之謂也。三曰識。夫心、意二名，皆即體而目之。復言識者，則言乎體之發用也。淵寂之體，感而遂通，資乎官能以了境者，是名感識。動而愈出，不倚官能，獨起籌度者，是名意識……故心、意、識三名，各有取義。心之一名，統體義勝。意之一名，各具義勝。識之一名，了境故立。[37]

這段話是熊十力對他的唯心主義本體論學說所作的全面的概括和總結。他的本體論學說歸結起來有三個要點：（1）本心是存在的主體。它「物物而不物於物，遍為萬物的實體」，是絕對的主宰者。（2）本心是變化的源泉。它以動態的形式「通萬物言其統體」。（3）本心是認識的主體。它通過「識」變現出客體—境或外物。又把客體消納於自身之中。顯而易見，這是典型的唯心主義本體論。這種學說有一個很突出的特點，即力圖把本體論、認識論、發展觀統一起來，造成一個完整的體系。它強調本體不是抽象的、僵死的精神實體，而是具體的運動發展過程，頻頻發出辯證的閃光。

熊十力的本體論學說雖然曾借鑑柏格森的生命哲學，但主要還是儒家本體論與佛教本體論合流的產物。儒家本體論注重「生化」。《易

37　同上，第593—594頁。

經》中提出「健動」觀念，主張「天行健，君子以自強不息」。宋明理學家提出天理流行的觀念，強調運動的絕對性。朱熹曾說：「動靜無端，陰陽無始。今以太極觀之，雖曰動而生陽，畢竟未動之前須靜，靜之前又須動，推而上之，何自而見其端與始。」[38]這些材料都表明儒家的本體論是一種動態的本體論。佛家本體論注重「空寂」。佛教的基本教義是「諸行無我，諸法無常，涅槃寂靜」等「三法印」。正如熊十力指出的那樣，「三法印者，空寂義也」。「雖有三印，要歸於一，即第三涅槃寂靜。佛家顯體，究歸於寂，不涉生化。此其究竟宗趣。」[39]這說明佛教的本體論是一種靜態的本體論。熊十力認為這兩種本體論都有不足之處。儒家的本體論有如「日暮天無云，春風扇微和」，能幫助人識得「生生之機」，但不能解決人「終極關懷」的問題。佛教的本體論有如「月到上方諸品靜」，幫助人體味性體寂靜、境界超脫的禪悅，但畢竟歸於空寂，「將導群眾以同歸於寂滅之鄉」，誤入反人生的道路。[40]熊十力從儒家那裡取來「生化」觀念，從佛教那裡取來「空寂」觀念，形成動靜合一的本體論。他反覆申明：「空寂之旨與生化之妙必兩相融貫，而後全體大用始彰。」[41]「至靜而健以動，至寂而生化無窮。」[42]在熊十力的本體論中有佛家的成分，但不能歸結為佛教，有傳統儒家的成分，亦不能完全歸結為傳統儒家。正如他自己所申明的那樣：「吾唯以真理為歸，本不拘家派……亦佛亦儒，非佛非儒，吾亦只是吾而已。」[43]他力避儒、佛兩

38　《朱子語類》卷九十四。
39　熊十力：《讀智論抄》，《世間解》1947年第5期。
40　參見熊十力：《體用論》，第49頁。
41　《十力語要》卷三，第13頁。
42　《十力語要初續》，第36頁。
43　《十力語要》卷三，第17頁。

家之短，弘揚兩家之長，創立了一個富有個性的新儒家本體論系統。
「亦佛亦儒，非佛非儒」—這就是熊十力的學術風格。

5.4　釋　用

熊十力在確立了「本心即本體」的唯心主義本體論觀點之後，為了使本體不致於落空，又提出了「舉體成用」的宇宙論。他指出，本體自身是空寂的、清淨的，但必須轉化為「翕」、「闢」兩種勢用才能體現出來。由翕的勢用而形成物質世界，由闢的勢用使物質世界復歸於本體。這就是熊十力關於宇宙論的基本觀點。

「翕」、「闢」這對範疇是熊十力宇宙論的基石。闡釋這兩個範疇自然成為他在建構宇宙論時應當做的第一步工作。關於翕闢，他說：

什麼叫做翕闢呢？前面已經說過，本體是顯現為萬殊的用的，因此，假說本體是能變，亦名為恆轉。我們要知道，恆轉是至無而善動的。其動也，是相續不已的……這種不已之動，自不是單純的勢用。每一動，恆是有一種攝聚的，如果絕沒有攝聚的一方面，那就是浮游無據了。所以，動的勢用起時，即有一種攝聚。這個攝聚的勢用，是積極的收凝。因此，不期然而然的，成為無量的形向……物質宇宙，由此建立。這由攝聚而成形向的動勢，就名之為翕。
　……
然而當翕的勢用起時，卻別有一種勢用俱起。他是依據恆轉而起的。就這種勢用上說，便說是依據恆轉而起……這個勢用，是能健以

自勝，而不肯化於翕的（即是反乎翕的）。申言之，即此勢用，是能運於翕之中而自為主宰，於以顯其至健，而使翕隨己轉的。這種剛健而不物化的勢用，就名之為辟。[44]

翕和辟這兩個術語是從《老子》、《易經》那裡借來的。《老子》第十六章寫道：「將欲翕之，必固張之。」張與辟在這裡是同一個意思。《易傳・繫辭上》寫道：「夫坤，其靜也翕，其動也辟，是以廣生焉。」翕，有收斂、凝聚、固定等意思；辟，有伸展、發散、張開等意思。把翕辟對舉，自近代啟蒙思想家嚴復開始。他在《譯天演論自序》中概述斯賓塞爾的進化論思想時說：「有斯賓塞爾者，以天演自然言化，著書造論，貫天地人而一理之，此亦晚近之絕作也。其為天演界說曰：『翕以合質，辟以出力，始簡易而終雜糅』。」[45]明確地把翕辟作為一對哲學範疇來使用，則是熊十力的首創。在他的體用不二論中，翕指本體收斂、凝聚而形成物質世界的趨勢和功用，故說「即依翕故，假說為物」；辟指本體發散、剛健使物質世界復歸於本心的趨勢和功用，故說「即於辟故，假說為心」。翕辟是熊十力體用觀中一對十分重要的範疇，是把握他的整個思想體系的關鍵所在。他告誡自己的弟子說：「《新論》主張即用顯體，即變易即不易，即流行即主宰，即用即體。而某立論，系統謹嚴，實以翕辟概念為之樞紐。若干將辟義一有誤會，即全書便不可通，直可謂之毫無價值之書。」[46]可見他對翕辟範疇相當重視。他提出翕辟說是為了解決本體

44　《熊十力論著：新唯識論》，第317—318頁。
45　《嚴復集》第5冊，中華書局，1986年，第1320頁。
46　《十力論學語輯略》，北京出版社，1935年，第35頁。

如何建構起物質世界，以及物質世界如何向本體復歸這樣兩個問題。

怎樣由翕的勢用形成物質世界？熊十力作了這樣的描述。首先，由翕的勢用形成不可再分的「動圈」，他叫作「小一」。「小一」是構成物質世界的最基本單位。他強調：「小一」僅僅是形成事物的一種傾向而已，它只是建立物質世界的邏輯起點，並不是某種物質結構，不是極微、原子一類的微小物質顆粒。對於「小一」「不可當做形物來想」，「不可以物測」。他用「形向」一詞來修飾「小一」：「形向者，謂其未成乎形，而有成形的傾向也。每一形向，元是極微小的凝勢，可以名之為小一。」「小一」沒有廣延，也沒有質的穩定性，「此小一或凝勢，是剎那剎那，生滅滅生」。

由此看來，他所說的「小一」同原子、電子一類關於物質結構的概念的確不同，它是形而上學意義上的點，不是物理學意義上的點，有似於西方哲學家萊布尼茨說的「單子」。對於「小一」構成物質世界的過程，熊十力作了這樣的解釋：

無量小一，相摩蕩故。有跡象散著，命曰萬物。所以者何？小一雖未成乎形，然每一小一，是一剎那頓起而極凝的勢用。此等勢用，即多至無量，則彼此之間，有以時與位之相值適當而互相親比者，乃成一系……無量小一，有相摩以比合而成一系。有相蕩以離異，因別有所合，得成多系。此玄化之秘也……系與系合，說名系群。二個系以上相比合之系群，漸有跡象，而或不顯著。及大多數的系群相比合，則象乃粗顯。如吾當前書案，即由許許多多的系群，互相摩而成

象，乃名以書案也。日星大地，靡不如是。[47]

　　按照他的解釋，由「小一」而成「一系」，由「一系」而成「系群」，由「系群」而形成物質世界中的事物。這套煩瑣的數字推演並沒能夠解決如何從沒有形質的「小一」構成有形質的物質世界的問題。正如一萬個零相加還等於零一樣，非物質性的「小一」無論怎樣累計相加，也不能推演出物質世界來。熊十力的論證是沒有說服力的。關於如何從精神本體中推演出物質世界來的問題，對於任何唯心主義者都是無法解決的難題。熊十力當然也不例外。

　　熊十力無意對物質世界的存在作出充分的論證，因為在他看來，由「小一」推演出的物質世界不過是「詐現的跡象」或虛幻不實的假象，沒有真正的實在性。舉個例子來說：「桌子哪、椅子哪、人哪、鳥哪，思想等等精神現象哪，乃至一切的物事，都不是一一固定的相狀，都只是功用。譬如我寫字的筆，不要當他是一件東西，實際上只是一團功用，我們把他喚作筆罷了。」[48]他常把物體比作「香火輪」。在黑夜裡，有一個人手持燃著的香火旋轉搖動。另一個人從遠處看，這香火頭運動的軌跡很像一個「火輪」。他認為宇宙中的各種事物就如同這個「香火輪」一樣虛幻不實。熊十力對物質世界作如是觀，明顯地沒有擺脫佛教虛無主義的影響。他為了在宇宙論方面維護唯心主義本體論原則，不得不走上這條路。

　　熊十力指出，由翕而形成的物質世界並沒有脫離「本心」的約束

47　《熊十力論著：新唯識論》，第490—491頁。
48　同上，第301頁。

而變成「自在之物」。由於闢的勢用，物質世界永遠歸附於「本心」的控制。這是因為，翕並不是單獨起作用的功能，翕和闢永遠不可分割地聯繫在一起，構成本體功能的兩個側面。他反覆申明：「翕和闢本非異體，只是勢用之有分殊而已。闢必待翕而後得所運用，翕必待闢而後見為流行，識有主宰。如果只有闢而沒有翕，那便是莽莽蕩蕩，無復有物⋯⋯如果只有翕而沒有闢，那便是完全物化，宇宙只是頑固堅凝的死物。既是死物，他也就無有自在的力用，易言之，即是沒有主宰的勝用，而只是機械的罷了，然而事實上宇宙卻是流行無礙的整體。我們把宇宙萬象分割成段段片片的東西來看，那是依托翕的勢用的跡象，而誤起分別，所以如此。實則彌滿於翕之中而運用此翕者，只是闢的勢用。」宇宙之所以沒有「完全物化」而成「頑固堅凝的死物」，在熊十力看來就是由於闢的勢用的緣故。闢不斷地給物質世界中注入活力，使萬物發生發展變化。遷流不止。闢是本體在物質世界中的直接體現，「闢雖不即是本體，卻是不物化的，是依據本體而起的。他之所以為無形，為無所不在，為向上等等者，這正是本體底自性的顯現。易言之，即是本體舉體成用」[49]。闢和翕都是本體的功用，但翕從反面體現本體，而闢從正面體現本體，因此熊十力對闢更為重視。

正因為闢從正面體現出本體對物質世界的主宰作用，所以闢又被熊十力稱為「宇宙的心」或「宇宙精神」。他說：「所謂闢者，亦名為宇宙的心。我們又不妨把闢名為宇宙精神。這個宇宙精神的發現，是不能無所憑借的。必須於一方面極端收凝，而成為物即所謂翕，以

49　《熊十力論著：新唯識論》，第321頁。

為顯發精神即所謂闢之資具。而精神，則是運行乎翕之中，而為其主宰的。因此，應說翕以顯闢，闢以運翕。蓋翕的方面，唯主受。闢的方面，唯主施。受是順承的意思，謂其順承乎闢也。施是主動的意思，謂其行於翕而為之主也。」[50]在這裡，熊十力非常明確地把闢（精神）放在主導的地位，而把翕（物質）放在從屬的地位。

熊十力把闢看成精神的同義語，確立闢對於翕的主宰地位，也就是確立精神對於物質的主宰地位。這是徹底的唯心主義宇宙觀。有的學者根據熊十力「心與物不可分」、「翕和闢不可分」的說法，斷言熊十力哲學的性質是二元論，這是不能反映熊十力的思想面貌的。熊十力固然主張「翕和闢是不可分的整體」，但更強調「闢主施，翕主受」。所以，他的哲學性質是唯心主義的一元論，而不是心物二元論。

熊十力提出翕闢說，克服了佛教唯識宗種子說的素朴性，理論形態更為精致、圓潤。佛教唯識宗為了充分展示其「法相唯識」的本體論，提出以種子說為核心的宇宙生成論。唯識宗認為，在「阿賴耶識」中儲藏著產生世界上各種現象的精神因素，他們稱之為「種子」。植物的種子能產生相應的果實，精神的種子也是如此。《成唯識論》卷三寫道：「何法名為種子？謂本識中親生自果功能差別。」種子是由本識（即阿賴耶識）派生出宇宙萬物的中介，它具有直接產生事物的各類功能。種子有兩類：一類是先天就具有的，叫作「本有種子」；一類是後天由經驗串習所積累形成的，叫作「新熏種子」。

50　《熊十力論著：新唯識論》，第328─329頁。

《成唯識論》卷二寫道：「種子各有兩類：一者本有，謂無始來異熟識中法爾而有，生蘊、界、處功能差別……二者始起，謂無始來，數數現行熏習而有。」由「共相種子」產生山河大地為人們共同依存的客觀環境；由「自相種子」形成每個人自己經驗中的物質世界。唯識宗的種子說用「種子生成果實」的比喻來說明他們的宇宙生成論。然而，比喻代替不了論證。對於現代人來說，唯識宗的宇宙生成論是一種低層次的說法，並沒有說服力，而且失之於繁瑣，很難為我們接受。熊十力看出種子說的這些不可克服的困難，故用翕辟說取而代之。熊十力把翕辟規定為本體的兩種功能，說明物質世界是本體的直接顯現，沒有任何中間環節。這種「新唯識論」的宇宙論顯然比舊唯識宗的種子說簡潔得多，更加突出了本體與現象的一致性。

熊十力提出的翕辟說也是對宋明理學理氣說的改造和發展，宋明理學家大都用「理氣之合」解釋宇宙的生成。朱熹提出：「天地之間，有理有氣。理也者，形而上之道也，生物之本也；氣也者，形而下之器也，生物之具也。」[51]理是生物之本，也就是宇宙萬物的本體，然而「理卻無情意，無計度，無造作」[52]。理本身沒有任何能動性，僅靠理還解釋不了宇宙萬物的生成過程。理必須以氣為「掛搭處」，才能發揮本體的主宰作用。「無是氣，則理亦無掛搭處。」「若氣不結聚時，理亦無所附著。」[53]氣與理相比，最大的不同點是它具有能動性和凝聚力，能「造作」出各種各樣的事物。「氣則能醞釀凝

51　《朱子文集》卷五十八。
52　《朱子語類》卷一。
53　同上。

聚生物也。但有此氣，則理便在其中。」[54]理是宇宙生成的精神前提，氣是宇宙生成的物質前提。理氣結合便形成宇宙萬物。朱熹對這個過程作了這樣的描繪：「天地初間，只是陰陽之氣。這一個氣運行，磨來磨去，磨得急了，便拶許多查（渣）滓，裡面無處出，便結成個地在中央。氣之清者，便為天，為日月，為星辰，只在外常周環運轉，地便只在中央不動，不是在下。」[55]從現代唯心論的立場上看，朱熹的宇宙生成論是不徹底的，因為它容許物質實體的存在。在朱熹那裡，理雖為本體，但對宇宙間事物的形成與否卻無能為力，似乎是氣單獨在起作用。於是，朱熹哲學體系中出現了這樣的矛盾：在本體論上是唯心主義的，而在宇宙論上卻不自覺地倒向唯物主義。熊十力用翕辟說取代理氣之合說，將物質世界僅僅歸結為本體的功能之一——翕，並且強調由翕而形成的物質世界本身亦沒有實在性，物質世界通過辟不斷向本體復歸。他把宋明理學中本體論和宇宙論之間的矛盾排除了，使二者一致起來，把唯心主義原則貫徹到底了。

5.5　餘　論

綜觀熊十力本體論思考的全過程，可以作如下概括：首先，他從心物現象的分析中抽象出「本心」本體；然後又從「本心」本體出發解釋世界，通過翕的勢用建構出物質世界；再通過辟的勢用把物質世界歸復於「本心」本體，最後完成了「體用不二」的本體論系統。所謂「體用不二」，不是簡單地把體用等同起來，而是說體用在運動中

54　同上。
55　同上。

實現了統一:「翕」是「本心」的對象化,似乎與本體不一;「翕」畢竟從屬於「闢」,終究與體不異。這就是「體用不二」的基本含義。把熊十力的「體用不二」論用圖表示出來則是:

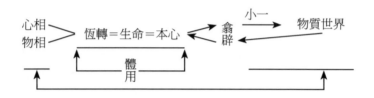

　　熊十力對「體用不二」極為重視,看作他的「新唯識論」思想體系中首要和基本的觀點。他多次申明他的最根本的哲學信念就是「以體用不二立宗,本原現象不許離而為二,真實變異不許離而為二,絕對相對不許離而為二,心物不許離而為二,天人不許離而為二」[56]。

　　通過解析熊十力的「體用不二」論,我們可以得出如下結論。

　　第一,「體用不二」論是一種徹底的唯心主義本體論。在熊十力的哲學體系中,體的含義十分明確,就是指恆轉、生命、本心一類的精神本體。所謂「體用不二」,就是要論證「本心」本體如何「用」到物質世界中去的問題。照熊十力看來,由翕而形成的物質世界具有本體的異化,但終究受闢的制約而向本體復歸。「體用不二」的實質含義就是「心物不二」、「心主宰物」。

　　熊十力指出,物質世界就是本心的體現,世界的統一性在於它的精神性而不是物質性。在「體用不二」論中,物質概念被徹底地排除

56　熊十力:《原儒》,龍門書局,1956年,第26頁。

了，宇宙被淨化為純粹的精神實體的流變過程。不言而喻，熊十力以唯心主義方式明確地回答了哲學基本問題。熊十力的哲學結論無疑是錯誤的，但他回答哲學基本問題的方式卻體現出清醒的現代哲學意識：他緊緊圍繞著哲學基本問題樹立觀點、展開論述、建構體系。這就是說，他已達到對於哲學基本問題的自覺。恩格斯在《路德維希·費爾巴哈和德國古典哲學的終結》中說：「全部哲學，特別是近代哲學的重大的基本問題，是思維與存在的關係問題。」[57]古代哲學當然也涉及到哲學基本問題，但古代哲學家們並沒有自覺到這一問題。中國古代哲學也是如此，他們並不直接討論哲學基本問題，在他們的思想體系中往往存在著唯心主義和唯物主義紛然雜陳的情形，以至於我們今天對古代哲學思想作定性分析相當困難。在西方，到十七世紀哲學家們已達到對哲學基本問題的自覺，湧現出培根、笛卡兒、斯賓諾莎、康德、黑格爾等哲學大師。恩格斯在上述論斷中標出「特別是近代哲學」字樣，正是對這一事實的概括。中國哲學家對哲學基本問題的自覺比西方晚得多，直到1919年「五四」新文化運動時期西方哲學傳入中國，中國現代哲學家才達到了對於哲學基本問題的自覺，實現了中國哲學從傳統向現代的轉型。熊十力哲學充分體現出中國哲學這種轉折性的變化：他已跨出古代素樸哲學的藩籬，邁入現代哲學的殿堂。

第二，「體用不二」論克服了那種推崇抽象的精神實體的唯心主義本體論的缺陷。熊十力的體用觀是在總結中國、印度、西方哲學理論思維教訓的基礎上形成的。他指出，宋明理學以「天理」或「良

57　《馬克思恩格斯選集》第4卷，人民出版社，1972年，第219頁。

知」為本體，可是並沒有把本體與功用統一起來。他們雖競相標榜「體用一源，顯微無二」，但都把本體描繪為抽象的精神本體，使這句有價值的論斷成為一句空話。印度佛教以真如為本體，把物質世界描寫成假相，將本體描繪為超越於物質世界之上的「空寂」本體。這種本體實則是無用之體。「西方哲學說本本，要不外以思維術，層層推究，推至最後，乃臆定有唯一實在，名之為第一因。又或以為一切物之本體，終是知識之所不可親證，遂自縛於不可知論。此兩種結論雖復大異，而其設定本體為客觀存在，易言之，即天人互不相涉。」[58]西方哲學家心目中的本體與人相外在，自然也是無用之體。總而言之，從前的哲學都被熊十力認為犯了「遺用而覓體」的錯誤，都把本體看成脫離現象或凌駕在現象之上的抽象的精神實體。由這種觀念勢必導致有神論，從而使人類陷於宗教的迷霧之中。同熊十力所說的這些哲學理論相比，熊十力提出的「體用不二」要聰明得多。由於它肯定本體與現象的一致性，所以避開了有神論傾向。熊十力雖然用一種唯心主義批判其他的唯心主義，但對推動理論思維的發展還是有積極意義的。

第三，「體用不二」論構成「五四」以來現代新儒家思潮發展過程中的重要環節。在1949年以前，現代新儒家的代表人物有梁漱溟、馮友蘭、熊十力、賀麟等人。他們的思想各有特色，既相互區別又相互聯繫。梁漱溟在構想新孔學的宇宙觀時偏重主體，從而走向唯我論；馮友蘭在建立新理學體系時偏重客體，從而走向不可知論。他們的理論思維教訓表明：無論是著眼於主體，還是著眼於客體，都不能

58　熊十力：《原儒》，第701頁。

解決思維與存在的關係這一哲學基本問題。[59]

熊十力的「體用不二」論找到了一條擺脫梁漱溟和馮友蘭思想困惑的出路，那就是把主體與客體統一起來考察。從這個視角來看，心與物乃是不可分的整體。熊十力提出：「物和心（物亦對心而名境）是一個整體的不同的兩方面，現在可以明白了，因為翕和闢，不是可以剖析的兩片物事，所以說為整體。」[60]在心物的整體關係中，闢永遠處在主導地位，所以它既是宇宙的心，又是宇宙精神。熊十力所描述的本體，既有主體的規定性（「本心」），又有客體的規定性（「宇宙的心」），特別強調主體與客體的統一性或整體性。熊十力提出的「體用不二」論試圖把梁漱溟的唯我論和馮友蘭的真際論綜合起來。從主體與客體統一的角度思考哲學基本問題。從理論思維特徵來看，梁漱溟注重直覺思維，馮友蘭注重知性思維，而熊十力在構想體用不二論時則注重辯證思維，使現代新儒家的理論思維水平躍上了一個新台階。從梁漱溟經馮友蘭到熊十力，正好構成一個否定之否定的邏輯圓圈。熊十力的「體用不二」論為賀麟的新心學進一步發揮成「仁」的本體論和宇宙觀。

第四，「體用不二」論把「本心」本體完全泛化為「用」，即完全泛化到物質世界之中，實際上等於取消了本體的至上性，高揚了儒家的入世精神。熊十力的體用觀批評佛教「空寂」之弊，也批評宋明理學家的「空疏」之弊，特別強調立大本，開大用，對「用」高度重視。他反對用外覓體，強調體是相對於用而得名。「它是舉其自身全

59　參見拙著《現代新儒家研究》。
60　《熊十力論著：新唯識論》，第320頁。

現為分殊的大用，所以說它是用的本體，絕不是超脫於用之外而獨存的東西。」[61]他反對把本體描繪為「凝固不動的物事」，因為這種體不能顯現為大用流行。「如此，則體也不成為用之體，如何講得通？」[62]按照熊十力的「體用不二」論，物質世界雖然是虛幻不實、乍現即逝的，但畢竟是現實的。在這個世界之外並沒有別的什麼世界。這樣一來，他描繪的「清淨圓滿的本體」其實不過是對現實事物之間普遍聯繫的吹脹和誇張而已。這就意味著，熊十力以顛倒的形式，轉彎抹角地接近了唯物主義。

第五，「體用不二」論仍存在著明顯的脫胎於佛教哲學的痕跡。熊十力努力高揚儒家入世精神，其主導方面當屬儒家；但因其採取佛教的闡述方式，為其體用觀塗上濃重的神秘主義色彩。例如，他引用佛教「剎那生滅」之說解釋宇宙萬物的生成發展變化，斷言「一切物才生即滅」，有如「香火輪」。他反覆申訴：「稱實而談，萬物本空；隨情設施，則由小一系群有跡象現，亦云化跡，即依化跡假說萬物。」[63]「一方面隨順俗諦成立心物萬象，即所謂宇宙；一方面明翕闢與生滅都無暫住的實法，即無實宇宙，只是本體之流行幻現宇宙萬象而已。」[64]他所描述的世界給人難以捕捉的幻滅感，很難引導人們樹立正視現實的積極的人生觀。熊十力自認為他提出體用不二論解決了哲學上的大問題，「此論即出，不獨天帝無可迷信，而古今哲學家談本體者之種種錯誤，皆可以避免」[65]。「體用不二義自《新唯識論》

61　熊十力：《新唯識論》語體文本，第93頁。
62　《十力語要》卷二，第80頁。
63　《熊十力論著：新唯識論》刪簡本卷下，第4頁。
64　《十力語要》卷一，第32頁。
65　熊十力：《乾坤衍》第二分，第4頁。

出，始圓融無礙。」[66]這種自我評價，顯然不大確切。他的體用觀包含著合理因素，也存在著嚴重的缺陷與不足。

66　《十力語要》卷三，第68頁。

第六章

翕辟成變

6.1 辯證法溯源

在上一章我們已經談到，在熊十力的「體用不二」論中包含著比較豐富的辯證法思想。他的辯證法思想同本體論思想是緊密地結合在一起的。為了敘述的方便，我們才分開來講，在這一章集中評述熊十力「翕辟成變」的概念辯證法思想。

中國哲學一向以重視辯證思維著稱於世。英國著名科學史專家李約瑟博士在《中國科學技術史》這一轟動世界科學巨著中，恰如其分地指出：「當希臘人和印度人很早就仔細地考慮形式邏輯的時候，中國則一直傾向於發展辯證邏輯。與此相應，在希臘人和印度人發展機械原子論的時候，中國人則發展了有機宇宙的哲學。」比利時物理學家普利高津也注意到，中國有重視整體性的辯證思維傳統。他認為耗散結構論與中國的辯證思維傳統比較接近。

在中國先秦時期，道家辯證法、兵家辯證法和儒家辯證法先後問世，在中國哲學的第一個黃金時代寫下了光輝的篇章。《老子》提出「有無相生，難易相成，長短相形，高下相傾，音聲相和，前後相隨」[1]，「禍兮福所倚，福兮禍所伏」[2]，「正言若反」，「反者道之動」[3]等命題皆是千古傳誦的名言。《老子》提出的道德、常可、有無、天地、陰陽、動靜、強弱、興廢、正奇、吉凶等八九十對辯證的概念或範疇，初步論述了對立而相互依存、相互向各自的對立面轉化等矛盾關係。《孫子》在戰爭實踐的基礎上，提煉出「正能變奇，奇能變

1　《老子》第二章。
2　《老子》第五十八章。
3　《老子》第四十章。

正」[4]、「亂生於治，怯生於勇，弱生於強」[5]等辯證法思想，認為正奇、亂治、弱強等等互相對立的方面均可在一定條件下互相轉化，兩個對立的方面之間並不存在著不可逾越的鴻溝。《易傳》提出「生生之謂易」、「天地之大德曰生」、「天行健，君子以自強不息」、「剛柔相推而生變化」、「一陰一陽之謂道」等命題，形成以「陰陽」為中心範疇的儒家辯證法思想體系。中國古代哲學的這些辯證法思想為後人留下豐厚的遺產，啟迪著後來哲學家的智慧，為他們從事理論思維的創造提供了珍貴的思想材料。

熊十力作為酷愛傳統文化的國學大師，特別注意從中國古代哲學中發掘辯證思維的珍寶，用來作為他建立「新唯識論」體系的理論基礎。他指出「大地上凡有高深文化之國，其發明辯證法最早者，莫有如中國」[6]。他認為中國的辯證法思想傳統源遠流長，一直可以追溯到傳說中的伏羲時代。伏羲畫八卦，發明陰（－－），陽（－）兩個符號，便把對立的統一看成宇宙最一般的規律。在中國傳統哲學的辯證法思想中，熊十力最欣賞《易傳》的辯證法思想。他說：「孔子作《易》，首以陰陽成變解決宇宙論中之心物問題，蓋本其所觀測於萬物萬事萬化者，莫不由於辯證法。因此深究心物問題，從宇宙開端，已是陰陽成變，斷不可作片面觀。故易之辯證法，徹上徹下，《論語》所謂一以貫之是也。」[7]在他看來，《易傳》的辯證法既是一種思想方法，又是一種宇宙觀，二者結合在一起，形成中國哲學的優良傳統。

4　《孫子・兵勢》。
5　《孫子・勢篇》。
6　熊十力：《原儒》，第539頁。
7　同上，第724頁。

他正是從《易傳》的「陰陽成變」說中受到啟發，進一步發揮思想原創力，提出「翕闢成變」理論，用來解決「有能變否」以及「如何成功此變」這樣兩個體用觀必須回答的問題。

熊十力也從道家的辯證法中吸取思想營養，用相反相成、反者道之動等觀點描述宇宙的發展變化過程。《老子》寫道：「道生一，一生二，二生三，三生萬物。」[8]熊十力認為這段話精湛地概括了宇宙的辯證發展進程，並且同《易傳》的說法若符合節。他斷言：「老子說一生二，二生三。這種說法就是申達大易三爻成卦之旨，用以表示相反相成的法則。因為有了一，便有二，這二便與一相反。同時又有了三。此三卻是根據一（三，本不即是一，只是根據於一），而與二反，卻能轉化乎二以歸於和。易云『保合太和』，是也。惟有兩相反而成乎和，所以完成其全體之發展，若惟單純，固無變化。若惟矛盾而不相融和，則摧傷必多。」[9]熊十力還用《老子》的表述方式闡述他的「翕闢成變」說。他在《體用論》中寫道：「恆轉動而成翕。才有翕，便有闢。唯其有對，所以成變。恆轉是一，其顯為翕也，幾於不守自性，此便是二，所謂一生二是也。然而恆轉畢竟常如其性，絕不會物化。故翕勢方起，即有闢勢同時俱起，此闢便是三。所謂二生三是也。」[10]熊十力的這種解釋在細節上未必符合《老子》的原意，但所體現的精神實質卻是深契於老子的辯證法的。

熊十力在挖掘中國哲學中的辯證法思想的同時，也努力從西方哲

8　《老子》第四十二章。
9　熊十力：《體用論》，第13頁。
10　同上。

學中引進有益的思想材料，尤其是黑格爾的概念辯證法思想。在熊十力致力於國學研究，創立「新唯識論」思想體系的時候，黑格爾的概念辯證法已傳入中國。熊十力執教的北大哲學系當時是中國研究黑格爾哲學的基地。中國最早的研究黑格爾的專家、曾在德國獲哲學博士學位的張頤在北大任教授，介紹黑格爾哲學成績最大、《小邏輯》的翻譯者賀麟也是北大哲學系的著名教授。在這種環境中，儘管熊十力因不通外文不可能系統地研讀黑格爾的原著，但通過耳濡目染，與專家交流以及閱讀中文介紹性文字等途徑，亦可對黑格爾的哲學思想有個大概的了解。因此，他間接地接受黑格爾的概念辯證法思想的影響完全是可能的。這種影響在《新唯識論》語體文本中隨處可見。例如，熊十力自覺地把「矛盾」範疇引入「新唯識論」思想體系中；而關於翕（物）是闢（心）的表現形式的思想同黑格爾的外化理論頗相近；至於他十分強調心與物的整體性，顯然也是借鑑了黑格爾「絕對觀念」的影響。我們在上文提到的熊十力關於恆轉為一、翕為二、闢為三的論證方式，儘管被掛在老子的名下，但仍可以明顯地看到黑格爾「正、反、合」思維模式的痕跡。熊十力因不能直接閱讀黑格爾的原著，有時也難免產生一些誤解。例如，他批評黑格爾說：「西哲黑格爾之徒，只得矛盾的意義，而終無由窺此仁體。」[11]這種看法顯然落於偏見。事實上，黑格爾在指出矛盾的普遍性的同時，特別注重揭示矛盾雙方的同一性，特別強調對立的兩個方面之間有著本質的、內在的關係，指出每一方只有在同另一方相聯繫才能獲得自己的本質規定。熊十力的這些誤解並不妨礙他從總體上把握黑格爾概念辯證法的

11　熊十力：《新唯識論》語體文本，第113頁。

基本精神。事實上，他正是因為受到黑格爾的啟發，才努力去克服中國傳統辯證法的直觀性和素朴性，力圖把中國的辯證法思想提高到概念辯證法的理論高度。

6.2　辯證法述要

　　熊十力沒有寫出關於辯證法的專著。他關於辯證法思想的論述包含在他的「新唯識論」思想體系之中，散見在他發表的語要、書札、信函之中。概括起來，熊十力辯證法思想的要點有如下幾點：

1. 普遍聯繫的觀點

　　按照熊十力的「體用不二」論，世界是一個有機的整體。在這個整體中，任何具體事物都不是孤立的，都是本體的體現者。這也就是說，具體事物只有在總體聯繫中才能存在，離開這種聯繫事物也就不成其為事物。熊十力經常引用佛經上「大海水和眾漚」的比喻闡釋他的這個觀點。他指出，每一個具體的事物都好像是大海中的小水泡，而本體則好比是大海水。正如每個水泡都是大海水一樣，每個具體事物都是本體完全的顯現。與大海水完全沒有關聯的小水泡是不可想象的，同樣，與本體完全沒有關聯的事物也是不可想象的。「隨舉一事一物，莫不各各圓滿，都無虧欠。譬如大海水顯現為眾漚，每一漚都以大海水全量為體，毫無虧欠。」[12]他有時也把具體事物比做大米粥裡的米粒，每粒米在大米粥中都處在普遍聯繫之中。舍米粒無所謂

12　《熊十力論著：新唯識論》，第353頁。

粥，粥亦通過每個米粒的互相聯繫才成其為粥。熊十力的這兩個比喻固然有不確切的地方（下文將詳述），但畢竟肯定了各個事物之間存在著普遍聯繫。正是因為存在著普遍聯繫，一事物才能轉變為他事物，形成發展變化著的、豐富多彩的世界。

熊十力特別強調，事物之間的普遍聯繫是一種內在的有機聯繫。在中國哲學史上，許多哲學家都曾提出過類似的思想。例如魏晉玄學家郭象在《莊子・大宗師注》中說：「人之生也，形雖七尺而五常必具，故雖區區之身，乃舉天地以奉之，故天地萬物凡所有者，不可一日而相無也。一物不具，則生者無由得生，一理不至，則天年無緣得終。」華嚴宗提出「重重無盡義」，認為各個事物都是整個世界的不可分割的組成部分，如天帝頭上戴的結滿寶珠的帽子，每粒寶珠都映照著其他寶珠的影子，交相輝映，重重無盡。他們叫做「因陀羅網境界」。禪宗提出「月印萬川」之喻，說明世界的總體聯繫。《永嘉證道歌》寫道：「一性圓通一切性，一法遍含一切法。一月普現一切月，一切水月一月攝。」朱熹很欣賞這個「一個就是萬個，萬個就是一個」的比喻，用來印證他提出的「理一分殊」說。他聲稱：「釋氏云，『一月普現一切月，一切水月一月攝』，這是那釋氏也窺見得這些道理。」[13]對於上述這些關於世界普遍聯繫的說法，熊十力一概沒有採用。因為在他看來，這些說法都有意無意地把事物之間的聯繫似乎描繪為外在的聯繫。例如，按照月印萬川之喻，似乎是一種外在的因素（天上之月）把每個水中之月聯繫起來，而此水月與彼水月之間似乎沒有直接的關係。理一分殊說亦把作為本體的理處理成與事物相

13　《朱子語類》卷十八。

外在的「孤立懸托之理」，把理與事物描述為「分有」的外在關係。熊十力特別喜歡採用的「大海水與眾漚」之喻，避免了前人珠網之喻和水月之喻的缺陷，更加深刻地突顯出萬事萬物之間內在的有機聯繫。

熊十力指出，事物之間的普遍聯繫不是由此及彼的機械的因果鏈條。他批評說，西方哲學家向外尋找「第一因」的哲學思考方式，正是建立在把事物的普遍聯繫理解為機械的因果鏈條的認識之上。「西學說本體，要不外以思維求，層層推究，推至最後，乃臆定有唯一實在，名之為第一因。又或以為一切物之本體，終是知識之所不可親證，遂自縛於不可知論。」[14]「西哲談本體者，向外推求第一因，皆陷於倒見而不自覺也。」[15]「夫第一因者，自下而上推去，重重因果，推至無可推，始建第一因。再從上向下，順序而玩之，因果重重，遞相鉤鎖，則吾人與天地萬物真是一副機械耳。」[16]熊十力把「求第一因」說成西方哲學的總體特徵是不夠準確的，但西方某些哲學家確實存在著這種傾向。這是一種機械論的、形而上學的思維方式。熊十力對這種思維方式的批判，實際上是用辯證法反對形而上學。

在熊十力看來，事物之間的普遍聯繫也就是本體與現象之間內在的、不可分割的聯繫。因此，在揭示本體時，必須牢牢地把握住這一點。他反對任何割裂本體與現象之間聯繫的哲學思考，我們在前幾章已談過，這裡不再重複。值得提出的是，熊十力之所以反對這樣的哲

14　熊十力：《原儒》，第701頁。
15　同上，第710頁。
16　同上，第708頁。

學思考方式，從思想方法上看，正是表明他反對那種形而上學的狹隘眼光，反對片面、孤立地看問題，要求貫徹注重普遍聯繫的辯證法原則。

在總體與部分的關係上，熊十力也堅持普遍聯繫的辯證法思想。他反對那種把總體僅僅理解成部分之和的形而上學思想。他指出：「全體，絕不是各部分相加之和。如果，各部分元素是各各獨立的，今者聚合在一起，則必如一散沙然，何可以成全體？本體是一而其顯為用也，則不能不萬殊，所謂各部分者，即克就用相言之耳。故克就各部分言，此各部分，畢竟是互相融攝，而為渾一的全體。」[17]他認為，部分只有在總體之中才能成其為部分。總體不是部分的堆砌。總體與部分之間存在著內在的有機聯繫，互相依存，不可分割。熊十力關於總體與部分的看法是符合辯證法的。

2. 運動發展的觀點

熊十力在構築「體用不二」論時，把運動發展的觀念擺在首位。他反對把本體理解為「死的物事」，主張用動態的目光尋求動態的本體，「要於生生化化流行不息之機，認識性體」[18]。他指出，體與用的統一也是通過運動而實現的。「流行，是變化密移的。於流行而識主宰，便竟無差別的。流行，是虛幻的。於流行而識主宰，便是真真實實的。流行，是無有所謂自在的，於流行而識主宰，便是一切自在的。我們應知，用固不是體，而不可離用覓體，因為本體全體成為萬

17　熊十力：《新唯識論》語體文本，第162頁。
18　同上，第110頁。

殊的用，即一一用上，都具全體。故即用顯體，是為推見（現）至隱。」[19]在熊十力看來，無論現象層面還是本體層面都處在運動變化的過程中，他主張透過運動著的現象把握運動著的本體。熊十力的「體用不二」論充分肯定運動的絕對性，就這一點來說是符合辯證法的。

在動靜關係上，熊十力也努力貫徹辯證法思想。他不承認有絕對的虛靜狀態，批評道家和佛教「耽空滯寂」，而倡導儒家的健動精神。他指出，老子「偏向虛靜去領會道，此與《大象》從剛健與變動的功用上指點，令從於此悟實體者，便極端相反」[20]。他分析說，老子以虛靜為體，違背了自然之理。如果硬要把自然界和人類社會的發展停留在靜止狀態，「正是逆自然，豈任自然乎？」至於佛教，「以寂靜言性體」，引導人們走向出世方向，也不能為人們提供正確的宇宙觀和人生觀。熊十力認為，道、佛兩家的失誤，就其思想方法上看，原因之一就是沒有辯證地對待動靜關係，錯誤地用靜的絕對性否定動的絕對性，不懂得動靜相互依存的道理。熊十力接受佛、道兩家的理論思維教訓，對動與靜或生化與空寂的關係作了這樣的處理：「惟空寂，始具生化：而生化，乃自空寂。」[21]「至靜而健以動；至寂而生化無窮。」[22]他把空寂看成生化的原因，把靜看成動的原因是不正確的，但把生化與空寂、動與靜描繪為互相作用、相輔相成的關係，是符合辯證法的。

19　同上，第110頁。
20　熊十力：《體用論》，第2頁。
21　熊十力：《新唯識論》語體文本，第117頁。
22　《十力語要初續》，第36頁。

在發展問題上，歷來有兩種對立的觀點。一種觀點把發展解釋為量的增加，這是一種形而上學的觀點。另一種觀點把發展解釋為新事物的產生，這是一種辯證法的發展觀。熊十力的發展觀顯然是屬於後者而不是前者。他在《體用論‧明變章》中，從十一個方面論證「萬變常新，無有故物暫住」的道理，批駁了那種以物常住、凝固不變的形而上學觀點。他聲稱：「剎那生滅，不必驚疑。如生理學者言新陳代謝，七日之間而全身盡易其故，此與剎那滅相雖甚遠，然可以從此悟入。」[23]他充分肯定新事物產生的必然性，這是符合辯證法的。當然他的發展觀也有不正確的方面，即存在著明顯的相對主義傾向。這一點我們以後再詳述。

3. 關於矛盾的觀點

熊十力的「體用不二」論是依據矛盾原則構想的。因此，他對矛盾原則十分重視，對矛盾屬性、矛盾關係以及矛盾與變化的關係等問題都作了較深的研究。關於矛盾的學說是熊十力概念辯證法思想的核心。

什麼是矛盾？熊十力下的定義是：「矛盾，是相反之謂。利用此矛盾，而畢竟融和，以遂其發展，便是相成。」[24]簡言之，矛盾就是相反相成：一方面，矛盾的雙方是對立的，故謂之「相反」；另一方面，矛盾的雙方互相聯接，互相依存，「畢竟融和」，故謂之「相成」。在他看來，矛盾就是既對立又統一，對立和統一構成矛盾的兩

23　《十力語要》卷三，第67頁。
24　《熊十力論著：新唯識論》，第323頁。

種基本屬性，二者共同推動事物的發展變化。熊十力的這種看法比較深刻地揭示了辯證法的核心和實質。從表面上看，熊十力似乎重複了古代辯證法的「物極必反」觀念，其實不然。一般來說，古代辯證法往往停留在對經驗事實的描述上，沒有上升到思維規律的高度。比如，《老子》根據國家的興衰，個人富貴貧賤的變化等事實，提煉出「禍兮福之所依，福兮禍之所伏」、「反者道之動」等思想。《易傳》「遠取諸物，近取諸身」，提出「一陰一陽之謂道」、「剛柔相推而生變化」的思想。這些提法固然包含著矛盾思想的萌芽，但沒有形成明確的矛盾概念。就拿與矛盾最接近的陰、陽來說，陰是指山之背著太陽的面，泛指一切有陰性特徵的事物；陽是指山之向太陽的一面，泛指一切有陽性特徵的事物。可見陰、陽與矛盾還不完全是一個意思。熊十力從黑格爾辯證法思想中受到啟發，從抽象思維的高度明確地提出矛盾概念，對於古代辯證法是個理論上的升華、深化，這表明熊十力把中國辯證法思想推向新的發展階段。值得注意的是，在舊中國的哲學界有相當多的學者把矛盾理解為「背理」，拒絕接受這一概念，而熊十力卻獨樹一幟，大力倡導矛盾學說，這應當說是難能可貴的。

熊十力的辯證法思想有一個突出的特徵，那就是他把關於矛盾的思想凝結在「翕闢」這對獨創性的範疇之中。他說：「每一功能都具有內在的矛盾而成其發展。這個矛盾，可以說為互相反的兩極，一極假說為翕，一極假說為闢。翕則疑於物化而實為闢作工具，闢則守其不可物化的本性，而為運翕隨轉之神。」[25]

25　《熊十力論著：新唯識論》，第444頁。

在這裡，他已觸及矛盾關係問題。「翕則疑於物化」、「闢則守其不可物化的本性」，表明二者的對立關係。然而翕「實為闢作工具」，二者互相貫通，表明二者的統一關係。翕與闢不可分割地聯繫在一起，離開翕，闢無法表現自己的本性；離開闢，翕亦不能獨立存在。它們構成一個「功能」的兩方面。「沒有一個功能，只是純翕而無闢，或只是純闢而無翕的。」[26]他特別強調翕闢的內在同一性。他說：「我說翕和闢是兩極端，只形容其相反的意思，非謂其如一物體之有二端，其二端不可同處也。物體可分為上下或南北等二端，其二端是有方所之異而互相隔遠的。今此云兩極端，則是兩種絕不同的勢用……這兩種不同的動勢（翕和闢）是互相融合在一起，絕不是可以分開的。」[27]這種關於矛盾關係的認識同黑格爾「每一方都是它自己的對方的對方」[28]的觀點很相似。

熊十力用翕闢範疇表述矛盾關係，比《易傳》中陰陽乾坤等舊範疇要準確一些，它突出了矛盾雙方的統一關係。《易傳》的乾坤、陰陽等範疇比較強調矛盾雙方的對立關係。並可以分別代表不同的事物。如說「乾道成男，坤道成女」；「乾為天，為圓，為君，為父，為玉，為金，為寒，為冰，為大赤，為良馬，為老馬，為瘠馬，為駁馬，為木果；坤為地，為母，為布，為釜，為吝嗇，為均，為子母牛，為大輿，為文，為眾，為柄，其於地也為黑」[29]。在《易傳》中，矛盾雙方往往採取外在對立的形式，很難內在地統一起來。對於

26　同上。
27　《熊十力論著：新唯識論》，第444—445頁。
28　〔德〕黑格爾：《小邏輯》，商務印書館，1981年，第255頁。
29　《周易正義·說卦》。

這種缺陷,熊十力看得比較清楚。他批評「從來講易學的人」,「把乾坤當做二元論去理會」。他提出翕辟範疇用以代替乾坤、陰陽範疇,顯然有糾正古代辯證法二元論傾向之意。從這裡我們可以看出,熊十力在一定程度上擺脫了古代辯證法思想的素朴性,實際上已把它提高到了概念辯證法階段。他提出的關於矛盾的翕辟範疇完全是抽象的思維形式,比較全面地反映了矛盾雙方的既對立又統一的關係,有一定的理論深度。

在翕辟說中,熊十力還接觸到矛盾轉化的問題。他指出:「翕以明而為辟之所資。……故翕,於辟為首(商易列坤卦居首,極有意思。坤,陰也,略當吾之翕)。辟以幽而為翕之主。辟,亦於翕為首(周易列乾卦居首,乾,陽也,健也,吾謂之辟)。」[30]他承認翕辟都可以「為首」,即居主導地位,包含著承認矛盾的主要方面的思想。但是他在一般情況下則強調辟向翕轉化,而否認翕向辟轉化。在他關於翕辟關係的論述中,辟似乎總處於矛盾的主導方面,翕總處於矛盾的從屬方面,「蓋翕的方面,唯主受;辟的方面,唯主施」。按照這種說法,矛盾雙方的地位似乎並不能互相轉化。這種看法沿襲了《易傳》「陽尊陰卑」的觀念,對矛盾的同一性作了錯誤的解釋。這種對於矛盾關係的僵化理解是熊十力終不免陷入唯心主義形而上學的重要原因之一。他提出:「一切事物,均不能逃出相反相成的法則。我們對於心物問題(這是哲學上的根本問題),何獨忘卻這個法則,而把心消納到物的方面去,如何而可呢?」[31]可是他自己也沒能辯證地看

---

30 熊十力:《新唯識論》語體文本,第216頁。
31 《熊十力論著:新唯識論》,第323—324頁。

待心物關係問題，而是片面地把心抬到絕對主宰者的地位，把物置於從屬的地位，對哲學基本問題作了唯心主義的回答。

熊十力還提出矛盾是變化的表現形式的觀點。在談到「如何才成功這個變」的時候，他說：「要解答這個問題，我們須於萬變不窮之中，尋出他最根本的最普遍的法則。這種法則是什麼呢？我們以為就是相反相成的一大法則。因為說到變化，就是有對的、是很生動的、有內在矛盾的，以及於矛盾中成其發展的緣故。」「所謂變化，從一方面說，他是一翕一辟的。」「唯其有對，所以成變。」[32]這就是他反覆申述的「翕辟成變」論。照他看來，離開矛盾關係就無法表示運動變化，這一點是正確的，但他僅只把矛盾看成運動變化的一種表現形式，而沒有看成運動變化的源泉，這就離開了辯證法而走向相對主義了。關於他的相對主義思想，我們以後再作具體的評述。

綜上所述，熊十力在辯證法方面提出關於普遍聯繫的觀點、關於運動發展的觀點和關於矛盾的觀點。他繼承中國哲學重視辯證思維優良傳統，並進一步發揚光大，在許多問題上有所突破，使之達到概念辯證法的新高度。他的辯證法思想雖然是同唯心主義糾葛在一起的，但對於發展辯證思維所做的貢獻是應當予以肯定的。

6.3　範疇的辯證法

熊十力與古代哲學家不同。他不是用經驗事實展示辯證法思想，

32　同上，第315頁。

而是借助範疇分析表達他的辯證法思想。他根據自己對矛盾法則的理解，除了提出翕闢範疇之外，還提出了體用、時空、有無、數量、同異、因果等範疇。其中體用是關於本體的範疇，時空等是關於物質世界的範疇。在對這些範疇的分析中，他力圖貫徹「相反相成」的矛盾法則。

關於體用，熊十力的看法是：「體用本不二，而亦有分。心物本不二，而亦有分，此是哲學追本窮源，到盡頭處……識得有分，即見矛盾。」[33]他認為體用乃是「不一不異」的矛盾關係，既可分又不可分。可分性在於：「體無差別，用乃萬殊。於萬殊中，而指出其無差別之體。故洪建皇極，而萬化皆由真宰，萬理皆有統宗。本無差別體，而顯現為萬殊之用。」用是「萬殊」，是「多」，體是「一」，二者是對立的，所以說「體用不得不分疏」。不可分性在於：「用，固然不即是體，而不可離用覓體。因為本體全成為萬殊的用，即一一用上，都具全體，故即用顯體。」「一言乎用，則其本體全成為用，而不可於用外覓體。一言乎體，則是無窮妙用。」體與用是同一過程的兩個方面，內在地聯結在一起，所以說，「體用二詞，只是約義分言之，實則不可析為二片的物事」，「即體而言，用在體，即用而言，體在用」[34]。

在「新唯識論」哲學體系中，體用大體相當於通常所說的本質與現象。也就是說，他關於體用既可分又不可分的思想實際上包含著本質與現象既對立又統一的辯證法思想。但由於受到唯心主義體系的限

33　熊十力：《原儒》，第538頁。
34　《熊十力論著：新唯識論》，第385頁。

制，他沒有把辯證法思想貫徹到底。首先，他否認由「用」建構的物質世界的真實性，認為物質世界不過是從「俗諦」的角度「假說為物」而已；從「真諦」的角度看，只有無差別的「體」才是絕對真實的。這就意味著，體「真」用「假」，二者根本對立。這樣一來，他就無法找到使二者統一起來的內在根據。他借用佛教的「二諦義」，只是逃避了理論上的困難，並沒有真正解決問題。其次，他引用佛教「大海水與眾漚」之喻對體用的統一性作了神秘主義的解釋。他沒有能夠從實際事物的多樣性出發說明普遍聯繫，揭示「多」中之「一」，而是撇開事物的多樣性，把一切等同於抽象的「一體」。這就是在同一性問題上走向了抽象化、絕對化的形而上學歧路。他所描述的同一性，正是黑格爾所嘲笑的那種「在黑夜中看牛都是黑」的抽象的同一性。熊十力對同一性的理解重複了華嚴宗「一即一切，一切即一」的錯誤結論。

熊十力設計了一張關於物質世界的範疇表，此表由時空、有無、數量、同異、因果等範疇組成。對於這些範疇以及範疇之間的聯繫，熊十力都作了辯證的分析和解說。

（1）時空。熊十力指出，時空是事物存在的形式。他說：「我們以為空相和時相，若克就物言，只是物的存在的形式。我們假設物是有的，即是存在的。如此，則凡物定有擴展相，否則此物根本不存在。由擴展相故，方乃說物是存在的。亦復由擴展相故，即顯上下四方等空相。故知空間非實有，只是物的存在的形式。又凡物定有延續相，若延續義不成者，即此物根本不存在。由延續相故，方乃說物是存在的，亦復由延續相故，即顯過、現、未等時相。故知時間非實

有，只是物的存在的形式。」[35]他把物的存在看成「假設」，認為空間時間「非實有」，這是唯心主義觀點。但是，透過重重唯心主義迷霧，我們可以看到，他關於時間、空間和事物內在統一的思想是合乎辯證法的。他批判了那種脫離具體事物而設想「絕對時間」、「絕對空間」的形而上學時空觀，認為這種時空觀是主觀虛構的「抽象概念」。這種批判不無道理。

（2）有無。他說：「凡物，具有某種相用等等，是名為有。既具有如是相用，同時，不更具他相用。物各有其所有，即各無其所無。如地球具有橢圓形，則方形是其所本無。」[36]在物質世界中，有無相對而言：對於一事物來說，它具有某種屬性，可謂之「有」；然而這種肯定性的「有」同時就包含著否定性的「無」。說某物是「圓」，就不能同時是「方」，可謂之「無」。「有」即是肯定，「無」則是否定。「有」是判定「無」的基礎。「有」、「無」在某種具體事物上獲得了統一，如果離開具體事物，既無所謂「有」，也無所謂「無」。總之，「有無」是一對相反相成的範疇。熊十力對有無關係的理解是辯證的，不同於佛老的虛無主義觀點。

（3）數量。熊十力對數量關係的解釋是：「一切物互相差別而又互相關聯，因此才有數量。沒有差別，固無數量可言。假如只是差別，完全沒有關聯，亦無所謂數量。須知，數量的意義，就是於差別中有綜合，而綜合卻是與關聯相對應的。」[37]舉個例子來說，「八大

35　《熊十力論著：新唯識論》，第494頁。
36　同上，第497—498頁。
37　《熊十力論著：新唯識論》，第498頁。

行星」就是把金星、水星、地球、土星、木星、火星、海王星、冥王星等八個既有差別又有聯繫的行星綜合在一起形成的數量概念。他提出的「數量就是於差別中有綜合」的思想，包含著分析與綜合的辯證法，對於人們認識數的本質很有幫助。這種數量觀也是對把數量理解為「獨立共相」的形而上學思想的批判。此外，熊十力把數量理解為事物之間的相互關係，也是正確的。這是在「新唯識論」唯心主義體系中包含的唯物主義因素。

（4）同異。熊十力認為「同異二法，以互相反得名」。同異也是物質宇宙中間的普遍聯繫之一，並不是脫離事物而獨立存在的抽象關係。他分析說：「夫萬物繁然，一一自相，莫不互異。但舉共相，又莫不齊同。然自共相，亦由互相觀待，現差別故。由斯同異，因物付物。」[38]也就是說，每個事物都是自相（個別）與共相（一般）的統一體。例如拿「桌子」來說，「這張桌子」是它的自相，表明它只是在一定的時空位置存在著的一張桌子，而不再是別的什麼東西。可是桌子是工人製造出來的，又可稱為「人造物」，「人造物」不限於桌子，還有其他東西，所以「人造物」對於「桌子」來說是共相。熊十力的分析表明，自相和共相是可以互相轉化的，沒有脫離自相的「獨立共相」，也沒有與共相無關的自相。所以，「同異，依自共相顯。自共相又隨其所觀待如何而為推移。故自共相不固定，同異亦非死法」[39]。他對同異範疇的分析比較深刻地揭示了個別與一般的辯證法。

38　同上，第499頁。
39　同上，第500頁。

（5）因果。熊十力關於因果的看法是：「一切事物，皆相依故有。以此待彼故，說彼為此因，彼亦待此或余法故（余法，猶云其他事物），亦應說此或余法與彼作因。准此而談，因果只就事物之互相關係而假立。每一事物在其極複雜的或無窮的關係之中，必有其相依最切近者。以故，吾人欲甄明某一事物之因，唯取其所依最切近的事物，假說為因。」他認為因果關係是物質世界中普遍的聯繫之一，事物之間的依存關係，都可視為因果關係。廣義地說，某個事物的「因」是無限多的。乃至整個世界，狹義地說，同某個事物關係最親近的那個事物方可稱為「因」。例如，硯台平置在桌子上面，桌子是支撐硯台使其不得墮地的主要原因。然而，桌子又平置在地球之上，地球又在宇宙中間，這些都可視為支撐硯台的間接原因。他強調因果關係的複雜性，旨在打破那種形而上學的機械因果鏈條。他在批判由此及彼的機械因果律時說：「吾言因果，只從關係上說。設如一旦事物的關係有變更，即不能說有某因決定造生某果，將無往而不然。這種主張，是吾之因果說所不容允許的。然吾並非不許有因果，只是不許有固定的因果而已。」[40]他的這種看法無疑具有辯證法因素。但他把因果關係僅僅歸結為事物之間的外在聯繫，也是片面的。另外，他抓住事物之間因果聯繫之一點否認世界的客觀實在性，仍未擺脫佛教「緣起」說的影響，最終將辯證法因素湮沒在唯心主義體系之中。

熊十力強調上述五項範疇之間也是有聯繫的，並列出下面的範疇表：

40　《熊十力論著：新唯識論》，第502—504頁。

因果	同異	數量	有無	空時

　　他解釋說，空時是物質存在的基本形式，故居首；有無表明某物的肯定方面與否定方面，表明該物的基本屬性，故列空時之後，排在第二位；數量將各種既有區別又有聯繫的事物綜合起來，故列有無之後，排在第三位；同異揭示個別與一般的聯繫，幫助人們從質的角度把握對象，故列數量之後，排在第四位；因果帶有總結性質，故放在最後。熊十力是現代中國哲學界唯一設計過範疇表的思想家。他提出的範疇表雖然過於簡單，各個範疇之間的聯繫說明得也比較牽強，但他勇於探索、勇於創新，畢竟邁出了可喜的一步。他的範疇論對於我們研究範疇的聯繫和轉化，具有一定的啟發性，是個可貴的理論思維成果。

　　總而言之，熊十力關於範疇的辯證法思想確實很有特色，表明他是有思想原創力的哲學家。他關於物質世界的五項範疇的探索，猜測到客觀辯證法的某些側面。這無疑是包含在「新唯識論」唯心主義體系中的合理內核，值得我們認真地加以研究，摘取埋在泥土裡的珍寶。他關於體用範疇的分析，雖然亦不乏辯證思維的閃光，但是他為了維護其唯心主義的哲學結論，終於由辯證法滑向了形而上學。唯心主義體系終究要窒息辯證法—熊十力哲學再一次提供了這樣的理論思維教訓。

6.4 由辯證法走向相對主義

熊十力的辯證法思想的最嚴重的缺陷就是沒有把矛盾看成是運動變化的源泉。他認為「矛盾要非本然」，唯有「恆轉」本體才是運動變化的源泉與主體。他說：「由此恆轉，顯現為大用流行，即說為變。今克就變來說，他底動勢（即所謂翕和闢），純是剎那剎那詐現的，決沒有暫住的。此變的動勢之本體，即是恆轉。若離開恆轉來說，動勢沒有自體的，所以把變或變的動勢，說為幻有。」[41]熊十力把本來是同義語的「運動」和「變化」兩個概念作了區分。他認為運動屬於現象層面，就其實質說是虛假的；變化才屬於本體層面，變化本身就是主體，不再有變化的承擔者。關於本體的變化本性，他作了以下幾點說明。

「其一曰，變者，非動義。」熊十力聲稱，他在運動觀方面同唯物論者有原則分歧。唯物論者「談變，總是計有物界，而說一切物的質和量的遷移變化，名變」。這是他所不能同意的。他認為「所謂變，是要向無物之先，去理會他」，「系克就大用流行而言，此是超時空的」[42]。他對變化與物質作了分離，認為變化與物質無關，變化先於物質。與此相聯繫，他對變化與時空也作了分離，認為變化是超時空的。這樣，他就在運動源泉問題上排除了時空間斷性與不間斷性的矛盾，離開了辯證法而走向了相對主義。他無法理解，運動就是時間和空間的本質；運動就是矛盾，就是時間與空間的不間斷性與間斷性的統一。他無法理解，離開了矛盾無法正確說明運動的源泉，必然

41　《熊十力論著：新唯識論》，第352頁。
42　同上，第356頁。

把對運動源泉的探討引向神秘主義方向。

「二曰：變者，活義。」[43]他把「運動」與「變化」作了區別，而把「變化」與「活動」等同起來。他指出，所謂「活」，有六點含義：（1）無作者義，「活」乃純粹的流變，沒有任何載體；（2）幻有義。「活」借助翕辟勢用通過具體事物表現出來，但具體事物本身只是表現「活」的媒介，並不具有實在性，故稱「幻有」；（3）真實義。「活」就是本體的同義語，是「絕對的真實」；（4）圓滿義。「活」的境界是最高的理想境界，任何事物都是「活的本體」的完整顯現，如同眾漚與大海水的關係。（5）交遍義。由於每一事物都是「活的本體」的完整顯現，因而各事物之間存在著「活的內在聯繫」。（6）無盡義。「活的本體」生生不息沒有停下來的時候。這六點解釋除了把他的體用不二論集約地重述了一遍之外，沒有對變化的本質作出任何說明。他以「活」釋「變」，其實不過是毫無意義的同義反覆而已。

「三曰：變者，不可思議義。」[44]熊十力無法從唯心主義角度給「變」下一確切的定義，索性宣布「變」是不能用理性概念表述的東西。他說：「實體是絕對的，為什麼要顯現為無窮的萬殊的功用或變呢？這正是無道理可說。越思議，越要糊塗。」[45]那麼，怎麼辦呢？「窮理的極至的地方，是要超脫思義，取歸趣證會。」也就是說，只能訴諸直覺體驗。在這裡，他實際上已由相對主義滑向神秘主義了。古希臘哲學家第歐根尼曾感到以概念表述運動的困惑，熊十力也遇到

43　《熊十力論著：新唯識論》，第351頁。
44　同上，第355頁。
45　同上，第356頁。

了同樣的困難。這個思維教訓說明，離開矛盾無法說明運動的本質。

熊十力的相對主義思想還表現在他提出的「剎那生滅」說。在運動觀方面，熊十力提出兩個重要命題，一個是「翕辟成變」，另一個是「剎那生滅」。「翕辟成變」只是運動變化的一個方面，「從另一方面說，變化是方生方滅的。換句話說，此所謂翕和辟，都是才起即滅，絕沒有舊的勢用保存著，時時是故滅新生的」[46]。可見，他對「剎那生滅」更為重視。他強調，「剎那不是時間義」，只是心中的「一閃念」。在他看來，世界上的一切事物都跟著心中的剎那閃念而隨生即滅。並不存在著唯物論者所說的那種相對的穩定性。「一切物才生即滅。剎那剎那，故故滅盡，說一切物無有常；剎那剎那，新新突生，說一切物無有斷。一剎那頃，大地平沉，即此剎那，山河盡異。」[47]按照這種說法，生即是滅，滅亦即是生，生與滅之間沒有什麼原則界限。這就一筆抹煞了事物的相對穩定性和事物之間質的差別性，深深陷入相對主義和詭辯論的泥潭。列寧說過：「辯證法曾不止一次地做過—在希臘哲學史上就有過這種情形—開通向詭辯論的橋梁。」[48]熊十力哲學再一次提供了這樣的理論思維教訓。

基於「剎那生滅」的相對主義思想，熊十力顛倒了漸變和頓變的關係。在他看來，漸變不是頓變的前提，而頓變倒是漸變的前提。他說：「所謂一切物的漸變，確是基於剎那剎那的頓變，而後形見出來的……若非剎那剎那頓變，也無漸變可說了。」[49]他不贊成辯證唯物

46　同上，第317頁。
47　《熊十力論著：新唯識論》，第345頁。
48　《列寧全集》中文第2版，第28卷，第5頁。
49　《熊十力論著：新唯識論》，第343頁。

主義者提出的質量互變規律，批評辯證唯物主義者不懂得「若克就一切轉變的事物，而說名物質。那麼，這些物質，正以其是才生即滅的，是剎那剎那不住的，才會由一狀態轉變為另一狀態」[50]。按照他的說法，頓變先於漸變，而頓變又是不可思議的。這樣一來，他無法在頓變與漸變之間建立起邏輯聯繫。換句話說，他無法從「頓變」中推演出「漸變」。可見，他並沒有對頓變與漸變的關係作出合理的解釋，也沒有、也不可能駁倒辯證唯物主義從量變到質變的觀點。

綜上所述，熊十力的概念辯證法確是包含著合理的內核，這就是他在唯心主義前提下承認普遍聯繫，承認運動發展，承認矛盾法則，對一系列範疇作了辯證的理解。但他的辯證法思想有嚴重的缺陷。第一，他對同一性的理解是抽象的，並由此倒向了形而上學；第二，他在本體論方面離開矛盾法則，陷入相對主義。基於這些錯誤看法，他把物質世界描繪為「詐現的跡象」，把本心膨脹為物質世界的主宰並歸結為純粹的流變性。可見，對辯證法的誤解是他走向唯心主義的重要的認識論根源。總的來說，熊十力的辯證法思想是非科學的，給人造成一種幻滅感，不能為人們提供正確認識世界的工具。

50　同上，第344頁。

第七章

性量分途

7.1　量論和境論

按照熊十力的設想，他的新儒學思想體系應當由三個部分組成。第一部分叫作「境論」，闡述本體論；第二部分叫作「量論」，闡述認識論；第三部分叫「大易廣傳」，專述國學以及人生哲學。他在《原儒》的緒言中提到這一宏大的計劃，說他在完成《新唯識論》之後，「更擬撰兩書，為《新唯識論》羽翼，曰《量論》，曰《大易廣傳》。兩書著成，儒學規模粗備」。在這三個組成部分中，熊十力在「境論」部分下的工夫最大，先後有《新唯識論》文言文本、《破〈破新唯識論〉》、《新唯識論》語體文本、《新唯識論》壬辰刪簡本、《體用論》、《明心篇》等著作問世。《十力語要》和《十力語要初續》中亦有相當篇幅與此部分有關。第三部分雖沒有採用「大易廣傳」之名，也算完成得不錯，有關的著作亦有《讀經示要》、《論六經》、《原儒》、《乾坤衍》等好幾種。唯有第二部分「量論」竟沒有寫出一本專著。他多次表示要寫出《量論》一書，然而始終沒有寫出來。為此事他深感遺憾，期待著後學完成他的夙願，按照他的思路寫出一部關於認識論的專著，「則雖從功不必自我，予何憾焉！」[1]

熊十力老早就注意到中國傳統哲學關於認識論方面的研究比較薄弱；也注意到現代西方哲學最重視認識論研究，那些實證論者片面地把「哲學就是認識論」的口號叫得震天響，以至於造成種種弊端。因此，他很早就致力於認識論方面的研究，也形成了一套成形的想法。那麼，他為什麼沒有寫出這方面的專著呢？熊十力自己的解釋是：

1　熊十力：《原儒·緒言》。

「年老多病，精力疲困。」其實也不盡然。他早在二十世紀三十年代就發願寫作《量論》一書，此後他又寫出多種著作，唯獨《量論》一書落了空。如果僅僅是身體方面的原因的話，他完全可以少寫一點其他著作，分出一部分精力完成他極為重視的《量論》來。他沒有這樣做，可見還是另有原因。

我們認為，熊十力之所以沒有寫出《量論》來，還是應當在他的思想體系內部找原因。熊十力的「新唯識論」思想體系以本體論和認識論緊密結合為顯著特徵。他素來反對撇開本體論單獨研究認識論，主張把本體論研究同認識論研究結合起來。研究認識論的目的就在於尋找認識本體的途徑，如果離開了本體論單獨去研究認識論，那是毫無意義的。他嘲笑那些撇開本體論單獨研究認識論的實證主義者說，這些人好像是寓言故事中聲言學習「屠龍之術」的蠢人，自以為掌握了「屠龍之術」，卻找不到可屠之龍。

熊十力強調，哲學所承認的本體，並不是與人相外在的物事。本體就是人自己所有的本心。從存在論的角度說，本體是萬有的根基，而從認識論的角度看，本體也就是認識的主體，「唯是反求實證相應故（實證即是自己認識自己絕無一毫蒙蔽）」[2]。這樣一來，他就把認識論和本體論內在地統一起來了，兩者其實就是一個東西。熊十力告誡自己的讀者：「世學或以宇宙實體離吾心而外在，因向外探索。《新論》故指出實體即是吾之本心，此非外在，更不容向外窮索，要在反求自證。此《新論》之旨也。」[3]這段話清楚地表明：在熊十力那裡，

2　　《熊十力論著：新唯識論》語體文本，第43頁。
3　　《熊十力論著：新唯識論》語體文本，第82頁。

「境論」同時也就是「量論」，二者是分不開的。所以，熊十力始終沒有單獨寫出一部《量論》來。其實，他關於認識論的思想已全部滲透在他的《新唯識論》等著作中了。即使熊十力真的寫出《量論》來，除了條理可能理得清楚一點外，恐怕大部分內容將同《新唯識論》重複。

由上述可知，熊十力雖沒有寫出關於認識論的專著，並不等於他沒有提出認識論學說。正如熊十力自己所說的那樣：「《量論》雖未及作，而吾之意思，於《新論》及《語要》中，時有散見。若細心人，自可看出。」[4]我們把熊十力在《新唯識論》、《十力語要》、《原儒》等書中關於認識論的思想概括起來，可以將他的認識論學說劃分為「性智」與「量智」兩個部分。他的總的看法是：人具有兩種不同的認識能力，一種叫作「性智」，這是本體的認識的根本；另一種叫作「量智」或「理智」，這是物質世界的認識根據。兩種能力各有不同的特點，不同的用途。我們用「性量分途」來揭示熊十力認識論的基本觀點。

7.2　性智證體

熊十力作為一位東方傳統型的哲學家，他沒有走西方近代以來經過認識論方面建立本體論的路子。在他的思想體系中，認識論從屬於本體論。他沒有受自康德以來感性、知性、理性這種認識框架的限制，認為人在這些能力之外，還有一種更神妙的認識能力，佛教稱之

4　《十力語要初續・仲光記語》。

為「無上分別智」，孔子稱之為「默識」，宋儒稱之為「德性之知」，熊十力則把它叫作「性智」。性智是人先天具有的認識本體的能力，他給性智下的定義是：「性智者，人初出母胎，墮地一號，隱然呈露其乍接宇宙萬象之靈感。此一靈感，絕非從無生有，足徵人性本來潛備無窮無盡德用，是大寶藏，是一切明解的源泉，即依此明解之源，說名性智。」[5]熊十力認為，人作為宇宙萬有中的一物，也是本體的顯現者。因人的神經系統特別發達，因而為萬物之長。人能明覺到自己是本體的顯現者，而其他物卻做不到這一點。人明覺自己是本體的顯現者，其實也就是本體的自我發現。所以，人所具有的發現本體的性智是與生俱來的，不受後天經驗的影響，沒有一個從無到有的發生發展過程。

熊十力認為「性智」是發自本心的認識能力。他說：「本心亦云性智，是吾人與萬物所同具之本性。所謂真淨圓覺，虛徹靈通，卓然而獨存者也。」[6]在熊十力哲學體系中，本心既是宇宙的本體，又是認識的主體和對象。性智就是本心自己對自己的認識，在這裡，沒有通常認識論之中的主體與客體之分。「性智者，即是真的自己底覺悟。此中真的自己一詞，即謂本體……申言之，這個覺悟就是真的自己。離了這個覺悟，更無所謂真的自己。此具足圓滿的明淨的覺悟的真的自己，本來是獨立無匹的。以故，這種覺悟雖不離感官經驗，要是不滯於感官經驗而恆自在離系的。」[7]

5　　熊十力：《原儒》，龍門書局，1956年版，第5頁。
6　　《熊十力論著：新唯識論》，第548頁。
7　　同上，第249頁。

從熊十力的這段論述中，我們可以體味到他所說的「性智」有以下幾個特點：第一，性智「不滯感官經驗」，也就是說，它是超驗的能力；第二，性智是主體自我同一，超越主、客的對立；第三，性智沒有過程可言，是對「本心」的「覺悟」、體驗和發現。由此可見，他所說的「性智」同柏格森所說的「直覺」意思大體一致。柏格森說：「所謂直覺，就是一種理智的交融，這種交融使人們自己置身於對象之內，以便與其中獨特的從而無法表達的東西相符合。」[8]熊十力關於性智的某些細節與柏格森的直覺有區別，但基本精神是一致的，都在尋找一種非理性的認知能力，都屬於直覺主義類型的認識論學說。

　　熊十力提出性智說主要目的是為了給他的唯心主義本體尋找認識論根據。他說得直言不諱：「因為我人的生命，與宇宙的大生命原來不二。所以，我們憑著性智的自明自識才能實證本體，才自信真理不待外求，才自覺生活有無窮無盡的寶藏。」[9]從這裡我們可以看出，性智說同他的本體論是息息相通的：他從本體論引申出性智論；又以性智說「實證」本體論。他特別強調，由性智得到的不是關於物質世界的科學知識，而是對本體的哲學領悟。這是因為，「本體不是離我的心而外在的」，不是理智所行的境界，所以，唯有性智才能實證本體。

　　熊十力指出，性智也就是唯識宗常說的「瑜珈現量」，這是有別於現量（感覺）、比量（理智）的透悟本體的能力。對於「性智實證

8　〔德〕康得：《形而上學導言》，商務印書館，1963年，第34頁。
9　《熊十力論著：新唯識論》，第254—255頁。

本體」的情形，熊十力作了這樣的描述：

> 吾人唯於性智內證時（內自證知曰內證。禪家云，自己認識自己），大明洞徹，外緣不起（神明內斂時不緣慮外物故），瓊然無對（渾然與天地萬物同體，故無對），默然自了，是謂證量。吾人須有證量之境，方可於小體而識大體（小體猶言小己，大體謂宇宙本體，二詞並見《孟子》，今借用之），於相對而悟絕對，於有限而入無限，是可即人即天也（天者，本體之稱，非神帝）。[10]

「性智實證本體」與其說是「認識」，毋寧說是「認同」。在熊十力的哲學語彙中，體認、證會、證量、瑜珈現量、默識和性智都是一個意思，都是指「無能所，無內外，唯是真體現前，默然自識」的認同本體的認識活動。這是一種超越邏輯、袪除言詮、排斥理智的認識活動，「難為不知者說」。

根據性智說，熊十力發揮了孔子「求仁」、孟子「求放心」、王陽明「致良知」等觀點。他說：「孔子平生之學，不外反求本心，洞識仁體。盡己性而盡物性，本無內外可分也」，「若識自本心，便須持循而勿失之。孟子所云收放心是也」[11]。「後儒如王陽明，以致良知為學，亦與孔子言仁相類。夫良知即本心，凡為陽明之學者，皆知之。」[12]熊十力的性智說同儒家的「反求諸己」、「內自省」、「內自訟」等主張向內修養心性的主張是一致的。照熊十力看來，通過性智向內

10　熊十力：《原儒》，龍門書局，1956年，第5頁。
11　《熊十力論著：新唯識論》，第553頁。
12　同上，第568頁。

搜索，既可以把握宇宙的形而上學，又可以把握道德的形而上學，這是一回事，不是兩回事。他把認識論同倫理學有機地結合在一起，從而使性智說承接上儒家的學脈。他指出，注重性智內證不僅是儒家的思想，而且也是中國古代哲人的共識。「顏子、蒙莊、僧肇、輔嗣、明道、象山、陽明諸先生，雖所造有淺深，要同一路向也。」[13]他表示將步先哲的後塵，沿著這一路向繼續走下去。

同中國古代哲學家不同，熊十力有時也賦予性智以一般的認識論意義。他指出，對於科學發現來說，性智是一切創造性思維的源泉。「一切學術上之重大創見，皆自天機乍動而來。天機，即是一點明幾，驟然開發，一方面提供許多有用無用的材料，它才忽然開發出來。」[14]這種突然的發現是一種非邏輯的跳躍，可遇而不可求。科學家提出的種種假設，皆源於此。「凡為格物之學者，不得不用純客觀的方法，然當其解決重大問題時，必先之以假設。作假設時，卻只靠內心天然的明幾，當下有所啟示，而受得住考測。這時，自是一個渾淪的模樣。向下，卻要實測分析種種方法，博求明證，方可以假設成為定案。所以，純客觀的方法在假設以後特別需要，而假設造端時，確是內心一點明幾用事。」[15]熊十力充分估計到性智直覺在學術研究、科學發現中的重要意義，並且指出性智直覺與「實測、分析」等純客觀的方法相互補充，並不矛盾，這些看法雖有誇大非理性因素的傾向，但亦包含著合理內容。不過，他在這方面談得不多，因為他的自然科學知識有限，不可能深入進去。在他的思想體系中，性智主要

13　熊十力：《新唯識論》語體文本，第62頁。
14　熊十力：《明心篇》，第128頁。
15　同上。

是指發現本體的認識途徑。

概括起來，熊十力的性智證體說有以下幾個要點。

第一，性智是一種「天人合一」的道德境界。他說：「從來儒者所謂與天合德的境界，就是證會的境界。吾人達到與天合一，則造化無窮的蘊奧，皆可反躬自喻於寂寞無形，炯然獨明之地。」[16]他認為性智也就是中國古代哲人向往的「上下與天地同流」、「民胞物與」、「仁者與萬物同體」的境界。在此境界中，人與天合而為一，也就是與本體會為一，我心即天心，沒有彼此之分。這是一種至真、至善、至美的境界，是真、善、美統一的境界。從真的意義上說，把握了本體便是把握了宇宙的真實，不會執著於虛幻的假相；從善的意義上說，把握了道德的形而上學，根除一切邪惡的念頭，找到真正的安身立命之地；從美的意義上說，養成高尚的審美情趣，找到仁者不憂的「孔顏樂處」。

第二，性智是一種非邏輯思維。它的特徵是：「止息思維，掃除概念，只是精神內斂，默然返照，孔子『默識』即此境界。人生惟於證量中，渾然與天道合一。」[17]性智與邏輯思維不同，它不遵循任何死板的規則，是一種活生生的自我體驗，這種體驗只可意會，不可言傳。性智是先天具有的能力，同每個人的「根器」深淺有密切關係。根器敏銳的人性智能力就強；根器遲鈍的人，性智能力就差。性智能力的提高是每個人自我修養、努力磨練的結果，並不是通過後天教育

16　熊十力：《新唯識論》語體文本，第89頁。
17　熊十力：《原儒》，龍門書局，1956年，第5頁。

就可以灌輸的。

第三，性智是一種創造性思維。性智直覺具有突發性，似乎在無意間出現的。熊十力經常引用「眾裡尋他千百度，驀然回首，那人卻在燈火闌珊處」的詞句形容性智的思維狀態。性智雖是一種突如其來的發現，但亦同平時辛苦用功有關。它是在費了許多工夫的前提下，苦思冥想，由某種意外的啟示，豁然開朗，對於活生生的本體達到了洞觀徹悟，從平常的思維態勢升華到前所未有的嶄新境界。

至於性智的方法，熊十力認為是很難說的。「克就實證的意義上說，此是無所謂方法的。實證者何？就是這個本心的自知自識。換句話說，就是他本心自己知道自己。不過，這裡所謂知或識的相狀很深微，是極不顯著的，沒有法子來形容他的。」[18]所以，證會的意義向人道不得，如人飲水，冷暖自知，無法向他人準確地傳達。證會、性智的境界正如禪宗所述，尋思路絕，語言道斷。熊十力認為禪宗機鋒點化的方法可以說是成功地運用性智發明本心，實證本體的範例。「宗門每舉公案，使學者凝神去參究。根本處滲透，而後可六通四辟，大小粗粗，其運無乎不在矣。余甚喜宗門此種參究法。」[19]禪宗的公案要求人們從日常的現象觀察中「不作尋常想」，剔除「逐物生解」的俗念，單刀直入，透悟本體。不過，禪宗大師的成功之舉不是可以機械模仿的，能否進入自證自識的性智境界取決於自我體驗、自我發現。在這裡沒有呆板的程序可以遵循。人們從性智中得到的不是關於事物的知識而是一種神秘的境界。

18　《熊十力論著：新唯識論》，第253—254頁。
19　《熊十力全集》第6卷，第215頁。

熊十力的性智說觸及到這樣兩個值得研究的理論問題。

其一，如何看待認識過程中主體的作用？主體在認識過程中不是消極地、被動地反映客體，而是積極地、能動地作用於客體。

認識是在主體與客體的互相作用的過程中實現的。皮亞傑通過研究兒童認識能力的發展過程，從心理學的角度證明了這一點。他說：「認識既不是起因於一個有自我意識的主體，也不是起因於業已形成的（從主體的角度來看）、會把自己烙印在主體之上的客體；認識起因於主客體之間的相互作用，這種作用發生在主體和客體之間的中途，因而同時既包含著主體又包含著客體，但這是由於主客體之間的完全沒有分化，而不是由於不同種類事物之間的相互作用。」[20]熊十力的性智說彰顯認識的主體性，強調主體的能動作用，反對機械的反映論，猜測到主、客體的交互作用，有一定的合理因素。但是，他片面地誇大了主體作用，甚至使之脫離主客體之間的關係，脫離具體的認識過程，以為僅靠主體一方的反證自識就能形成認識功能，這就不能不陷於舛謬。

其二，如何看待直覺的認識功能？偏激的理性主義者一概否定直覺的認識功能，是不妥當的。熊十力以及近現代中外許多哲學家大倡直覺，對於那些偏激的現代主義者來說有矯正弊端的作用。不能否認，直覺在認識過程中往往起很重要的作用。關於直覺的認識功能問題，目前尚待於深入的研究。人們在使用「直覺」一詞時，往往賦予它不同的含義。歸納起來，大致有這樣幾種：（1）對認識對象的總

20　〔瑞士〕皮亞傑：《發生認識論原理》，商務印書館，1981年，第21頁。

體直觀；（2）認識過程中的「跳躍」或「飛躍」；（3）認識過程中的非邏輯因素；（4）對本質的頓然領悟；（5）主體的體驗方式，等等。許多自然科學家對直覺很重視，常常提到依靠直覺完成了重大的科學發現。愛因斯坦甚至認為，科學的發現「並沒有邏輯的道路；只有通過那種對經驗的共鳴的理解為依據的直覺」[21]。應當指出的是，自然科學家說的直覺同熊十力等人所說的直覺並不完全是一回事。首先，科學家所說的直覺是以對「經驗的共鳴的理解」為前提的，沒有哪個科學家會說他在沒有收集大量經驗事實、進行艱苦的理論思維之前，就會靈機一動、僅憑直覺完成重大的科學發現。不能否認，直覺往往以簡約的形式很快捕捉到某一事物的本質，好像靠靈感一下子抓住了問題的症結。但是直覺並不是憑空產生的，它歸根到底以實踐經驗為基礎，並且同理論思維密切相關。它同別的認識手段一樣，也是主體對認識對象的反映。科學家們大都相信這樣的格言：機遇偏愛思維的頭腦。熊十力等哲學家所倡言的直覺，往往指的是經驗之外的神秘認識能力，以為單憑內心的直覺就能體悟本真，建立起一種哲學本體論。自從康德提出經過認識論而建立本體論的思路以來，曾左右西方哲學界數百年。後來一些哲學家才發現此路不通，他們另闢蹊徑，找到了直覺這條路，強調他們的本體論不是建基在感性經驗上，也不是建基在理性概念上，而是建基在直覺上。他們把直覺這一認識環節加以誇大，以為找到了證實唯心主義本體論的證據。法國哲學家柏格森走的是這條路，熊十力走的也是這條路。

科學家們所說的直覺以客觀事物的本質、規律為認識對象，這是

21　《愛因斯坦文集》第1卷，商務印書館，1976年，第102頁。

一種活生生的認識，他們的直覺確實為知識的寶庫增加了財富。熊十力等哲學家所說的直覺則以虛構的「本體」為認識對象，無非是要人們在承認直覺的同時接受他們的哲學結論。這是一種醉醺醺的思辨，而他們的哲學則是寄生在知識大樹上的一朵不結果的花。我們認為，熊十力注意到直覺的認識功能並沒有錯，錯誤在於他把直覺同經驗對立起來，對直覺作了神秘主義的解釋並作為他建立唯心主義本體論的基礎。這一基礎實則是靠不住的一片沙灘。

我們否定直覺主義，並不等於否定直覺。正如我們否定經驗主義而不否定經驗一樣。我們認為，直覺並不神秘。直覺不過是把概念、判斷、推理等理性思維的邏輯進程壓縮、簡化，採取了「跳躍」的思維形式而已。在「跳躍」之前，離不開理性思維進程；「跳躍」之後，必經很快地回到理性思維之中，才能鞏固和發展認識成果。我們認為，不應當過高地估計直覺的認識功能。直覺只是認識的輔助形式，而不是主要形式。過分誇大直覺的認識功能，容易把認識神秘化，這不利於深入研究認識論問題。熊十力終生寫不出《量論》來，似乎同他囿於直覺主義也不無關係。

7.3　量智求知

熊十力推重性智，使他的思想體系帶有濃重的傳統色彩，但他作為「五四」運動後湧現出來的現代思想家，又不能不對現代認識論作出回應，不能不對科學知識是如何形成的問題作出哲學上的解釋。為此，他在高揚性智的同時，又提出同他的思想體系相一致的量智學

說。他認為量智與性智是兩種不能混同的認識：前者是獲得科學知識的主要手段，後者是證會本體的主要手段。用《老子》中的活來說，前者叫「為學日益」，後者叫「為道日損」。

熊十力指出，如果說性智是發自「本心」的話，那麼，量智是發自習心的認識能力。他說：「習心亦云量智，此心雖依本心的力用故有，而不即是本心，畢竟自成為一種東西。」[22]又說：「量智，是思量和推度，或明辨事物之理則，及於所行所歷，簡擇得失等等的作用故。故說名量智，亦名理智。此智，元是性智的發用，而卒別於性智者，因為性智作用，依官能而發現，即官能得假之以自用。易言之，官能可假性智作用以成為官能之作用，迷以逐物，而妄見有外，由此成習。」[23]

從上述引文可以看出，熊十力所說的量智，乃是指廣義的理性認識，包括感覺經驗和概念思維在內。量智有這樣一些特點：第一，它是從性智中異化出來的認識能力，與性智又有很大區別；性智以本心為「形上主體」，量智以習心為「知性主體」。習心雖從本心分化出來，但畢竟與本心對立。第二，它以感覺器為認識的生理機制，靠眼、耳、鼻、舌、身從外界獲取信息。第三，它以日常經驗為基礎，「緣一切日常經驗而發展」，由量智獲得知識是一種漸進的積累過程。第四，它以主體與客體的劃分為前提，以客觀事物為認識對象。習心亦即「知性主體」在同物質世界交往過程中由知之不多到知之較多、由淺入深不斷增加知識的總量。

22　《熊十力論著：新唯識論》，第548—549頁。
23　同上，第249頁。

熊十力強調，量智同性智是兩種不同的認識功能，有不同的適用範圍。如果把量智誤用到本該是使用性智的範圍之中，將產生不堪的後果。在本體論領域中，如果說由性智獲得的是「真見」的話，那麼，由量智獲得的則是「妄見」。其所以「妄」，就在於量智確認認識對象的客觀實在性，從而背離「本心」本體。這是熊十力所不能容許的。他說：「極虛妄分別之能事，外馳而不反，是則謂之量智。故量智者，雖原本性智，而終自成為一種勢用，迴異其本。」[24]據熊十力分析，在本體論問題上拘泥於量智的思考方式很可能導致唯物主義宇宙觀。「量智是緣一切日常經驗而發展，其行相是外馳，即妄現有一切物。」照熊十力看來，一切外在事物都是「詐現的跡象」；量智以虛幻不實的「跡象」為認識對象，自然得不到真理性的認識。他說：「量智唯不易得真解故，恆妄計有外在世界，攀援構畫。從此。常與真的自己分離，並常障蔽了真的自己。」[25]他認為真理即是「本心」本體；由量智非但不能獲得真理，反而「障蔽」了真理。所以，他常常稱量智為「妄見」、「倒見」。他對量智的貶抑和限制，顯然是為了維護他的唯心主義本體論系統。

　　熊十力在本體論意義上否定量智的真理價值，但並不否認它在實際生活中的知識價值。他認為，在常識的範圍內，人們由量智可以認識物質世界中諸事物之間的規律和聯繫，從而獲得有用的知識。正因為如此，量智可以成為「科學所憑借的工具」。他說：「科學所憑借以發展的工具，便是理智。這個理智，只從日常經驗裡面歷練出來，

24　《熊十力論著：新唯識論》，第249—250頁。
25　同上，第250頁。

所以把一切物事看作是離我的心而獨立存在的、非是依於吾心之認識他而始存在的。因此，理智只是向外去看，而認為有客觀獨存的物事。科學無論發展到何種程度，他的根本意義總是如此的。」[26]

　　熊十力把科學限制在日常經驗的範圍裡，認為科學只能認識現象，不能認識本質，這是一種唯心主義觀點。但他畢竟在唯心主義的前提下，承認科學的價值，比那些鄙視科學的東方文化派的狹隘目光要開明得多。他對科學的看法，有點像西方哲學史上的「二重真理論」。他認為哲學所認識的是關於本體的真理，而科學所認識的是關於現象界的知識。他之所以會形成這樣的看法，一方面，是由他的唯心主義哲學立場決定的；另一方面，也是同他對科學缺乏深入的了解有關。他不懂科學是人們由現象深入本質的可靠途徑。

　　熊十力還探討了「科學知識何以可能」的問題，從東方哲學的立場對康德曾討論過的「先驗綜合命題何以可能」的問題作出回應，表現出現代思想家的哲學識度。他指出，要想獲得科學知識，必須借助於關於物質世界的哲學範疇。例如，時空範疇使認識對象客觀化、確定化，於是「科學知識於此始有可能」[27]。因果範疇反映事物之間的普遍聯繫，乃「為科學知識所待以成立之重要條件。因為科學解釋事物，只是甄明一切事物的因果法則故」[28]。由此看來，如何看待範疇的認識功能便成為解釋「科學知識何以可能」的關鍵。熊十力對於範疇的認識功能作如是觀：

26　《熊十力論著：新唯識論》，第248頁。
27　同上，第497頁。
28　同上，第508頁。

範疇本兼屬主客。在客觀方面，名為範疇，在主觀方面，亦名為裁制（亦之為言，意顯在主觀方面非不名範疇也）。所以者何？物上具有種種軌范和形式或法則，是名範疇。此其屬客觀方面者也。心緣物時（緣者，攀援及思慮等義），物之軌則，頓現於心。而心即立時予以制造，是名裁制。此裁制，即物上範疇經過心思的營造而出之者也。心之攝取物上範疇，並非如照相器之攝影而已。故範疇不唯屬物或客觀，而亦屬心或主觀。但在主觀方面，範疇乃成為活活的、有用的、並且變為離事物而獨立的東西。可以把感識中未經分別的事物呼喚出來，使之客觀化，而予以控制。此知識所由可能。[29]

　　熊十力的意思概括起來有三層：（1）範疇是事物所具有的「種種軌范和形式或法則」，這是它的客觀方面；（2）當主客觀相互作用時，客觀的範疇「頓現於心」成為「離事物而獨立」的認識形式；（3）就認識過程說，主觀的範疇「裁制」、「呼喚」、「感識中未經分別的事物」。從第一點來看，他承認了範疇的客觀性，突破了康德的主觀主義範疇論，表現出一定的唯物主義傾向。但他沒有把這種傾向發展下去。在第二點，他對客觀範疇向主觀認識形式的轉化作了直覺主義（「頓現於心」）的解釋，並把主觀認識形式誇大為「離事物而獨立」的東西，這就轉向唯心主義了。而第三點，他把認識過程解釋為主觀認識形式囊括認識對象，又蹈入康德「人為自然界立法」主觀主義路數。熊十力關於「範疇兼主客」的提法，承認範疇有客觀性的一面，力圖從主、客觀的聯結上理解範疇的認識功能，具有一定的合理因

29　《熊十力論著：新唯識論》，第510頁。

素;但他沒有把主、客兩個方面有機地統一起來。他時而誇大這個側面,時而誇大那個側面,始終沒有搞清楚:範疇是幫助人們認識和掌握自然現象之網的網上紐結;範疇的形式是主觀的,內容是客觀的,主、客兩方面在認識過程中有機地統一起來。

綜觀熊十力的「量智求知」說,雖提出一些合理的見解,但沒有進行深入的研究。出於維護唯心主義體系的需要,他不得不對量智加上種種限制,表現出明顯的非理性主義傾向。

7.4 思修交盡

熊十力提出性智和量智分途說,對性智直覺作了一些神秘主義描述,而對量智又作了許多限制,表現出明顯的非理性主義傾向,因而受到學術界一些人的批評。熊十力並沒有完全接受這種批評,不承認自己是非理性主義者。他在一些文章和論著中多次提到自己「並不反知」。不過,這種批評也促使他反省,亦發現自己在論述中對性智與量智的關係闡述得不夠全面。晚年他在修定《新唯識論》編纂壬辰刪簡本時對這一點作了補充論證,提出「思修交盡」說。他在該書《明宗》章最後一節寫道:「夫哲學以上達天德為究竟(達者猶云證會,天德猶云本體,非謂天帝),其功夫要在思修交盡。」他在《十力語要初續》中也有類似的說法:「余常以哲學為思修交盡之學。」[30]「思修交盡」說是熊十力晚年提出的一個重要的認識論觀點。「思」指「量智」,「修」是指「性智」。「思修交盡」是對性智和量智互相補

30　《熊十力全集》第5集,第212頁。

充關係的肯定。

熊十力指出，性智和量智雖然是兩種不同的認識能力，但二者之間除了對立的關係之外，還有並行而不悖的互補關係。他修正了早年提出的把量智限制在現象層面、視之為「見體」蔽障的論點，認為量智在「見體」時亦可發揮很大的作用。他以自己治學的經歷為例，說明這一觀點：「余之學，始乎思辨，而必極乎體認，但體認有得，終亦不廢思辨。」[31]這就是說，在性智實證本體之前，量智是一種必要的準備，而在性智實證本體之後，仍為不可缺少的補充。「見體以後，必依性智而起量智，即昔儒所謂不廢格物窮理之功是也。」[32]總起來說，在「見體」之前或之後，都應當貫徹「融思辨以入體認」的原則，使量智與性智交互為用，這樣才能收到「稱體起用」、「左右逢源」的最佳效果。他說：「專事修養者，大本即立，毋須絕聖棄智，將見一切知識皆是稱體起用，所謂左右逢源是也。」[33]這就是熊十力提出的「思修交盡」說的要點。他聲稱將在《量論》一書中詳細闡明這一觀點，曾對自己弟子說：「哲學方法，則思辨與體認並重，余欲為《量論》一書，明此義。」[34]《量論》始終沒有寫出，他的觀點亦沒有充分展開。他的「思修交盡」說雖沒有放棄原來的學術立場，但力圖避開把性智與量智對立起來的傾向，使之認識論的非理性主義色彩有所淡化。

從「思修交盡」的觀點出發，熊十力反省了中國傳統哲學在認識

31　同上，第6集，第304頁。
32　《十力語要》卷三：《答謝幼偉》。
33　《十力語要》卷三：《答謝幼偉》，《與張東蓀》。
34　《熊十力全集》第5集，第212頁。

論方面的不足。他指出:「吾國學術,夙尚體認而輕辯智,其所長在是,而短亦伏焉。」[35]中國傳統學術思想過分偏重性智體認,而忽視量智思辨,以宋明理學家最為典型。「宋明諸儒不求思辨之術,雖高談體認,而思辨未清,則不以混沌為體認之實得者鮮矣。」[36]無論是程朱還是陸王,概莫能外。「程朱一派,其釋大學格物雖無誤,而其治學精神究不在此,故未嘗注意於格物之術。陸王一派,求識本體,固立乎其大,獨惜曲解大學格物之教,高談本心,忽視格物,其流不趨於佛家出世,即有離群遺世,甚至玩世之病。」[37]在明清之際,實學派的思想家們就已揭露宋明理學的空疏之弊,但未作深層次的理論分析。熊十力能從認識論角度挖掘宋明理學之所以陷於空疏的根源,還是發前人所未發,具有一定的新意和理論深度。

熊十力指出,中國傳統學術思想忽視量智的缺陷,可以通過中西學術交流的途徑得以彌補。如果說中國哲學以講究性智見長的話,那麼,西方哲學則以講究量智見長。因此,「中國人誠宜融攝西洋以自廣」。他曾告誡自己的弟子:「諸生處今之世,為學務求慎思明辨,毋愧宏通。其於邏輯,宜備根基,不可忽而不究也。」[38]熊十力對中西哲學認識論特點的概括未必妥當,但他提出的通過中西哲學交流、融會,從而取長補短以發展思維科學和認識論學說的設想,卻是可行的。這是一種開放的心態,在改革開放的今天仍有現實意義。

總的來看,熊十力的認識論中包含著某些真理顆粒,值得認真加

35　《十力語要》卷二,第59頁。
36　《熊十力全集》第5集,第299頁。
37　同上,第216頁。
38　《十力語要》卷二,第61頁。

以研究，摘取其中的瑰寶。但平心而論，他對認識過程中主觀與客觀的矛盾、感性與理性的矛盾以及理論與實踐的矛盾等等一些關於認識論的基本問題都沒能作更深入的探索。他的「性量分途」說主要是為了給他的唯心主義本體論尋找理論依據。由於受到這一理論動機的制約，他對性智直覺加以誇大、神化，而對量智加以限制、貶低。他本人主觀上也想避開非理性主義傾向，反覆申明「《新論》中時有冥然自證語，此系證量境界，乃超過理智思考及推論之旨，而與反理智之說的絕不相干」[39]。「玄學絕不可反對理智，而必由理智走到超理智的境地。」[40]他提出「思修交盡」之說，試圖把性智與量智處理成並行不悖的互補關係。儘管如此，他始終把性智說成實證本體的根本途徑，使量智從屬於性智，並且把性智描繪成類似禪宗頓悟的神秘體驗，並未使他在認識論方面擺脫非理性主義傾向，這乃是不可掩的事實。

39　《十力語要》卷三，第33頁。
40　同上，卷二，第84頁。

第八章

成己成物

8.1　立大本開大源

本體論與價值論緊密結合是熊十力「新唯識論」哲學思想體系的一個顯著特徵。在熊十力那裡，宇宙論、本體論、價值論其實都是一回事。「在宇宙論中，賅萬有而言其本原，則云本體。即此本體，以其為吾人所以生之理而言，則亦名真的自己。」[1]「體用不二」即是熊十力關於世界「是什麼」、「怎麼樣」的宇宙論答案，又是他關於人對於世界「有何種意義」、「應該怎樣」的價值論回答。基於「體用不二」論，熊十力提出「成己成物」的人生價值論。「成己」也就是成就「內聖」，培養內在的道德價值源頭；「成物」也就是實現「外王」，使內在的道德價值得以貫徹。所以「成己成物」與「內聖外王」同等含義。「成己成物」是熊十力提出的關於人生的兩個基本的價值目標。在這兩個目標中，最主要的還是「成己」。

熊十力強調，「本心」本體就是人成己的最終依據。他說：「仁者，本心也，即吾人與天地萬物所同具之本體也。」[2]他沿著傳統儒家「天人合德」的思路，把「人德」抬到「天德」的高度：仁在儒學中本來是一切道德觀念的總和，卻被他說成是「本心」本體的同義語。在這一點，熊十力作為現代新儒家同傳統儒家沒有什麼區別。照他看來，由於本體具有道德屬性，那麼，理所當然地也就成為道德價值的源頭。「就人生行履言，全性成行（性即體。全者，言其無虧欠也。吾人一切純真、純善、純美的行，皆是性體呈露，故云全性成

1　　《熊十力論著：新唯識論》，第249頁。
2　　同上，第567頁。

行）。」[3]體會到本體的價值意義，才會樹立起道德自我，形成明確的價值取向。熊十力指出，把本體視為價值源頭乃是儒佛兩家的共同觀點，乃是東方哲學與西方哲學相區別的特色之一。「孔在求仁，佛在發大悲心，皆從本體滾發出來。」由於有「本心」本體這個價值源頭的保障，人生才富有價值意義，而不致於產生失落感。而本體作為價值源頭來說，則是真善美的統一。「此個真實源頭，如何道他不是至善、至美？」這一點正是儒家入學的真諦之所在。它幫助人把握內在的價值尺度，故稱「為己之學」，而不是「為人之學」。「為人之學」是一種客觀的知識，它可以豐富人的學識，但未必能提高人的品格。「為己之學」不是這樣，它所研究的不是事實真理，而是價值真理。這就是熊十力關於價值依據的基本看法。他認為，「本心」作為「天德」來說，是衡量人的行為是否合乎道德的準繩，是評價真、善、美的尺度。人生以此為「安身立命」之地，就可以獲得充實、高尚的價值感，把自己同本心本體自覺地聯繫起來，建立起意義的世界，而不會有空幻的虛無感。所以，在價值觀方面，雖然儒釋兩家都講究內在的價值源，而儒畢竟勝於佛。

把道德價值的源頭追溯到宇宙萬有的本體，從「終極」或「至上」的意義上思考價值問題，這是儒家的一貫做法。在這方面，熊十力沒有超過他的前輩。不過，也應當看到，在「新唯識論」中，本體即是本心，熊十力把本體看成道德價值的源頭，也就是把本心看成道德價值的源頭。因此，他的價值所強調的不是道德規範的至上性，只是道德意識的至上性。這就更加突出人本主義的原則，表現資產階級

3　《熊十力論著：新唯識論》，第389頁。

那種重視個性的倫理觀念，與傳統的儒家思想有所不同。例如，在漢學與宋明理學中，道德意識與道德規範是沒有什麼區別的。「良知」、「仁義」、「天理」等最高的價值觀念都落實到「三綱五常」等規範之上，從而成為壓抑人性、束縛個性的「吃人禮教」。熊十力把道德意識與道德規範剝離開來，就是要避開這種不良傾向，糾正傳統儒學的弊病。

熊十力把本體說成道德價值的源頭，肯定人生的價值，是他出佛入儒的思想標志。為了倡導儒家的入世主義原則，他批判了佛老否定人生價值的虛無主義思想。他認為，佛老兩家雖然在本體論宇宙論方面有差別，但在人生觀方面，或歸於出世、寂滅，或講究致虛守靜、玄同彼我，都程度不同地表現出否定人生的價值的傾向。據熊十力分析，「佛家大乘，終未改易其反人生之傾向……則其人生態度，將陷於疑似與徘徊之中，不能於人生有明白正確認識，其生活必難充實有力。從來士類處昏暗之境，每習於苟偷，而無可發其同類胥溺之惻隱與犯難創進之強力。此為最不幸事」[4]。至於佛教的輪回說，「若必待輪回而為勸懲，則其人已迷失本性，毫不知有人生價值」[5]。他對道家的人生觀作了這樣的批判：「老氏以歸根復命為旨歸，歸根者，返諸虛無之本然。」[6]這也是一種錯誤的價值取向，在實踐中容易產生消極影響。熊十力指出，中國文人的清高觀念概源於此。「中國知識分子受道家影響頗深，其流於自私頹廢，不能與庶民同憂患，則顯著

---

4   《熊十力全集》第4集，第21頁。
5   《十力語要》卷一，第15頁。
6   熊十力：《原儒》，第736頁。

之事實也。」[7]儒家歷來對佛老的人生觀都抱著批判、拒斥的態度，熊十力繼承了儒家的這種傳統。但是，他側重於從價值觀的角度批判佛老的虛無主義思想，還是富有新意的。

熊十力對「道德」和「倫理」兩個概念作了區分。他認為「道德」是指價值的源泉，而「倫理」是指具體的價值評判尺度。作為價值源泉的道德是亙古不變的，無所謂新舊；至於具體價值尺度即倫理則是可變的，「夫倫理有隨時制宜者，可云有新舊」[8]。熊十力在「道德」方面認同於傳統儒家，而在「倫理」方面則有所突破。他並不完全贊成傳統儒家以封建禮教為基准的價值評判尺度。他說：「古代封建社會之言禮也，以別尊卑、定上下為其中心思想。卑而下者，以安分為志，絕對服從其尊而上者。雖其思想、行動等方面受天理之抑制，亦以為分所當然，安之若素，而無所謂自由與獨立。及人類進化，脫去封建之余習，則其制禮也，一本諸獨立、自由、平等諸原則。人人各盡其知能、才力，各得分願。雖為父者，不得以非禮束縛其子，而況其他乎？」[9]熊十力已摒棄「君為臣綱、父為子綱、夫為妻綱」、「天下無不是的父母」等舊觀念，對儒家倫理思想的最基本範疇「禮」加以改造，清除束縛個性、維護等級制的封建主義糟粕，注入「獨立、自由、平等」等資產階級倫理思想的內容，力圖用資產階級的價值評判尺度取代業已過時的封建主義的價值評判尺度。

關於獨立，熊十力認為，獨立乃「無所倚賴之謂也」。「此云獨

7　同上，第709頁。
8　《十力語要》卷四，第16頁。
9　《十力語要》卷三，第27頁。

立，即是盡己之謂忠，以實之謂信。唯盡己，唯以實，故無所依賴，而昂然獨立耳。」[10]他的獨立觀念形式上仍然保留著「忠」、「信」等儒家傳統的色彩，但實質上強調的是「無所倚賴」的獨立人格。從這種裝在舊瓶中的新酒中，我們很容易品味出現代觀念的味道。熊十力作為真正的儒者，他是怎麼講的，也就是怎樣做的，儒家「知行合一」的古訓是他堅信不渝的信條。他不是那種只說不做的偽君子。熊十力一生以人格獨立自律，鄙視那些攀龍附鳳的「奴儒」，表示「不能與權勢接觸」，「絕不苟且周旋於勢利之途，為枉尺直尋之計也」。這種可貴的性格不能不使人表示欽佩。

　　關於自由，熊十力的說法是：「古者儒家政治理想本為極高尚之自由主義，以個人之尊嚴為基礎而互相協和，以成群體。期於天下之人人，各得自主而亦互相聯屬也，各得自治而亦互相比輔也。春秋太平之旨在此。」[11]對於這種新儒家的自由觀，他作了進一步的闡發：「自由者，非猖狂縱欲，以非理、非法破壞一切紀綱，可謂自由也……最精之義則莫如吾夫子所謂『我欲仁，斯仁至矣』。」[12]他對孔子的語錄作了「六經注我」式的解釋，表達了中國民族資產階級的自由觀念。他把自由與放任區別開來，劃清二者之間的界限。他認為自由是相對於「限制」而言的，在限制之中，生命力「自強自動自創」，變更不合理的限制，從而獲得自由。如果「社會底種種模型」不合理地限制了生命的自由，那麼就應當「破壞他底模型，變更他底限制，另造一新社會」。

10　同上。
11　《十力語要》卷一，第75頁。
12　② 同上，第27頁。

他比較正確地闡述了自由與限制的辯證關係，肯定了社會改造的合理性，頻頻發出革命的火花。但這種革命的火花很快在他的唯心主義體系中熄滅了，並未燃成毀滅舊世界的烈火。他所說的自由，主要是指道德意義上的自由，而不是政治意義上的自由。這種自由只規定著人在道德上自我完善，因而缺乏政治上的號召力。他主張：「自由便順著他的天性去發展，所以他的生活充實，不受任何逆理的阻遏。至如為我之私，正是生活力欠充實，才落到小己底利害上作計較，這是因為不自由才顯現出來的。」[13]毋庸諱言，這樣的自由觀是消極的，頗有點「不求改造世界，只求改造自己」的味道。

關於平等，熊十力說：「平等者，非謂無尊卑上下也」，「然則平等之義安在耶？曰：以法治言之，在法律上一切平等。國家不得以非法侵犯其人民之思想、言論等自由，而況其他乎？以性分言之，人類天性本無差別。故佛說一切眾生皆得成佛。孔子曰『當仁不讓於師』，孟子曰『人皆可以為堯舜』。此皆平等義也」[14]。他主張「平等」與「尊卑上下」相協調似乎對封建主義的等級觀念讓了步。如果我們把熊十力的這句話放到具體的語言環境中，就可以發現，這不是他的主要意思，甚至可以說只是表達上不太恰當。他的這句話是對本家晚輩說的，是從親情的意義提醒晚輩敬重長輩，沒有政治方面的意義。他關於平等的基本觀點是「人人在法律面前平等」，甚至在政府和人民之間也是平等關係，用法律協調政府與人民之間的關係，反對任何人壓迫人的現象。這種平等觀無疑是符合現時代精神的。但是，他把

13　《十力語要》卷四，第20頁。
14　《十力語要》卷三，第27—28頁。

實現平等的希望寄託在「人類天性，本無差別」之上，卻有些儒家式的迂闊。

由上述可見，熊十力提出的獨立、自由、平等為基本內容的價值評判尺度基本上屬於資產階級的倫理觀念。這種觀念在當時是有反封建的進步意義的，應當予以肯定。不過，也應看到，熊十力的價值觀存在著嚴重的缺陷。其一，他的價值觀披著儒家「內聖學」的外衣，讓這種陳舊的形式限制了內容的發展，甚至磨鈍了反封建的鋒芒；其二，他的價值觀奠立在唯心主義基礎之上，過分強調內心的自我完善，找不到推動價值觀念轉換的物質力量，有些不切實際。這種侷限性是半封建半殖民地社會中民族資產階級軟弱性的理論表現。

8.2　重外王求致用

作為現代新儒家，熊十力把「成己」當作主要的價值目標，但他並不忽略「成物」。「成物」也是他所主張的價值取向之一。依據「體用不二」原則，熊十力認為，「內聖成己」作為道德價值的源頭，理應通過「外王成物」的渠道得以貫徹，只有這樣，才不至於流於「有體無用」的空疏。「成己」是熊十力對道德價值的認同，而「成物」則是他對功利價值的認同。在他看來，這兩種價值是統一的，而不是對立的。

在處理「成己」與「成物」或「道德價值」與「功利價值」的關係問題上，熊十力總結並吸取了前儒的理論教訓。他指出，偏重成己而忽視成物，或者說偏重內聖而忽略外王，幾乎是前儒的通病。漢儒

董仲舒提出「正其義不謀其利，明其道而不計其功」之後，宋明理學家繼其緒進一步，將非功利主義推向頂峰。「理學家究是禪與老氣味重。棲神虛寂，而難語於孔子乾元行健，富有日新，及孟子擴充之妙。其思想方面，亦往往過拘於身心之間。」[15]他們空談心性，蔑視事功，「平時神乎談心性，臨危一死報君恩」。已離開了孔子「成己成物」、「內聖外王」之學的大旨。他們同佛老一樣，有體而無用，「沒有一點活氣」。熊十力對理學家輕視事功、空疏迂陋的頭巾氣毫不留情地予以披露。據他看來，宋明理學家由於沒有處理好成己與成物的關係，錯誤地把道德價值與功利價值對立起來，結果弄得道德價值源頭乾涸，無法在人生踐履中得以貫徹。所以說，宋明理學「未能完全承續儒家精神」，以至於出現「宋明以來，賢儒之鮮造於世運」的怪現象。熊十力強調，現代新儒家應當牢牢汲取理學家的教訓，絕不能再步他們的後塵，力圖全面把握「內聖外王」之學，把成己與成物兩個方面有機地統一起來。

出於對「成物」的重視，熊十力並不像東方文化派那樣盲目地排斥西方的制度文化。他認為西方器物文化有許多長處值得我們學習和借鑑。例如，「西洋社會與政治等方面，許多重大改革，而中國幾皆無之」。在中國，「數千年來君主政治，時或遇著極昏暗，天下自然生變。到變亂起時，也只任互相殺伐。俟其間有能者出來，才得平定，仍然做君主。此便是順事勢自然，不加人力改造。若是肯用人力改造局面時，他受了君主政治許多昏暗之禍，自然會想到民治制度，

15　《十力語要》卷一，第76頁。

同來大改造一番。西洋人便是這樣，中國人卻不如此」[16]。熊十力坦率地承認，在勇於改造社會這一點上，中國不如西方。「西洋改造之雄，與夫著書立說，談群理究治術之士，皆從其活潑潑的全副精神，上下古今，與歷觀萬事萬物，而推其得失之由，究夫萬變之則。其發明真理，持以喻人，初若奇說怪論，久而知其無以易也。如君民問題、貧富問題、男女問題，乃至種種皆是也。」相比之下，「宋儒反身功夫甚密，其於察世變，皆極膚也。」[17]就是說，中國文化以「成己」為特長，而西方文化的強項在於「成物」，各有其長，亦各有其短。而健全的人生態度則應當把二者結合起來，內聖外王並重，成己成物兼顧。他主張：「今謂中西人生態度，須及時予以調和，始得免於缺憾。中土聖哲反己之學，足以盡性至命。斯道如日月經天，何容輕議？至於物理世界，則格物之學西人所發皇者，正吾人今日所當挹取，又何可忽乎？今日文化上最大問題，即在中西之辨，能觀異以會其通，庶幾內外交養而人道亨，治道具矣。吾人於西學當虛懷容納，以詳其得失；於先哲之典，尤須布之遐陬使得息其臆測，睹其本然。融會之業，此為首基。」[18]熊十力以現代新儒家的開放心態擁抱西方文化中的精粹，倡導民主政治，主張學習西方進步的社會政治理論和先進的自然科學知識。他的「成物」說已突破封建時代思想家修齊治平、經世致用的思想藩籬，對功利主義表示認同，表現出鮮明的反封建傾向。這是他早年參加舊民主主義革命實踐經過一段時間的蒸餾而形成的思想升華。但他把「成己」或「反己之學」看成融會西學的首

16　《十力語要》卷二，第59頁。
17　同上，第73頁。
18　《十力語要》卷三，第73頁。

基，終究沒有擺脫「中學為體，西學為用」的俗襲。

　　總之，熊十力主張把「內聖成己」與「外王成物」兩個方面結合起來，便發端於「內聖」的道德價值源頭，通過「外王」的渠道得以貫徹，同時實現「成己」（道德價值）和「成物」（功利價值）兩個價值目標。跳出熊十力的思想體系之外來看他的這種主張，其實也就是倡導以唯心主義本體論為指導原則去處時應變，經世致用，接受新知，建功立業。當他強調「外王成物」這一側面時，指斥宋明理學家的虛妄迂陋，揭露佛老耽空滯寂、尚玄貴無，遠紹明清實學家的務實傳統，表現出實事求是的唯物主義傾向；但由於他不願意放棄「內聖至上」的倫理主義原則，致使這種唯物主義傾向難以伸展開來。熊十力主觀上認為他已經把「內聖成己」與「外王成物」統一起來了，其實他沒有也不可能做到這一點。因為內聖至上的唯心主義原則與經世致用的唯物主義傾向是不相容的，從「內聖至上」無法引申出「經世致用」來，二者之間沒有必然的邏輯聯繫。當他強調「外王成物」這一側面時，他實際上已離開了「內聖成己」的務虛原則；而他強調「內聖成己」這一側面時，必然排斥「外王成物」的務實傾向。從「新唯識論」本體論的觀點上看，執著現實、支離務外將導致有用無體的近視症。如何彌縫「內聖成己」和「外王成物」之間的裂縫，成為困擾現代新儒家的難題之一。牟宗三等輩承接熊十力成己成物、內聖外王之學，盛倡「返本開新」、「由內聖開出新外王」之論，受到許多學者的質疑、問難，即：怎樣才能「開出」？二者如何「接榫」？至今他們也沒作出令人滿意的回答。這恐怕是解不開的死結。對於熊十力來說，他無法從「本心」本體中順利地引導出物質世界一

樣，他也無法從「內聖至上」的唯心主義倫理原則中引導出經世致用的唯物主義人生觀。這種矛盾性在他論及如何培養「成己成物」的理想人格即如何成為聖人的問題上，便充分地顯露出來了。

8.3　去染污修淨習

同所有的儒家學者一樣，熊十力也把成為聖人看成是人生的目的。他所理解的聖人就是「成己成物」並重、「內聖外王」兼顧的人。怎樣才能成為這樣的聖人？他主張走向內用功、去染污修淨習的路線。在他看來，既然「本心」是道德價值的源頭，那麼，要想成為聖人首先就得從「返本」或「返己」入手，明覺「本心」的本然狀態，尋找「真的自己」。他的結論是：「故學者功夫，只在克己去私，斷除惑染，使本體得以發現。」[19]熊十力的這個觀點被他的弟子唐君毅、牟宗三表述為「道德自我的建立」或「道德自我之挺立」。

熊十力認為每個人都有本心，因而每個人都有成為聖人的可能。他對儒家的性善論堅信不移：「人生不是如空華，天命之謂性，此個真實源頭，如何道他不是至善、至美？孟子言性善，其性是『天命之謂性也』。其所言善，則賅真與美也。廣矣大矣，深矣遠矣。孟子性善論，其可非乎？」[20]人人都有成為聖人的可能性，而事實上並不是每個人都是聖人，這是什麼原因呢？熊十力用「本心」與「習心」之區別來解釋這個問題。他認為心分為兩種：一是本心，即與物無對的

19　《十力語要》卷三，第39頁。
20　同上。

本體之心；一是習心，即與物相對而言的認識主體。習心雖是從本體之心分離出來的，但已發生異化，成為與本體之心相對的主體。習心執著於現實世界，執著於小己私欲，是孟子所說的「小體」。「小體」與「大體」之本心相對立。因此，「實則只有本心，可正名為心，習心直不應名為心」[21]。可惜，一般人「大抵都為無際無邊的習氣所纏縛固結」，拘泥於「習心」，掩蔽了「本心」，從而偏離了道德價值的源頭，迷失了「道德自我」。於是，在一般人的行為中遂產生善與染的分化，即所謂「本來純淨無染，後起便通善染」。

他指出，一般人的行為都是受「本心」和「習心」兩種意識支配，故亦可分為「淨習」和「染習」兩種。從「本心」發出的行為稱為「淨習」。淨習為「本體顯發之資具」，與本心是一致的。如儒者所謂操存、涵養、居敬、思誠等種種工夫，都是淨習。從「習心」發出的行為稱為「染習」。染習則是對本心的侵蝕，「且直取而代之」。不幸的是，人類自無始以來，拘執形氣，淪溺於現實生活中，誤將染氣認作天性，「無從自識性真」。於是，在一般人的道德品質方面便出現了善與惡的分化。他說：「染即是惡。須知惡本無根。吾人本性無染，何故流於惡耶？只徇形骸之私，便成乎惡。王陽明先生所謂隨順軀殼起念是也。人之生也，形氣限之。有了形骸，便一切為此身打算，即凡思慮行為，舉不越此一身之計，千條萬緒之染業皆由此起。」與此相反，「淨即是善。循理者，即凡意身等業，它皆順從乎天性本然之善，而動以不迷者也。《中庸》所謂率性是也。率性即不役於小己形骸之私。孟子以強恕為近仁。恕者，能超脫乎一身之外，

21　《熊十力論著：新唯識論》，第552頁。

不在一身利害得失上打算，而唯理是從；不以己身與萬物作對，而通物我為一者也。故曰近仁。」他認為染淨或惡善是根本對立的，「染淨相為消長，不容並茂。如兩傀登場，此起彼僕」[22]。熊十力認為，在本源的意義上人性是善的，而從現實的人生看，人性可惡可善。他用這一理論為儒學史上「性善論」與「性惡論」之爭作一總結，使二者各得其所。

如果我們把熊十力的人學思想同宋明理學的人學思想比較一下，那麼，不難發現二者有一些相似之處。他們關於善惡的看法大體一致。熊十力的所說的「本心」，也就相當於宋儒說的「道心」；熊所說的「習心」相當於「人心」。明理學家認為，道心「極好至善」，而人心則可善可惡。如《朱子語類》載：「問：『心之為物，眾理具足。所發之善，固出於心。至所發不善，皆氣稟物欲之私，亦出於心否？』曰：『固非心之本體，然亦是出於心也。』又曰：此所謂人心否？』曰：『是。』子升因問：『人心亦兼善惡否？曰：『亦兼說。』」[23]同朱熹一樣，熊十力認為，出於「拘執形氣」的習心，「淪溺現實生活中」，「徇形骸之私，便成乎惡」。他把善惡歸結為本心與形骸的對立，把身體必不可少的物質需求看成是流於惡的原因，必然否定那種正視現實的唯物主義人生觀。這是從他的唯心主義本體論學說中得出的邏輯結論。按照他的本體論學說，物質世界（包括人身肉體）都是虛幻不實「詐現的跡象」，拘泥於此，自然是不值得的。熊十力的善惡觀同朱熹的「道心人心」說不同之處在於，他用染淨這種佛學的語

---

22 《熊十力論著：新唯識論》，第461頁。
23 《朱子語類》卷五。

言規定善惡，使之帶上了濃重的佛學意味。熊十力在怎樣對待人生問題上，曾激烈地抨擊佛教的出世主義傾向，而在這裡又與之殊途同歸，都以「淨」為正價值，以「染」為負價值，表現了他出佛入儒的不徹底性，還同佛學保持著藕斷絲連的關係。

作為現代新儒家，熊十力雖遠紹宋明理學之緒，並不是照本宣科，他對理學家的人學思想有繼承也有批判，有弘揚也有突破。這主要表現在他對「欲」的看法與宋明理學家不盡相同。他並不完全同意宋明理學「窮天理滅人欲」之說，對此作出批評：「宋明諸老先生，以人欲與天理分開，朱子遂有人欲盡淨，天理流行之說。殊不知，欲者，天理發動之幾也。克就欲上言，何有非天理者乎？」[24]熊十力指出，人之欲是人之為人所不可或缺的因素，要去人欲除非人不生。換句話說，宋明理學的滅欲說只適用於死人，而不適用於生人。熊十力分析說，理學家只看到理欲相對立的一面，而沒看到它們相融的一面。人欲既可能違背天理，又可體現天理。從後一種意義上說，「天理即是人欲，人欲無非天理。去人欲而求天理，天理其可得乎？」因此熊十力不主張「滅人欲」，只主張「使天理常作得吾身之主，則欲皆從理而飲食男女莫非天理中事矣」[25]。他用「欲皆從理」這一新提法代替「窮天理滅人欲」這一偏頗之論。在理欲關係問題上，他也不同意戴震的觀點。他認為戴震「欲當即為理」的說法把理與欲之間完全畫上了等號，未免矯枉過正，走向另一極端，也是一種不識性、不識本心的錯誤說法。

24　熊十力：《原儒》，第764頁。
25　《十力語要》卷四，第13頁。

熊十力提出「欲皆從理」說，雖然在一定程度上承認「欲」的正當性，但他仍把「欲」同「染」、「惡」聯繫在一起，並未完全放棄拒斥的立場。在他看起來，人欲畢竟有與本心相牴牾的一面。他說：「身之主宰是心。此身若為私欲所使，即私欲侵奪天君之位。」「吾人每當本心發用，即真意乍動時，恆有私欲或習心起而用事，障礙真意，此謂自欺。」[26] 儘管如此，他仍不主張像程朱那樣消極地去「滅欲」，而是主張積極地發明本心。他說：

「我不是主張縱欲的，但用功去絕欲，我認為方法錯誤。只要操存工夫不懈，使昭昭明明的本心，常時提得起，則欲皆當理，自不待絕了。如果做絕欲工夫，勢必專向內心去搜索敵人來殺伐他，功力深時，必走入寂滅，將有反人生的傾向。否則亦好執意見以為天理。因為他一向孤制其心，不作格物的工夫，結果，自非拿他底意見來做天理不可。宋明末葉的理學家，都是好鬧意見，至國亡而猶不悟。」[27]

熊十力認為，宋明理學家用以培養聖人的方法是行不通的，必須尋找另外的方法，培養「成己成物」的理想人格。他找到的辦法就是「斷染成淨」，在發明本心上用工夫，包括以下幾條：

一是證量。所謂「證量」就是「主人公自明了」。「此須有修養工夫，真力積久，感染盡淨，真體呈現。」[28]「主人公」指「本心」。他所說的證量也就是借助直覺體證「本心」本體，確立「體用不二」

26　《十力語要》卷三，第47頁。
27　《十力語要》卷四，第42頁。
28　《十力語要》卷三，第49頁。

的宇宙觀。

二是保任。他說：「凡夫不知保任此端倪，每有初念頃，是非不惑；及稍一轉念，便為私欲所使，而障蔽其本明。故學者自遠於凡夫，必於一念是非之明處，引其端而擴之，至於窮萬理、達至道、得大智慧。」[29]照熊十力看來，每個人都有本心，凡夫之所以為凡夫，問題就出在不能保任本心，使之為私欲障蔽。因此，只有證量的工夫還不夠，更重要的是經常保任本心的明覺狀態。

三是推擴。他說：「吾人只念念順從吾知體之明，而推擴去，則私欲或習心，自不得起。推擴工夫稍歇，則習心便乘間而橫溢。」保任與推擴是一致的。「保任自是推擴中事，非可離推擴工夫，而別言保任。推擴者，即依本體之明，而推擴之耳。」也就是以「體用不二」的原則為指導，學以致用，處世應物，在事上磨練，「向事物上去格量」。所以，推擴「正是工夫吃緊處」。熊十力強調：「推擴工夫，方是立大本之道。譬如通淵泉之流，源源不竭，沛然莫御，所謂有本者如是也。」「推擴工夫正是良知實現，私欲、習心無由潛伏。正如太陽常出，魍魎全消。」[30]

熊十力指出，他的方法同先儒的區別在於：「先儒多半過恃天性，所以他底方法只是減……若如我說，成能才是成性，這成的意義就是創。」「故夫人之有是天性也、本心也、明智也，自人創之而已。若過恃固有具足，而徒以減除物欲為功，則夫物欲者，亦斯人生生之

29　同上。
30　《十力語要》卷三，第50—51頁。

第八章・成己成物　　241

具，豈其皆惡害而可減哉！……故吾之為學也，主創而已。」[31]「減」是陸九淵提出的修養心性的辦法。他說：「到某這裡，只是與他減擔。」「人心有病，欲是剝落。剝落得一番，即一番清明，後隨起來，又剝落，又清明，須剝落得淨盡方是。」[32]。熊十力的「創」的辦法確實比陸九淵的「減」辦法高明得多，後者是消極的，前者是積極的。它突出主體的能動性，在一定程度上肯定物欲的正當性，謀求「成己成物」或「成能成性」的協調。儘管有合理方面，但仍是一種唯心主義的心性修養方法。他的著眼點放在否定現實世界的真實性上，幻想通過修養本心的辦法剪除人間的醜惡現象，這是根本辦不到的。

綜上所述。「內聖外王」「成己成物」的人生價值觀是為解決出世與入世的矛盾而展開的。他批判佛教的出世主義，揭露宋明理學虛妄迂闊的侷限性，肯定經世致用的必要性，弘揚了儒家積極的入世主張。總的來看，熊十力的倫理思想繼承了宋明理學的基本思路。不過，他盡力排除其中的封建主義毒素，力圖在舊形式中注入「獨立、自由、平等」的新觀念，這在當時是有一定積極意義的，應當予以肯定。但囿於唯心主義哲學體系，他否認現實世界的真實性，找不到改造社會的物質力量，最後還是落入出世不忍、入世無方的矛盾境界。「憂世之思深，憤世之情急，憂憤激而亦不忍離世。」[33]他企圖通過「正人心」的辦法影響世風、改造社會，解決辛亥革命所沒有解決的問題，改變中國的落後面貌，這一良好的願望不可避免地落空了。他

31　《十力語要》卷四，第28—29頁。
32　《象山先生全集》卷三十五。
33　《十力語要》卷三，第16頁。

曾力避宋明理學的空疏之弊，然而，他創立的新儒學也並未走出這一誤區。

第九章

桑榆暮景

9.1　暮年承新運

　　1945年，抗日戰爭終以中國人民勝利而告結束。熊十力離開他寄居八年之久的四川，回到武漢在連襟王浙磐（字孟蓀）家暫住。1946年夏，化學實業家孫穎川創辦黃海化學社哲學研究部，請熊十力主持其事。熊十力早就想創辦一個專門研究哲學的學術機構，他自然樂於應聘，隨即再次入川，欣然前往重慶五通橋任職。他特為《黃海化學社附設哲學研究部特輯》寫了一篇講詞《中國哲學與西洋科學》。1947年春北京大學復校後，熊十力聞訊趕回北平。他原以為可以重過他當年初到北大那種平靜沉思、專心治學的日子，想不到內戰之火迅即燃起，時局動蕩，抗戰勝利後的北平依然放不下一張安靜的書桌。他不得不再次飄零，輾轉於武漢、上海、杭州、廣州等地。1948年夏，他應張其昀、謝幼偉之邀到浙江大學講學。他們為熊十力準備了寓所一套。熊十力以「漆園」名其室，並自號「漆園老人」，寄托他當時悲涼的心境，自比晚周「游於物之初，游於無何有之鄉」的莊子。1948年秋，他南遷廣州，在中山大學講學，寄居在廣州郊外化龍鄉弟子黃艮庸的家中。1949年5月16日，他從收音機裡聽到電台播發的路透社電訊：中國人民解放軍渡過長江，已占領軍事重鎮武漢。熊十力極其興奮，他當即在自己的記事簿上記下了這條消息，展開一張紙，揮毫潑墨寫下「解放了」三個大字，以表示自己的心情。軍人出身的熊十力知道，武漢一解放，大軍揮師南下，廣州的解放已指日可待。

　　全國解放前夕，熊十力在去與留的抉擇上，曾一度徘徊不定。一

些朋友和弟子勸他離開大陸，他也曾動過去香港、台灣或者印度的念頭，但隨即打消了。自己治了一輩子國學，早已把自己同中華民族的命運捆在一起了，何況自己已年過花甲，怎麼可能一下子離開生於斯、長於斯、憂於斯、樂於斯的故土呢？他實在下不了這個決心。他當然希望能回北京大學或者湖北老家，找個地方安度晚年，過幾年平平靜靜的日子。但又心存疑慮：雖說自己過去抨擊過當局的腐敗統治，始終沒有與其同流合污，但畢竟沒投身於新民主主義革命的洪流；雖說自己長年埋首書齋，苦心孤詣地研究國學，努力弘揚中國傳統文化，但哲學信仰畢竟與馬克思主義者不類。留下來又會怎麼樣呢？心裡不大托底。他彷徨不安，十分焦躁，在疑慮中迎來了廣州的解放。

他怎麼也沒有想到，就在廣州解放後的第十天，竟收到老友董必武和郭沫若聯名拍來的電報。電報請他迅即北上議事，參加人民政府的工作。他回信表示感謝，並稱自己非事功之材，不宜做官，若能講學尚可。1950年1月28日，他接到董必武副主席的回信：

十力老兄：

疊函均奉悉，並與沫若、彝初（馬敘倫）、東蓀、云川諸先生往復商酌，僉以為兄所提不做官、能講學、路上要人招扶等，都容易辦。只有找坐北向南房子一事，至今尚未弄妥。非敢緩也，求之實難。政府負責人現仍有住旅館者，房子難見，由此可見。但此非謂來京無住處也，只是不甚如意耳。西屏（李東翊）兄在言談中表示兄留鄂。待返武昌後彼會與兄面談也……此上來車盛，已函李主席（李先

念）照顧，聞京漢路平時只有二等臥車開行，如無頭等臥鋪，亦請原諒！

　　專此即頌

近安！

弟　董必武

一月廿八日

　　接到董副主席的信，熊十力不好意思再推托了，決定立即動身乘車前往北京。廣東省主席葉劍英同志受董必武同志之托，為熊十力買好火車票。安排人路上扶持，還親自到車站送行。踏上北上的列車，熊十力心情十分激動。他已記不得多少次北上進京了，唯有這一次永生難忘：這是專程去中央人民政府商議國是，反映人民的意願，行使當家做主的權力，而不是為謀生行走奔波。他衷心感謝那些時刻惦念著自己的共產黨人朋友。

　　列車行至他曾戰鬥過的地方武漢市。他打算下車略住幾日，一來可以解除一下旅途的勞頓，二來可以會會多年不見的老朋友，一敘鄉情為快。林彪、李先念為他安排住所，設宴款待，湖北籍的鄭位三亦到住所親切看望。同年3月7日，熊十力在武漢收到郭沫若的信：

十力先生：

　　南信均奉到。已電李主席備車票並電示行期。董老所布置之住所，尚為北房無怪。至它一切，均請不必過慮。

　　專復

　　　　順頌大安！

　　　　　　　　　　　　　　　　郭沫若

　　　　　　　　　　　　　　　　　三.七.

　　接到信後熊十力迅即動身，由武漢來到新中國的首都北京。政務院秘書長齊燕銘專程到車站迎接，接待規格也相當高。

　　中央人民政府對熊十力的生活起居很關心，作了周到的安排，為他選擇合適的住房，配備齊全的家具。先把他同義女仲光安排住在交道口附近，北房五間，很寬敞。住了兩三個月，他嫌院子嘈雜，影響讀書寫作，請求調房。政府幫他搬到西城寶禪寺街，住進一套獨院的房子。未住多久，政府又給他在北海鴉兒胡同買了一處小四合院，請他搬入。這裡出門不遠就是什剎海後海。他在這裡定居直到1954年離開北京為止。熊十力的工資定為每月800斤小米，這是當時的最高標準。他很喜歡在鴉兒胡同的小四合院。這裡綠樹環繞，碧水清澈，建築古樸，恬靜幽雅，雖離市中心很近，卻有田園清趣，堪稱「都市裡的村莊」。這裡過去曾是達官顯貴居住的地方。在風清日朗的時候，熊十力經常到後海畔散步。時而飽覽周圍的景色，時而坐在長椅上沉思，錘煉自己的哲學思想體系。

　　在北京，熊十力最感親切的老朋友要算是董必武同志了。他與董必武都是湖北人，又都是辛亥革命的參加者，年紀亦相仿，都已六旬以上。每逢二老相會，總是歡喜異常，仿佛有說不完的話。董必武身居中央人民政府副主席的要職，仍同熊十力稱兄道弟，相處十分隨便，十分融洽。熊十力在董必武面前也無拘無束，想說什麼就說什

麼。剛到北京時，熊十力為擇房、搬家、工作等事經常找董必武。董必武跟他開玩笑說：「我簡直成了你熊十力一個人的副主席了。」熊十力聽罷一笑了之，毫不介意，有事情仍照找不誤。董必武深知熊十力的為人和稟性，曾贈給他一條幅，上書：

寧拙毋巧，寧丑毋媚，寧支離毋輕滑，寧粗率毋安排。

董必武借用傅山論書法名句讚美熊十力坦誠、率真、質樸的人格。

除了董必武之外，在中央人民政府中與熊十力交厚的還有郭沫若。他倆也是老相識。抗日戰爭時期熊十力避難四川，郭沫若帶著桂圓和肉雞，登門造訪熊十力。二人交談甚契，郭沫若希望熊十力能有更多的大作問世，領袖學界群倫。熊十力到北京後，彼此見面的機會更多了。這兩位國學根柢深厚的著名學者經常在一起聚餐，談古論今，參經求道。郭沫若勸熊十力到他任院長的中國科學院工作，熊十力則表示「我還回北大老巢！」熊十力每逢在生活上或工作中遇到困難，找到郭沫若的頭上，郭沫若總是盡量幫助解決。

熊十力到京後聯絡了一些老朋友，也結識了一些新朋友。常來看望熊十力的老朋友除了董必武夫婦、郭沫若夫婦外，還有林伯渠、徐特立、李濟深、陳銘樞、張申府、張岱年、林宰平、張云川等人。一些舊日的弟子也常來拜謁、求教。著名哲學家賀麟、艾思奇等人常與他在一起切磋學術。老朋友梁漱溟與他隔湖而居，更是常來常往。熊十力還結識了著名的國畫大師齊白石老先生。熊十力的義女仲光在齊

白石老人家裡學畫，兩家有了來往。也許是出於對中國傳統文化的酷愛吧，國學大師與國畫大師同聲相應，同氣相求，竟然一見如故，相交十分默契。齊白石老人最佩服熊十力的人格與文采，曾請他為自己故去的老母寫祭文，熊十力慨然應允。齊白石回贈一幅題為《老少牛》的國畫相報。齊白石把熊十力當作自己最要好的朋友。熊十力在北京的這些年真是諸事如意、順利，日子過得很舒心。

中央人民政府答應了熊十力「只講學，不做官」的要求，沒有在政府中給他安排任何職務。熊十力仍任北京大學哲學系教授。同從前一樣，他並不到校上課。有的時候賀麟教授帶領北大哲學系的學生到熊十力家中聽講。1956年前，熊十力的工資是每月200元。1956年定為一級教授後，工資為每月345元。熊十力遷居上海工資仍由北大郵去，後來熊十力嫌郵寄太麻煩，改由上海市政協發給。

熊十力在北京的這些年備受禮遇，受到黨和人民政府無微不至的關懷。他親眼看到新中國欣欣向榮的開國氣象，慶幸自己能在暮年迎來新時代。他曾用「惟幸暮年承新運」的詩句表示自己的欣喜與快慰，表達對黨和人民政府的衷心感謝之情。

9.2　上書議政

作為一名學者，熊十力最關心的還是新中國的文化建設事業。他秉筆直書，向黨和人民政府陳述自己的見解，衷心希望有關部門採取得力措施，正確對待傳統文化，在弘揚光大傳統文化的基礎之上建設具有時代特色、中國特色的新文化。

1950年，一向不怎麼過問政治的熊十力竟寫出一篇評論明代改革家張居正政績的文章，題目是《與友人論張江陵》。明萬歷元年（1578年），任明廷首輔的張居正下令實行變法。主要措施有：清丈土地；清查大地主隱瞞的田產；在全國逐步推行一條鞭法，改變賦稅制度，把各種稅役合併為一，按畝征銀；裁汰冗員，減少開支；任用戚繼光等名將練兵備戰，加強對北方韃靼貴族入侵的防禦；浚治黃河和淮河，興修水利。變法收到一定效果，也遇到很大的阻力。張居正曾採取禁講學、毀書院等嚴厲手段打擊那些反對變法的政敵。熊十力對張居正的政績並不否定，但對他「惡理學家空疏，遂禁講學、毀書院」之舉，頗不以為然。熊十力指出，這些做法與秦始皇焚書、元朝統治者入主中原後毀滅文化一樣，都是矯枉過正的愚蠢舉動，都是非常錯誤的。熊十力從張居正的失策中總結出經驗教訓：「學術思想，政府可以提倡一種主流，而不可阻遏學術界自由研究、獨立創造之風氣，否則學術界思想錮蔽，而政治社會制度，何由發展日新？江陵身沒法毀，可見改政而不興學校之教，新政終無基也。毛公恢宏舊學，主張評判接受，是糾江陵之失矣。」[1]他對毛澤東同志提出的「古為今用，批判繼承」的文化方針表示擁護，字裡行間也流露出對全盤否定傳統錯誤傾向的抬頭存在著憂慮。

　　1951年，他又寫出長達6萬多字的《與友人論六經》（亦稱《論六經》），透闢地論述弘揚中國傳統文化的必要性。他說：「余年四十後，深感民國以來，唾棄固有學術思想，一意妄自菲薄，甚非自立之道……哲學有國民性。治哲學者，自當以本國思想為根底，以外國思

1　《熊十力全集》第5集，第553—554頁。

想為資助。吸收外人之長，以去吾固有之短，亦當考察外人之短，而發揮吾固有之長，供其借鑑。學術者天下之公器也，容不得一毫自私心，更容不得一毫自薄心。余嘗言，將來世界大同，猶賴各種文化系統，各自發揮其長處，以便互相比較又互相觀摩。互相取捨、互相融和，方有大同之福。」[2]他懇切地指出：「歐化東來，吾固有學術思想，似日就湮廢。余常設想，今當捨舊圖新。不守其故而新生，則誠然矣；不用其故而新生，恐不應理。」[3]中國固有學術思想日就湮廢的問題在舊中國長期得不到解決，而今新中國業已成立，應該把這一迫切問題提到議事日程上來了。

他認為馬克思主義同用中國傳統文化並不是不能融合的，二者應當有機地結合起來，方能形成具有中國特色的馬克思主義新文化。這應當是新中國採取的文化發展戰略。「共和（國成立）已二年，文教方針，宜審慎周詳，學術空氣之提振，更不可緩。余以為馬列主義，畢竟宜中國化。毛公思想，固深得馬列主義之精粹，而於中國固有之學術思想，似亦不能謂其無關係。以余所說，其遙契於《周官經》者似不少。凡新故替代之際，新者必一面檢過去之短，而捨棄之，一面又必因過去之長，而發揮光大之。新者利用過去之長，而憑借自厚，力量益大；過去之長，經新生力融化，其質與量皆不同已往，自不待言。」[4]他相信，黨和人民政府一定會重視文化發展工作，中國傳統文化的復興指日可待。他以飽含熱情的筆觸寫道：「中國文化，在大地上自為一種體系。晚周學術復興運動，此時縱不能作，而搜求晚周

2　　同上，第763—764頁。
3　　同上，第773頁
4　　《熊十力全集》第5集，第772—773頁。

墜緒，存其種子，則萬不可無此一段工夫。中國五千年文化，不可不自愛惜。清季迄民國，凡固有學術，廢絕已久。毛公主張評判接受，下懷不勝感奮，故敢抒其積懷。年來深感政府以大公之道，行苦干實干之政。余確有中夏復興之信念，故對文化，欲效獻曝之忱。」[5]

　　熊十力在《論六經》中還提出一些發展新中國文化事業的具體建議：「今奉書左右，至希垂察，並懇代呈毛公賜覽，未知可否？書中所請，設立中國哲學研究所，與恢復內學院、智林圖書館、勉仁書院等辦法，懇代達政務院，是否有當，伏候明教。辱在相知，故敢相瀆。伯渠、必武、沫若諸先生，統希垂鑑。」[5]他簡要地介紹了南京支那內學院的歷史，充分肯定它在學術思想界的影響。希望政府把內學院繼續辦下去，建議由歐陽竟無大師的高足呂澂先生主持院務。他說：「南京佛學研究機關，對革命人物不無相當影響。歐翁雖下世，而其弟子呂秋逸（呂澂）居士，克弘前業。當請政務院，函商南京省市政府，覓一房屋，為內學院院址，邀秋逸主持，暫聚生徒數名，由公家維護其生活，以後徐圖擴充。吾於佛學，本不完全贊同，世所共知，然佛法在中國，究是一大學派，確有不可顛撲者在。內學院為最有歷史性及成績卓著之佛學機關，如其廢墜，未免可惜。」[6]

　　他希望政務院以及地方政府幫助馬一浮在杭州把智林圖書館恢復起來，幫助梁漱溟把勉仁書院恢復起來，從事刻書事業，培養國學人才，使之成為保存、整理、弘揚國學的基地。建立中國哲學研究所是他多年來的願望。在1931年他曾向蔡元培先生提過建議，抗日戰爭時

5　　同上，第775頁。
6　　同上，第774頁。

期居正、陶希聖為他爭取過，均未成功。1946年他在孫穎川的幫助下辦了個黃海化學社附設的哲學研究部，僅半年便因經費不繼而中途夭折。1947年他還向北大校長胡適提過類似建議，因內戰爆發而擱淺。他衷心希望自己的建議能被政府採納，撥款建立中國哲學研究所，並毛遂自薦，願意牽頭主持這一學術機構。

從1950年到1954年，熊十力多次寫信給毛澤東、周恩來、董必武、林伯渠、郭沫若等黨和國家領導人，陳述自己的主張、建議和意見。據說毛澤東同志曾仔細閱讀他的來信，並回信致謝。信中寫道，「十力先生：長函誦悉，謹致謝意」。毛澤東還曾派自己的秘書田家英同志到熊十力家看望這位熱心於文化事業的愛國老人。熊十力很珍視毛澤東的回信，仔細地保存起來。可惜，在「文化大革命」中家被紅衛兵查抄，此信也就不知下落了。熊十力向政府提出的幾項建議因種種原因大都沒有被採納，只有恢復支那內學院一項，事隔多年，在周總理的過問下算是得以實現。重新恢復的內學院改名為南京佛學院。

熊十力患有嚴重的神經衰弱症，冬天不能在室內生火取暖。室內溫度低受不了，溫度高，就犯病。北方的冬季寒冷漫長，不生火實在難熬。1954年秋，年近70歲的熊十力實在不能再適應北方的冬季生活了，便請求調到上海定居。中央人民政府批准了他的請求。熊十力到上海後住在長子熊世菩家中。世菩家人口多，孩子小，老人多年不同家人住在一起，清靜慣了，有些不太適應。上海市政府為了照顧熊十力，特將世菩在青云路的住宅樓下的住戶遷出，騰出來給老人作書房。儘管如此，熊十力還是希望有一處獨院，以便安心寫作不受干

擾。他直接寫信給上海市長陳毅，要求解決住房問題。陳毅同志滿足了他的要求，委託市政府秘書長易文代找一合適的住處。1956年，熊十力全家搬到淮海中路（舊霞飛路），住進一幢花園式洋房。這裡環境幽雅，適合於寫作，熊十力比較滿意。他雇了廚師和謄抄文稿的秘書，專心從事著述。

1956年，熊十力以特邀代表身份出席全國政治協商會議，並當選為第二屆全國政協委員，以後又連任第三、四屆政協委員。每次到北京開會，對於熊十力來說都是很難辦的事。他乘座的車廂不能有取暖設備，而且必須開著車窗。一遇冷天，風呼呼地往車裡灌，與他同一車廂的人真吃不消。服務人員向陳毅反映說，熊先生是個怪老頭，不大好伺候。陳毅呵呵一笑，說道：「咱們國家有幾個熊十力？不就一個嗎？想法子照顧一下嘛！讓他自己住個臥票包廂好不好？」從此以後，熊十力每次到北京開會，都是一個人使用有四個鋪位的包廂。政協開會，年事已高的熊十力不耐久坐，但他保證做到「三到」，即開幕到、照相到、閉幕到。其余時間則住在賓館看文件、讀報紙、會見來客。熊十力每次到北京開會，周總理都非常關心，親自過問他坐什麼車，住什麼房間，就連掛什麼樣的窗簾也都考慮到，真是體貼入微。周總理與熊十力相交甚篤，周總理多次請他吃飯，與他談心。

熊十力是一位關心國事民瘼的正直學者，時刻把自己的命運同國家的興衰和人民的苦樂聯繫在一起。《原儒》一書出版後，熊十力考慮到國家正值經濟建設時期，需要用錢的地方很多，他便提出該書稿費全部捐給國家，自己分文不取。後經有關領導同志反覆勸說，他才拿了一半稿費。1958年全國搞「大躍進」、「公社化」，共產風刮得很

厲害。農村辦起公共食堂，糧食浪費現象相當嚴重。熊十力為此感到擔憂，特地給家鄉人民寫信，提醒他們注意節約糧食，把糙米和米糠保存起來，以備荒年之用。果然不出熊十力所料，從1959年開始中國就進入經濟困難時期，直到1962年才開始好轉。在三年經濟困難時期，熊十力表示要同人民共甘苦。他多次寫信給周恩來、董必武以及全國政協的有關負責同志，請求減薪，以便分擔國家的困難。在五六十年代，熊十力的工薪是比較高的，可是他仍舊過著簡樸淡泊的生活，絕不講排場、圖奢侈。他不是那種把錢看得很重的人。每月發工資，他都拿出相當大的一部分，周濟鄉下親友，周濟那些身處逆境中的朋友、弟子及其子女。

對於那些處在逆境中的朋友，熊十力不僅從經濟上幫助他們，而且從精神上安慰和鼓勵他們。1957年以後，王元化等人被錯劃為右派。他們情緒沮喪，心境悲涼，一時感到走投無路。他們找到熊十力倒苦水，熊十力總是熱情地接待他們。熊十力意味深長地對他們說：「要向前看，不要悲觀。逆境是暫時的，總會有『否極泰來』的那一天。」希望他們放下思想包袱，挺起腰桿做人。王元化等人正是聽了熊十力的開導，才沒有消沉下去。熊十力一有機會就為那些被錯劃為右派的朋友申訴、辯誣。

熊十力是一位敢於說真話、實話的政協委員。他認真履行參政、議政的職責，從不隱瞞自己的觀點，被人們讚譽為黨和人民政府的諍友。1953年，梁漱溟因一次發言被誤解，遭到了不應有的批判。熊十力不為當時的氣氛所左右，多次勇敢地站出來為梁漱溟說話。他說，中國目前正處於大亂之後，百業待興。大亂之後宜當大治，而大治就

要講團結，不宜輕易發動思想批判運動。現在我們回過頭來看，熊十力的意見無疑是正確的，可是當時卻被譏為「書生之見」，不予採納。

9.3　玄圃耕耘

新中國的成立揭開新的歷史篇章，這不能不引起熊十力思想上的很大變化。他雖已年過六旬，仍下決心重新整理自己的哲學思想。他手不釋卷，每日筆耕不輟。到1954年離開北京為止，他重新修定《新唯識論》壬辰刪簡本，還寫出《與友人論張江陵》、《與友人論六經》等著作，《原儒》上卷也已脫稿。由他口述，弟子黃艮庸記錄整理成《摧惑顯宗記》一書，以黃艮庸的名義發表，答復佛學家們對《新唯識論》的責難。胡拙甫根據熊十力口述，整理出《韓非子評論》，1950年發表在香港出版的《學原》第三卷第一期。

1954年熊十力定居上海之後，不顧年邁體弱多病，仍繼續從事著述。1956年，他寫出新中國成立後第一部關於儒學的專著，約30萬字。此書出版時遇到困難，董必武、郭沫若得知後馬上出面設法幫助解決。該書1956年由上海龍門書局出版，印大字線裝本上下兩卷，印了1000套。熊十力應得稿費6000元，熊十力堅持只領一半。《原儒》問世後，熊十力又開始寫《體用論》，因勞累過度，導致心血管病復發，致使《體用論》未寫完。成文稿9萬多字亦由上海龍門印書局1958年排印發行。1959年該書局又出版了熊十力著《明心篇》。1961年熊十力寫完《乾坤衍》，由中國科學院影印成書。1963年《存齋隨

筆》脫稿。這段時間可以說是熊十力一生中最高產的時期，差不多每隔一兩年就出一本書。據統計，從1950年到1961年，熊十力的著作在國內印行了七種，約90萬字，幾乎占他一生中所發表文字的三分之一。熊十力早已把著書立說看成自己生命的組成部分，只要有一口氣，他就不肯放下手中的筆。他在贈給王元化的詩中說：「衰來停著述，只此不無憾。」其實，他從未「停著述」，他把伏案寫作當成人生最大的樂事。

在新中國成立後留在大陸的哲學教授中，熊十力是唯一沒有宣布放棄自己原來思想體系的哲學家。他表示，他是不能改造的，改造了就不是他熊十力了。他仍舊按照原來的思路整理自己幾十年的研究成果，不受當時「左」的思潮的干擾。他寫出多部專著，儘管遇到種種困難，畢竟都出版了（除《原儒》外其余著作都只印200冊），這在當時是絕無僅有的。在五十年代，由於「左」的思潮逐漸抬頭，在人們心目中唯心論同反動派之間畫上了等號。既然熊十力不宣布放棄唯心主義體系，就難免不被人誤解。有些人把他看成「老頑固」，不願意接近他；有些人想向他求教，又不能不有所顧忌。陳毅市長得知這一情況，便在上海市高等院校的一次會議上公開號召大家去掉糊塗觀念，大膽向熊十力求教，不要怕被人扣上「唯心論」的帽子。

熊十力難以割捨自己幾十年形成的思想體系，這種心情完全是可以理解的。黨和國家領導人摸透了他的心思，期待著他的進步，但絲毫也不勉強他，並且十分尊重他的學術見解。1956年，陳毅同志寫信給熊十力：

力老道鑑：

二月兩信奉悉，積壓甚久，作復遲，祈諒之。先生要求並不高，當照辦。請與市府來人面商。無論從事著述或作個人修養，政府應予照顧和協助。毛主席和黨的政策如是訂定甚為合理，我人所應遵辦者也。至學術見解不能盡同，亦不必強求其同，此事先生不必顧慮。對尊著毅除佩贊外尚有若干意見，俟他日見面時再細談。不日即奉命入藏，五月底返京南行，當圖一晤。

匆致

敬禮！

陳毅

三月十四日

中華人民共和國成立後發生的翻天覆地變化亦觸動了熊十力的思想脈搏。他雖然沒有完全放棄自己的學術立場，但也開始接受辯證唯物主義的影響。從1964年底到1965年初，熊十力列席第三屆全國人民代表大會，聽取周恩來總理作《政府工作報告》。當他聽到報告中引述毛澤東同志關於自由王國與必然王國之間的關係論斷後，頗有感觸。他反覆學習之後，寫下心得札記請董必武閱後轉呈毛澤東同志和周恩來同志。從這篇札記中可以看出，這位信奉唯心論的「新儒家」學者已向辯證唯物主義方向轉化。

中央領導同志對於熊十力哲學思想的轉化表示歡迎，鼓勵他學習一些馬克思主義哲學著作和毛澤東同志的哲學著作。周總理建議由董必武出面給熊十力適當地推薦幾本著作，董老受周總理之托當即給熊

十力寫了一封親筆信：

十力兄：

接讀九日信，敬悉兄已於七日平安抵滬，欣甚，慰甚！

兄在京，對周總理的政府工作報告評價很高，前函已遵囑轉毛主席矣。

兄回滬後，仍繼續研究周的報告，並認為報告體現了毛主席領導中國革命的思想，足見好學深思，度越流輩。兄如有興趣，擬推薦毛主席著之《實踐論》、《矛盾論》和恩格斯著之《費爾巴哈與德國古典哲學之終結》三本小冊子，加以閱覽，當能理解毛主席哲學之始末也。惟三本小冊子坊間出版者皆小字，不便老人觀覽，弟擬妥大字本寄上，當徐閱之。

兄治哲學之背景，不僅弟理解，吾黨之士亦多能理解也。

尊函當如囑送陳郭周諸同志傳閱，特達。

　　順頌

冬祺！

　　　　　　　　　　　　　　　弟　董必武

　　　　　　　　　　　　　　　　一月十六日

為了方便老人讀書，周恩來總理自己拿出90元錢，特地派人買到線裝大字本《毛澤東選集》、毛主席的四篇哲學著作、恩格斯的《路德維希‧費爾巴哈和德國古典哲學的終結》等書。這樣的線裝書印量很少，市場上不容易買到。周總理把這些書送給董必武同志，請他轉贈熊十力，並請他不要告訴熊十力是個人花錢買的。董必武馬上派秘

書沈德純同志將這些書連同自己的親筆信寄到熊十力在上海的寓所。
董老在信中寫道：

十力兄：

前函計達。尊函已轉周總理閱。茲寄上毛選四函、恩格斯著之
《費爾巴哈與德國古典哲學之終結》及毛主席四篇哲學論文各一函。
毛選宋體大字線裝本系非賣品，恩格斯和毛主席哲學四篇系大字精裝
本，可供老人用。《實踐論》和《矛盾論》，大字精裝本外，宋體大
字線裝本在第一函第四冊內也有。諸書均周總理代覓。

寄上之書，篇幅繁重，字數不少，恐不適於高年披閱。弟介紹之
三篇，總共六萬余字，篇幅比總理報告差不多，耗老人精力不會太
大。又《費爾巴哈與德國古典哲學之終結》內有許多外國人名字，也
有些故實，後附有注釋，閱時可請世菩同志解釋。

介紹外之各篇，由世菩同志陳述篇名，兄高興讀，可慢慢閱讀。
　　順頌
冬祺！

　　　　　　　　　　　　　　　　　　　　弟董必武
　　　　　　　　　　　　　　　　　　　　一月二十日

遵照董老的吩咐，沈德純同志於1月15日也寫信給熊世菩夫婦，
請他們倆幫助老人閱讀馬列書籍和毛澤東著作。信中稱：「熊老此次
來京，雖然參加會議不多，但自周總理報告後，對國內外大好形勢了
解很全面，再次給董老寫信，董老、總理都認為寫得很好，現在正擬
介紹熊老讀馬列主義書籍及毛主席著作。正在找書，如有所獲，當即

寄去。他們說熊老是一個很會讀書的人。此次對總理報告體會很深，是一明證。熊老若能把研究唯心主義哲學的精神，轉向研究唯物主義哲學，那一定是了不起的。你我都是黨員，應幫助熊老向這方面發展。愚意如此，不知您們以為然否？我的意見，只供你們參考，請不向熊老談及，以免生氣。否則，他會說『小子何知，怎敢妄加議論？』反而不好。」

同年1月21日，周總理的贈書和董老的親筆信發出後，沈德純再次致函熊世菩夫婦：「一月十一日給董老的信，董老南行前收到。他說，熊老哲學背景，不僅他了解，我黨好些同志亦了解。這個意思已在前給熊老信中說過。熊老以前的信，已轉總理看過，並打印轉送陳毅副總理、郭老閱過。你們能注意很好，但老人看總理報告，思想大有轉變，不過要慢慢來。今日郵寄去毛選宋體字線裝本四函，毛主席四篇哲學論文，費爾巴哈和德國古典哲學終結各書，均為總理私人買送（著重號系筆者所加），僅毛選四函工本費約85元。此系我們從總理辦公室方面了解所知。你是黨員，故轉告。請不告知熊老。」

周恩來、董必武、陳毅等黨和國家領導人對熊十力作的耐心、細緻的思想工作，針對他的實際情況因勢利導，這種高超的工作藝術充分體現出黨的知識分子政策。這些工作對於熊十力的思想轉變和進步肯定會有相當大的幫助的。如果不是受到「文化大革命」干擾的話，熊十力進步的幅度可能會更大。

9.4 文革罹難

熊十力的晚年生活有喜也有憂。使他感到欣喜的是，有周恩來、董必武、陳毅、郭沫若這麼多黨和國家領導人照顧他，有那麼多朋友關心他，使他可以安度晚年，一心治學，生活從來沒有像現在這樣安定、舒適。使他悲愁的是，「左」的思潮在思想界日漸猖獗，怪事謬說迭出，他百思不得其解。至於那套否定一切的「左」的做法，他從心裡往外感到反感，絕不隨波逐流。他在自己書房中赫然掛著三張自書的條幅，中間寫著「孔子」，左邊寫著「王陽明」，右邊寫著「王船山」，以表示自己對這些思想家的景仰。他很欽佩王夫之「六經責我開生面」的氣度和創新精神，願意發揚船山精神，為推動新中國的學術研究事業的發展盡心盡力。他在贈給友人的楹聯中寫道：「衰年心事如雪窖，姜齋千載是同參。」（按：姜齋是王夫之的字）

熊十力對自己的思想體系自視很高，企盼著後人繼承這一學脈，進一步發揚光大。可是哲學界竟對他不理不批評，仿佛沒這個人似的。熊十力在一首詩中對自己學無傳人表示莫大的遺憾：

> 萬物皆舍故，吾生何久住。
> 志業半不就，天地留虧虛。
> 虧虛復何為，豈不待後人。
> 後顧亦茫茫，嗟爾獨自傷。
> 待之以無待，悠悠任天常。
> 噫予猶御風，伊芒我亦芒。

儘管在新中國成立之前熊十力的思想影響不算大，可是畢竟還有幾個忠實的弟子隨侍左右，現在除了義女仲光外，一個也沒有了。這不能不使他產生一種悲涼的心境。

　　1966年，已屆耄耋之年的熊十力遇上了「文化大革命」這場「史無前例」的浩劫。這位剛直不阿的老人成了「左派」們攻擊迫害的重點對象之一。他多次慘遭批斗，家亦多次被抄，多年積累起來的存稿蕩然無存。對於個人的遭遇，他倒不十分在意，但眼看他所熱愛的國學遭到無情的踐踏，心裡就像刀絞一樣疼痛。他給北京自己熟悉的領導人寫信想討個究竟，卻如石沉大海不見回音（他不知道，家人擔心他招致更大的迫害，將信大都扣下並未寄出）。寫信不見回信，他更加苦悶，以至於精神錯亂失常。他找不到說話的地方，只得將對「文革」的抗議寫在小紙條上，甚至寫在褲子上、襪子上，以發洩心中的憤懣。有時他也披上一件連紐扣都丟光了的舊長衫，腰間胡亂系著一條麻繩，獨自一個人踟躕街頭。他目光呆滯，面容悲戚，老淚縱橫，嘴裡不停地叨念著：「中國文化亡了！」「中國文化亡了！」仿佛唱著悲哀的挽歌。走累了就席地而坐。這時尾隨其後的家人才敢露面，將他扶回家中。他講了大半輩子「剎那生滅」，然而在他這時的目光中，大概只剩下了「滅」，一點兒「生」機也看不見。

　　風燭殘年的熊十力身心俱受嚴重摧殘，再也經不起折騰了。1968年5月23日，形容憔悴的熊十力因患肺炎心力衰竭，在上海虹口醫院逝世。他生於憂患，晚年也曾過了幾年舒心日子，萬萬沒有想到仍然死於憂患。他頗不甘心地閉上了那雙曾閃爍著智慧之光的眼睛。

熊十力死後，萬惡的「四人幫」仍不放過他。1974年「批林批孔」時給他羅織種種罪名，誣蔑他在新中國成立前「竭力鼓吹『去兵去食』，『以誠立國』，妄圖以孔子之道阻攔偉大的人民解放戰爭的歷史車輪」[7]。

黨的十一屆三中全會以後，被「四人幫」顛倒的歷史終於又撥亂反正過來了。1979年4月10日，上海市委統戰部召集各界人士為熊十力平反昭雪，並舉行隆重的追悼大會，紀念這位為祖國學術事業作出貢獻的國學大師和飲譽中外的哲學家。此刻熊十力倘若有知，亦可含笑九泉。

---

7   《五四以來反動派、地方資產階級學者尊孔復古言論輯錄》，人民出版社，1974年。

第十章

薪火傳承

10.1　流芳澤被

　　熊十力的「新唯識論」哲學思想體系規模宏闊，構思精巧奇特，是「五四」以來現代新儒家思想中獨具特色的一家。熊十力治學的路子很寬，他「學無常師，堂廡甚廣，對印度佛教各宗和我國傳統哲學儒道諸家均有很深研究，且不囿陳說，馳騁古今，獨契心於陽明、船山之學」[1]。他平章華梵，融貫中西，但表現出獨立思考的學術風格。他絕不傍依某一家、某一派，這在現代新儒家學者中是無人可比的。他的哲學是極富創造性的思想體系。

　　「新唯識論」也是包含著豐富的辯證法因素的思想體系。熊十力相當清醒地看到了古代辯證法思想的缺陷，試圖克服古代辯證法拘於經驗事實的素朴性。他明確地提出矛盾概念，深入地探索了範疇和範疇之間的辯證聯結，達到了相當高的理論思維水平。他的概念辯證法思想遠遠超過了古代素朴的辯證法，達到了現代哲學的高度。因此，應當在中國辯證法史上占有一席地位。

　　「新唯識論」對佛教思想的批判雖是一種唯心主義對另一種唯心主義的批判，但有一定的理論深度。特別是他對輪迴說、種子說以及出世思想的批判，對人們認清佛教信仰的實質是有幫助的。他的「新唯識論」當時在佛學界引起軒然大波，辯難、破斥者不乏其人，大有「鳴鼓而攻之」之勢，足見其影響不小。因此，它還應當在近現代中國佛教思想史上占有一席之地。

1　蕭萐父、湯一介：《熊十力論著集編者弁言》，見《熊十力論著：新唯識論》。

「新唯識論」對儒家傳統哲學的闡發，著重發揚積極的入世精神，挖掘其中隱含的民主思想，糾正宋明理學家的空疏之弊，在國學的軀殼中注入「自由、平等、獨立」的時代精神，使之以煥然一新的面貌展現在國人的面前。熊十力是現代新儒家中清除封建思想最力、近現代意識最強的一位。

　　毋庸諱言，整個「新唯識論」的思想基調是消極的、低沉的。它所描述的世界給人難以捕捉的幻滅感，很難引導人們正視現實，奮發向上。從這裡我們看到了一個時代落伍者的孤獨、苦悶、彷徨。熊十力憎恨他所面臨的那個醜惡的社會，時常發出「此正佛家所謂末法時代」的慨嘆，但又無能為力。這恰好表現出他所代表的那個階級已經衰老了，失掉了「愈挫愈奮」（孫中山語）的青春風貌。

　　與其他現代新儒家學者相比，「新唯識論」在當時的社會影響並不算大。熊十力深感「茫茫斯世，知我者稀」，「孤冷到極度，不堪與世諧和」。他之所以「孤冷」大概有兩點原因：其一，他無意迎合當局的意向，自然也就得不到當局的扶植，他的哲學並不是那種「應帝王」之作。其二，「新唯識論」文字晦澀煩難，時代氣息微薄，很難引起進步青年的興趣。這樣一來，他的讀者自然不會太多了。但尊之者也不乏其人。在熊十力的周圍集聚著一群誠心服膺的弟子，儼然形成一個學派。

　　「新唯識論」在社會上影響不算大，在學術界還是被承認的。與熊十力有過來往的知名學者馬一浮、梁漱溟、蒙文通、張申府、張岱年、張東蓀、錢穆、朱光潛、馮友蘭、賀麟、金岳霖、謝幼偉等人都

曾在正式場合或非正式場合或批評，或表揚，或議論過熊十力的「新唯識論」體系。中國哲學會幫助熊十力出版《新唯識論》語體文本和《讀經文要》兩書，也就是對他研究成果的承認。

「新唯識論」的學術影響已超出中國大陸的範圍，遠播海外學界。《原儒》出版後，中國政府曾將此書同《田漢劇作選》一起作為禮品贈送給印度、日本和東歐各國的友人，使之流布歐亞。日本學術界曾召開過專門研討熊十力思想的學術會議。一些活躍在海外的外籍華人學者都曾發表過研究熊十力哲學的專題論文。美國哈佛大學歷史與哲學教授杜維明寫過《探究真實的存在：略論熊十力》和《孤往探尋宇宙的真實》，美國夏威夷大學哲學教授成中英寫過《綜論現代中國新儒家哲學的界定與評價問題》；美國匹茲堡大學教授陳榮捷20世紀50年代就寫了《現代中國宗教之趨勢》一文介紹熊十力思想，後來又在他的專著《中國哲學原始資料》一書中設專章《當代唯心論新儒家—熊十力》；澳大利亞麥克理大學漢學系主任姜允明教授寫了《熊十力哲學思想中「本心」概念及其恆轉功》；加拿大馬克馬斯特大學教授冉云華寫有《熊十力對佛學的批判》。《美國哲學百科全書》、《大英百科全書》等一些外國的工具書都列有介紹熊十力及其哲學的條目。熊十力在世時，義大利、德國、美國、前蘇聯等國的學者還拜訪過他。

是珠寶總會發出耀眼的光輝，是鮮花總會引得游人駐足。大凡卓有建樹的學者生前未必得到社會的承認，逝世後才流芳千古、澤被寰區。儒家的開山鼻祖的命運是如此，現代新儒家的重鎮熊十力的命運也是如此。在熊十力逝世後沉寂了十五六年，人們終於發現了熊十力

哲學思想的學術價值。自1983年以來，在中國大陸上掀起「文化熱」清除「文革」時期泛起的「左」的遺毒，重新評估中國傳統文化的價值，對國學大師熊十力也開始刮目相看。

人們開始認真研究熊十力的思想，披沙取金，揀擇瑰寶。國內發表的關於熊十力的學術論文有數十篇，大學講堂上也有人介紹熊十力的學說。在高等學校，有人以熊十力為題撰寫博士論文或碩士論文，在國家制定的科學研究規劃中有關於熊十力的項目。1985年在熊十力的故鄉黃岡召開了紀念熊十力100周年誕辰學術討論會，由北京大學、武漢大學、湖北省政協、黃岡地區行署和黃岡縣政府聯合發起，國內外學者百余人到會，隆重紀念熊十力百年華誕，暢談熊十力的學術思想。會議收到論文60多篇，出版了論文集《玄圃論學集》[2]。為紀念熊十力百年誕辰，當地政府重新修葺了熊十力墓。熊十力留下的大量遺著也開始整理出版。

港台地區近年來關於熊十力的學術研究也很活躍。1990年12月，鵝湖月刊社、東方人文學術研究基金會中國哲學研究中心、國際中國哲學會當代新儒家研究組等單位在台北聯合舉辦《當代新儒家國際研討會》，許多與會代表在會上發言或提交論文論及熊十力及其哲學。

10.2　學界的評說

關於熊十力的「新唯識論」思想，在建國前後國內外均有許多論

2　生活・讀書・新知三聯書店1990年出版。

著涉及，亦有許多專文評述。下面，我們將根據不同情況分別加以簡要的介紹。

1. 新中國成立前學界的評述

新中國成立以前學術界關於熊十力的論著不多，論者大都在著作或論文中隨文論及，專門的文章尚不多見。除了佛學界出現的一些批評《新唯識論》的文章（這部分內容我們已在第二章中談過，此處不贅）之外，牟離中1936年7月在《北平晨報・思辯專欄》發表《最近年來之中國哲學界》，孫道升1935年10月在《北平晨報》上發表《現代中國哲學界之解剖》，兩文都提到熊十力及其《新唯識論》。孫文收入郭湛波著《近五十年中國思想史》一書的附錄。1947年謝幼偉著《現代哲學名著述評》[3]和賀麟著《當代中國哲學》[4]都用相當多的篇幅評述熊十力「新唯識論」哲學。此外，杜國庠在《群眾》上發表的讀書札記中也批評過熊十力哲學的唯心主義傾向；《哲學評論》、《燕京學報》、《世間解》等刊物亦有關於熊十力的文章發表。論者圍繞著熊十力哲學的思想來源及性質等問題發表了一些看法。

關於熊十力「新唯識論」哲學思想的來源，論者大都認為來自中國儒家、印度佛學以及西洋哲學三個方面，但所作的評價並不一致。馬一浮讚揚熊十力「囊括古今，平章華梵」[5]。謝幼偉表揚熊十力融貫中西，吸納百家又超越百家，志在創新而非守舊。「雖言佛，而於佛家唯識之說有所修正；雖言儒，其所言亦非儒家之說所能盡……較

3　正中書局1947年出版
4　南京勝利出版公司1947年出版
5　《熊十力論著：新唯識論》文言文本序。

諸門戶之見，在古人或西人之說下兜圈子者，不可同日而語。」他認為熊十力並不盲目崇拜某一家，對先人的思想皆採取評判的態度。如《讀經示要》中既責備漢學背離孔子儒學的原旨，又肯定其考據的成就；既表揚宋學在「立大體」上有貢獻，又指責其空疏之弊。這都是很中肯和公允的。謝氏認為熊十力的體用不二論與英國新黑格爾主義者布拉德雷的一元論相似，而性智說同柏格森的直覺說接近[6]。

周通旦認為，熊十力「融通儒佛，出入先秦諸子，旁及宋明諸師，所謂會六藝之要歸，通三玄之最旨，約四子精微，極空有之了義者也」。[7]周文將熊十力視為中國傳統文化的集大成者。林宰平教授指出，熊十力的「新唯識論」入乎眾家，又出乎眾家，自成體系，並非雜拌[8]。張東蓀認為熊十力的立論與懷特海的過程哲學不謀而合[9]。孫道升認為熊十力的「新唯識論」受柏格森影響最大。「這派哲學，在現代中國哲學界的勢力最小，地位最低，而知道的人亦最少……熊氏《新唯識論》，張東蓀曾許為中國哲學界近年來一部奇書，著者個人則感覺到他的立說頗似柏格森。」[10]

一些佛學界的學者對熊十力融會中、印、西之學的做法持批評態度。王恩洋指責熊十力「根本唯識，即破壞唯識；密明大易，又違大易；欲自成體系，又其體系不夠成立。其行文遣詞，更復抨擊先聖，矜誇驕慢，絕無虛心請益之情。以儒佛之道律之固極不合理，即以西

6　《熊著〈新唯識論〉》，《思想與時代》，1947年第13期；《熊著〈讀經示要〉》，《浙江學報》，1947年第1卷第2期；《現代哲學名著述評》。
7　《讀〈新唯識論〉》，《哲學經論》，1945年第9卷第4期。
8　見《十力語要初續》。
9　見《十力語要》。
10　《現代中國哲學界之解剖》，《北平晨報》，1931年10月7日。

洋學者治學之態度格之，亦非正道」[11]。子韜認為熊十力援佛入儒的做法是失敗的。「他們不但要以佛釋儒，而且還要以佛附儒。這樣，不但不能顯出佛的至理，而且同時也就失去了儒教的真面目。」[12]

也有的論者對熊十力融會中外各家的做法作中性評價，不予褒貶。朱寶昌認為熊十力思想的獨到之處在融會貫通，然而對佛教唯識宗畢竟斥破過苛。「熊先生的精神似乎著重一本，而古唯識家的學說則重在萬殊。這是他和古唯識學根本不契的根本原因。」[13]

關於熊十力哲學的性質，也有幾種不同的觀點和不同的評價。孫道升認為熊十力的「新唯識論」思想屬於「新法相宗」，是佛教在現代的支流。子韜不同意孫說，認為熊十力的思想接近儒家，而非是佛教支流。賀麟認為熊十力是現代新儒家陣營中的「新陸王」派，並在《當代中國哲學》中予以很高的評價。他認為熊十力「得朱陸精意融合儒釋，自造新唯識論。對陸之本心之學，發揮為絕對待的本體，且本翕闢之說，而發展施設為宇宙論，用性智實證以發揮陸之反省本心、王之致良知」，「為陸、王心學之精微化最獨創之集大成者」[14]。賀麟認為熊十力哲學屬於正宗的唯心論。「熊先生的高明處，即在於認為與物以待或與物合一之心，無自體，換言之，非本體，而乃本體顯現之一面。是以他既能打破科學常識的拘束，亦不執著泛心論，而歸於絕對先天之本心。」[15]

11　《評新唯識論者的思想》，《文教叢刊》，1945年第1期。
12　《讀〈讀智論抄〉》，《世間解》1947年第4期。
13　《唯識新解》，《燕京學報》1938年第23期。
14　《五十年來的中國哲學》，遼寧教育出版社，1989年版，第12頁。
15　同上，第15頁。

謝幼偉也認為熊十力哲學屬於唯心論。他指出：「其主張為唯心的，其精神則理論與實踐並重，其方法則直覺與理智相輔，而其態度只為哲學的（非宗教的）。」[16]謝幼偉對熊十力哲學評價甚高，認為熊著不僅保存了中國哲學的優點，而且克服了中國哲學的缺點，使之實現了由傳統向現代的轉型，「即使置諸西洋哲學名著中亦當占一地位」[17]。他把熊十力著《新唯識論》推為中國現代哲學著作中最有創獲的一部，認為其學術價值在賀麟著《近代唯心論簡釋》、馮友蘭著《新理學》、金岳霖著《論道》、章士釗著《邏輯指要》之上，也就是認為熊十力是當時中國哲學界最傑出的哲學家。

　　杜國庠、周谷城也認為熊十力哲學的性質屬於唯心主義，並用唯物主義觀點對其加以分析和批判。杜國庠認為熊十力沒有承接中國哲學實事求是的優良傳統，而是繼承了玄學的不良傳統，宣揚虛無主義思想。其結果正像顏元批判宋明理學時所指出的那樣：愈談愈惑，愈妙愈妄。他認為熊十力運用反求實證來證明其本體論也是站不住腳的，指責熊十力宣揚神秘主義和非理性主義，對人們提高理論思維毫無益處。他對熊十力總的評價是：「熊先生跟佛家一樣，否認物質宇宙的存在，認為宇宙間的一切事物都是『空無』，都是『詐現』，都是人們的『妄執』。進一步連我們認識事物的意識也作為『妄執的心』，說為空的而加以斥破，因而否定了『知識』的價值。」[18]周谷城也不贊成熊十力的唯心主義本體論，他指出：「我們所謂本體是綜攝萬有而構成的；如云反本，則必利用科學，使我們的行為與萬有間

16　謝幼偉：《現代哲學名著述評》，山東人民出版社，1997年版，第16頁。
17　同上書，第61頁。
18　《略論〈新唯識論〉的本體論》，《中國建設》，1947年第5卷第2期。

的必然關係相符合。熊先生所謂本體，是遮撥萬有而覓取的；如要反本，則必遮撥科學，使我們的行為趕快退到純一寂淨的空無。」又說：「宇宙萬有，或外在世界，在玄學上不得不遮撥云云，是我們不敢苟同的；我以為科學世界實在不必予以遮撥；如要遮撥科學或科學安足處，則熊先生的整個體系，都要重新加以考慮。」[19]周文認為熊著《新唯識論》具有同科學相對立的性質。

2. 港台地區及國外學者的評述

港台學人對熊十力哲學思想的研究比較重視。熊十力的主要著作都有新版或影印發行，流傳也比較廣。關於熊十力生平、著作、思想的論著比較多，特別是1968年熊十力去世以後，熊十力研究曾一度成為港台學界的熱點，有數十家報紙、雜志發表過介紹熊十力生平、軼聞，回憶自己同熊十力交往的情形、研究熊十力的著作和思想等方面的文章，數量多達百餘種。港台學者還整理、發表了熊十力的未刊文稿、信札若干種。在台北出版的《民國人物小傳》、《環華百科全書》，胡秋原著《一百三十年來中國思想史綱》，程發軔主編的《六十年來之國學》，項維新、劉福曾主編的《中國哲學思想論集》（牧童出版社出版），中華文化復興運動推行委員會主編的（王壽南為總編輯）《中國歷代思想家》（台灣商務印書館出版）等書中都設有關於熊十力的專論或專章。關於熊十力的專著有龍泉出版社出版的徐復觀、牟宗三編著的《熊十力先生紀念文集》和李霜青著《一代大哲熊十力傳》。除了上文提到的作者外，曾發表過關於熊十力的言論的學

19　《評熊十力氏之〈新唯識論〉》，原載《中國史學之進化》，生活書店，1947年版，現收入《周穀城史學論文選集》，人民出版社，1983年版。

者還有錢穆、唐君毅、霍韜晦、居浩然、王化裳、周開慶、朱惠清、陶希聖、劉述先、曾昭旭、林安梧等許多人。

港台學者對熊十力在中國學術界的地位評價很高，認為他是現代新儒家關鍵性的中心開啟性人物。曾昭旭在《六十年來之理學》中稱熊十力為「新儒之最重要人物」。他指出：「熊先生是民國以來理學最重要人物，真能運其偉大之綜合創造力，以建構其規模宏大之思想系統之大儒。」[20]陶希聖說：「宋明時代的理學，是中國思想又一次發皇，宋代理學家中，言及氣象宏大、義理精純，當推張載。明代則以王夫之獨能遠紹張載。王夫之以下，惟熊十力能繼承這一學脈。」有些學者認為熊十力哲學已超過先儒，讚揚熊十力「乃千百年來我國學術界中罕見之一位學人，程朱陸王，未必能與之相比。其學顯以繼我國傳統思想自任，然實有超於我國傳統思想之上者」。港台學人幾乎交口稱讚熊十力及其思想，除佛學界外沒有人發表批評性言論。

關於熊十力的理論貢獻，港台學人的看法是：「不但一時成為維護命脈的中流砥柱，進而開啟了現代重整傳統哲學的序幕。」他們認為熊十力承續了中國文化的慧命，既清理了糟粕，又提煉出精華，推動傳統的現代轉型。朱惠清指出，熊十力「極讚美兩漢郡國舉賢良或茂才之制，而同情宋代學人之篤實履踐，但又反對理學家之浮空狹隘。他最佩服顧亭林、王船山、顏習齋、傅青主及呂晚村諸位明哲之竭力攻擊帝制，倡導民族精神」[21]。

20　程發軔主編：《六十年來之國學》，臺北正中書局，1974年，第577頁。
21　《哲者熊十力先生》，香港《中報月刊》，1980年第1期。

他們認為熊十力走的融會儒佛的道路是一條成功之路。李霜青說：「《新唯識論》識本體，於空寂中識得生化之神，於虛靜中而見得剛健之德，融釋、道二家於易經思想而抉造化的蘊藏，立人生的極則。」認為熊十力既補救了儒佛兩家的缺陷，又發揚了兩家的長處，把儒學推向新的發展階段。他們認為熊十力對國學最突出的貢獻則是重建儒家本體論系統，奠立現代新儒家形上學的根基。林安梧說：「熊十力哲學之具有革命性的價值在於他總結了中國哲學的傳統，而第一個以系統性的哲學語言提出一整體而根源性的探問。這樣一個探問使中國哲學進入到一新的可能性。」「熊十力提出了一個極為重要的哲學模型—體用合一論，來作為哲學的原型。這樣的一個哲學原型可以參與到當前的哲學舞台上。成為中西哲學匯通的一個要道。」[22]他甚至把熊十力哲學的出現視為「中國哲學的一場革命」。

外籍華人學者的看法同港台學人相近，都充分肯定熊十力在學術界的地位和理論造詣。陳榮捷的英文著作《中國哲學資料書》中以《當代唯心論新儒學—熊十力》為題，專章評述熊十力哲學思想，用《「翕」與「闢」》、《「理」與「氣」之統一》、《「心」與「仁」》、《「體」與「用」之統一》等四個小節，概述《新唯識論》和《原儒》的主要內容，用英文編譯從二書中選錄的原文。他對熊十力的評價是：「熊氏已明確地促使宋明新儒學向前推進一步」，「賦予了宋明唯心論新儒學，以一更為堅實的『形上學基礎』，及更多的『動力論性格』」。「他比任何其他當代中國哲學家，影響了更多的年青中國哲學

22　《熊十力體用哲學之理解》，《當代新儒學論文集・內聖篇》，臺灣文津出版社，1991年，第191頁。

家。」

　　杜維明認為，熊十力是當代中國「規模廣闊，神解卓特」的哲學家，稱《新唯識論》為「當代中國哲學家以縱貫旁通、辨析入微的系統結構來闡明擴充體驗身心的奇書」[23]。成中英稱讚說：「熊氏的哲學，博大宏深，自成體系。他的哲學是深造於大乘佛教及《易經》哲學道之生生思想。這有賴於宋明理學之承受佛道影響而歸本於儒家《易》學。但他較諸宋明諸家更能正用佛釋，吸收其精華，但在根源上卻認同儒家，積極地開創了一個以儒家思想為宗的哲學網絡。」[24]他用《體證本體》、《即體即用》、《理氣一體》、《心物互用》、《融合量智》等五個小標題概括熊十力哲學的基本內容。姜允明在《熊十力哲學思想中的「本心」概念及其恆轉功能》一文中，以《「本心習心」》、《「會歸本源」》、《隨義多名》、《體認工夫》、《心體恆轉》、《性智顯現》等六個小標題描繪熊十力「新唯識論」哲學的基本框架。冉云華把熊十力對佛學的批判同印度吠檀多不二論排佛學說作了比較研究，得出的結論是：「熊氏的哲學立場還是儒家傳統的人文思想，和吠檀多學派的僧侶主義根本不同。」[25]

　　西方哲學界亦注意到熊十力的哲學，在一些百科全書中有所介紹。1968年出版的《大英百科全書》「熊十力」條的撰稿人是85歲高齡的哈米頓（C.H.Hamilton）博士。他讚譽熊十力是佛學、儒學和西方哲學三方面要義獨創性的綜合者，是中國現代傑出的哲學家。他寫

23　《狐往探尋宇宙的真實─重印〈尊聞錄〉序》，《玄圃論學集》，第193頁。
24　《論現代中國新儒家哲學的界定與評價問題》，《玄圃論學集》，第173—174頁。
25　《熊十力對佛學的批判》，同上書，第146頁。

道：「熊氏最初研究印度佛教唯識宗傳統中的形上學的唯心論，繼而轉入儒家傳統。他在《易經》和理學之唯心派中獲得基本的洞察力。他從西方思想中則得到分析方法和創化觀念（柏格森）之體會。他從所有這些來源中吸收種種成分而形成自己的本體論系統」，「表示佛家、儒家與西方三方面要義之獨創性的綜合」。

綜觀港台地區及國外學界對熊十力「新唯識論」哲學的評述，大都抱著同情甚至崇敬的心態，採取讚揚的態度，諱言或少談熊十力思想的侷限性和不足。這也許是他們對熊十力臨終前後所遭到的迫害，而作出的回應與抗議。海外學人大都注意研究熊十力思想的某個側面或某個具體問題，綜合性的整體研究似乎不夠充分。

3. 新中國成立後大陸學界的評述

中華人民共和國成立初期，大陸學術界出現過一場批判唯心主義的思想運動。胡適、梁漱溟等人遭到大規模的批判，一些很有學術影響的哲學家如金岳霖、馮友蘭、賀麟等先生宣布放棄原來的思想體系並作了自我批判，亦表示歡迎別人批判，唯獨熊十力是個例外。但他並未因此而遭致攻擊。對於他的哲學思想，學術界基本上保持緘默。大多數人靜觀不語，除了杜國庠寫過一篇札記批評熊十力「六經注我」的主觀主義傾向外，沒有任何人發表意見。熊十力仍然我行我素，按原來的思路修改舊著、撰寫新篇，只是讀者很少。在二十世紀五十年代「左」的思想氛圍籠罩之下，在人們心目中「唯心主義」已同「反動」劃上了等號。儘管無人批判熊十力的唯心主義學說，可是熊十力在學術界中亦無地位可言。「驛外斷橋邊，寂寞開無主」，陸

游的這兩句詠梅詞大概可以作為熊十力當時在學術界境遇的寫照。

二十世紀六十年代初，開始有少數人評述熊十力的「新唯識論」思想。1962年出版的《杜國庠文集》收入了一組杜國庠同志批判馮友蘭「新理學」的文章。此書編者王匡在《寫在〈杜國庠文集〉後面》中，隨文把熊十力的《新唯識論》同馮友蘭的《新理學》相提並論，都視之為「與反動派殘害人民和投降主義逆流相呼應」的復古主義之作，但他並沒有展開說明。看起來作者對熊十力思想並沒有作認真的研究，他的提法只是受當時「左」的思想影響所致。

1961年，熊十力的老友梁漱溟把熊十力所有的書讀了一遍，摘錄主要論點，編成一冊《熊著選粹》，書成後他寫了一篇很長的《讀熊著各書書後》，表示自己的意見。他指出，熊十力發掘孔子的「革命」、「民主」、「社會主義」等思想，頗有新意，深表嘆服；熊氏不侷限於儒家的狹隘立場，放開眼界從各種文化形態的比較研究中揭示儒學的物質與價值，亦是不易之至論。但是，熊著的毛病亦不少。梁氏提出以下幾點：（1）熊十力對自然科學和社會科學知識掌握不多，體會亦不深，因此對科學所作的譏評不夠妥當，失之於武斷；（2）主觀主義色彩太重，歷史主義的眼光缺乏。只看到上層建築中各組成部分的交互影響，而未能把上層建築同經濟基礎聯繫起來考察研究對象；（3）對佛教的理解有偏差，在「我熱」問題上疏了神；（4）背離了中國文化的反躬向內、踐形盡性的傳統思路，過分偏愛理論分析和「哲學把戲」，想建立本體論、宇宙論而未能獲得成功。從這個意義上說，熊氏哲學是失敗之作。梁漱溟的《讀熊著各書書後》長達三萬餘字，馬一浮讀過此文，亦表示與梁氏有同感。此文未正式發表，

只屬朋友之間論學性質，沒有幾個人讀到它。故在20世紀60年代熊十力在學術界仍談不上有什麼影響。

「文化大革命」期間，熊十力被誣蔑為「地主資產階級尊孔派學者」，列為批判的對象慘遭迫害。1979年上海市委統戰部和上海市政協召開大會，為熊十力平反，推倒了誣陷不實之詞。

直到20世紀80年代，大陸學術界關於熊十力及其哲學的研究才剛剛起步。賀覺非著《辛亥武昌首義人物傳》首次為熊十力立傳；《中國哲學》輯刊發表了熊十力與蒙文通、呂澂論學的書信；侯外廬在《船山學案》新版序中回顧了自己當年同熊十力討論王夫之哲學思想的情形；任繼愈、王元化等人在自己的著作中稱熊十力是中國老一輩佛學專家中屈指可數的代表人物之一。

1983年以後，隨著「文化熱」在大陸升溫，熊十力也成為引人注目的人物。關於熊十力及其哲學思想的研究趨於活躍，有關文章和論著多了起來。據不完全統計，上海《社會科學》、《學術研究》、《吉林大學學報（文科版）》、《吉林社會科學戰線》、《江漢論壇》、《武漢大學學報》、《中國社會科學》、《哲學研究》、《中國哲學史研究》、《北京大學學報》、《深圳大學學報》等十幾家有影響的學術刊物都發表過研究熊十力的論文，累計有數十篇之多。文章的作者有高振農、呂希晨、宋志明、許全興、郭齊勇、鄭家棟、李明華、魏達志、景海峰、陳來等人。呂希晨與王育民合著《中國現代哲學史》[26]、宋志明

26　吉林人民出版社出版。

著《現代新儒家研究》[27]、鄭家棟著《現代新儒家概論》[28]、趙德志著《傳統意識的現代命運》[29]、李澤厚著《中國現代思想史論》[30]、宋志明與趙德志合著《現代中國哲學思潮》[31]、許全興和陳戰難及宋一秀三人合著《中國現代哲學史》[32]、李振霞主編的《當代中國十哲》、李振霞和傅云龍共同主編的《中國現代哲學史人物評傳》等書都有關於熊十力「新唯識論」哲學的專章或專節。郭齊勇著《熊十力及其哲學》[33]是一部研究熊十力的專著；郭齊勇撰寫的《熊十力傳》亦載入《中國哲學年鑑》。1985年在黃岡召開「紀念熊十力先生一百周年誕辰學術討論會」，根據會議論文整理出版了《玄圃論學集》[34]，收入文章34篇和一些詩作，作者除上文已提的外，還有梁漱溟、馮友蘭、任繼愈、石峻、周輔成、謝石麟、賈亦斌、朱寶昌、吳林伯、唐致中、李景賢、湯一介、馮契、習傳裕、樓宇烈、潘雨廷、舒默、袁偉時、高瑞泉、唐明邦、唐文權、李維武、何萍等大陸學者及熊十力舊日弟子或生前好友。

　　大陸學者運用馬克思主義的理論和方法研究熊十力及其哲學，取得豐碩的成果。他們主要圍繞以下幾個問題闡述各自的看法。

（1）關於熊十力創立「新唯識論」的理論動機

27　中國人民大學出版社出版。
28　廣西人民出版社出版。
29　遼寧教育出版社出版。
30　東方出版社出版。
31　中國人民大學出版社出版。
32　北京大學出版社出版。
33　展望出版社出版。
34　生活・讀書・新知三聯書店出版。

論者一般都肯定，熊十力建立「新唯識論」體系乃是出於對中國傳統文化的眷戀，並且是針對「全盤西化」和民族文化虛無主義傾向而發的。熊十力繼承宋明理學中心學一派的學脈，吸收西方哲學的某些思想材料和思想方法，借鑑佛教的理論思維教訓，創立新儒家學說，謀求國學的現代化。論者大都不同意把熊十力說成是「復古主義」者，肯定熊十力弘揚中國傳統文化的基點是愛國主義和民族主義，具有合理性和必要性。論者也推翻了那種把熊十力視為「五四」新文化運動的反對派的觀點，認為熊十力是站在同情的立場上善意地分析、指陳「五四」新文化運動的缺點和不足的。他要求在「五四」新文化運動的基地上前進一步，而不是倒退。

論者一致認為熊十力哲學同辛亥革命運動有密切聯繫，至於是何種聯繫則仁者見仁，智者見智。郭齊勇認為熊十力哲學是站在民族資產階級立場上為辛亥革命進行「理論補課」，李澤厚、蕭萐父亦表示同意「補課說」。宋志明認為熊十力尋求「為己之學」乃是消極地總結辛亥革命的教訓，是想在政治活動外尋求「學術救國」之路，同「理論補課」不相干。

（2）關於「新唯識論」的哲學性質

論者一般都認為熊十力的「新唯識論」思想體系屬於唯心主義性質，至於說是什麼樣子的唯心主義，看法又不盡一致。呂希晨認為《新唯識論》的核心是唯心主義的心本論。這種心本論以「心、意、識為絕對待，通為萬物實體，不僅主乎吾身，而且也為萬物之主。這

就超出了主觀的唯心論，而走向了絕對的唯心主義的歧途」[35]。他還指出，熊十力的「絕對唯心主義」哲學帶有直覺主義的蒙昧主義色彩。

許全興等人認為，《新唯識論》從「境不離識」的主觀唯心論展開，到「宇宙本體不離我心而外在」的主觀唯心論結束，中間融入了客觀唯心論。他們分析說，誇大心的作用，誇大人的自覺能動性，是熊十力陷入心決定物、主宰物的唯心論的主要原因，而大乘空宗的虛無主義對他亦有相當大的影響。至於熊十力論證體備萬理的方式則同西方哲學中論證上帝圓滿的本體論證明相類似；而熊氏的本體論與黑格爾的「絕對精神」、朱熹的「理世界」亦相類似。

郭齊勇、李明華認為，熊十力哲學是一種與辯證方法相結合的唯心論。熊氏的「體用不二」、「即用即體」說反對將本體與功用、本體與現象割裂開來；「翕辟成變」、「反求自識」說強調主體的能動性。他們還指出，熊十力雖以唯心主義的「一元實體論」反對唯物論，但也在唯心主義前提下容納了客觀物質世界的存在、發展及其規律的內容，也包含著唯物主義因素。

宋志明認為，熊十力「新唯識論」是以主體與客體統一為特徵的唯心主義體系，「體用不二」為其哲學體系的核心。熊十力通過掃相、顯體、釋用三個步驟展開其思想體系。他指出，熊十力的「體用不二」論克服了那種推崇抽象的精神實體的唯心主義本體論，避開了有神論傾向，包含著積極的理論思維成果。他把「本心」本體完全泛

35　呂希晨、王育民：《中國現代哲學史》，吉林人民出版社，1984年，第442頁。

化為「用」，亦即泛化到物質世界之中，實際上等於取消了本體的至上性，從而以顛倒的形式，轉彎抹角地接近了唯物主義，從而為他高揚儒家的入世哲學提供了理論依據。

（3）關於熊十力的辯證法思想

論者一致承認熊十力「新唯識論」體系中包含著比較豐富的辯證法思想。高振農指出，熊十力提出的「萬物皆互相依持」、「萬變無窮」、「無時而不改遷」、「自無機物而有機物，乃至人類，有許多階段的變異」等命題，表明他已看到事物之間的普遍聯繫和依存關係，承認事物內在矛盾決定事物的發展變化，這是符合辯證法的。熊十力還揭示了空時、有無、數量、同異、因果、動靜、一多等範疇的性質、聯繫與轉化，體現出辯證的思維方式。但熊氏的辯證法由於受到其唯心主義體系的窒息，最終走向相對主義和神秘主義。

呂希晨和鄭家棟認為，在熊十力的哲學迷宮中閃現著辯證思維的火花。他的「翕闢成變」說，承認一切事物存在、產生及其發展變化，都是基於翕闢兩個方面的「相反相成」，以歪曲的形式接觸到運動發展的內在根源這一辯證法的核心問題，揭示了宇宙間一切事物運動變化的普遍性和必然性。熊十力吸收了《易傳》以陰陽明變化的思想，有承於《老子》關於對立事物之間相互聯繫和轉化的思想，發揚了中國哲學的樸素辯證法傳統。但是，在他帶有神秘主義色彩的唯心主義體系中，辯證法常常被歪曲地發揮和利用，並與相對主義互相雜拌。

宋志明認為，在熊十力的「體用不二」論中包含著比較豐富的辯證法思想。熊十力對矛盾屬性、矛盾關係以及矛盾與變化的關係等問題作了較深入的研究，並把關於矛盾的思想凝結在「翕辟」這對獨創性的範疇之中。熊十力用翕辟表述矛盾觀點，比《易傳》中乾坤、陰陽等舊範疇要精確一些，特別是突顯出矛盾的同一性。他在一定程度上擺脫了古代辯證法思想的素樸性，實際上把中國辯證法思想推進到「概念辯證法」階段。因為他提出的關於矛盾的翕辟範疇完全是抽象的思維形式，並不是對經驗事實的描述。「翕辟成變」說比較全面地反映出矛盾雙方既對立又統一的辯證關係，具有一定的理論深度。他認為，熊十力的辯證法思想有兩個嚴重的缺陷：一是對同一性作了抽象的理解從而倒向形而上學；一是抹殺事物的相對穩定性從而走向相對主義。

（4）關於「新唯識論」哲學體系的歷史地位和作用

　　論者一般都本著實事求是的原則，對熊十力「新唯識論」思想體系作辯證的分析，既肯定其理論思維成果，也不諱言其侷限性的消極性。不過，每個研究者的看法並不一樣。呂希晨認為熊十力的「新唯識論」是作為馬克思主義哲學的對立面出現的。它不是引導人們面對現實，正確地進行反日反蔣的革命鬥爭，而是引導人們脫離當時的中國革命的具體實踐，去到那繁瑣抽象的概念游戲中尋找精神支柱，在客觀上起到了極為消極的社會作用。

　　許全興等人認為，熊十力是一位具有資產階級民主思想的哲學家，他的哲學是為改變舊中國現有社會制度，實現獨立、自由、平

等、民主「群龍無首」的社會服務，反映了中國民族資產階級要求革命的一面。但是它不是引導人們向前看，而是引導人們向後看，也反映出中國民族資產階級的軟弱性。總的來看，消極方面掩蓋了積極方面。他們還指出，熊十力以本體與現象為綱，從批評唯識宗入手，將中國、印度、西洋三方面的哲學融合起來，建立起獨特的「新唯識論」體系，標志著中國現代思想家們哲學自覺意識的明顯提高。

郭齊勇認為舊民主主義革命實踐為熊十力哲學的基礎。在熊十力晦澀的哲學術語中蘊藏著昂揚的革命激情。他反對專制，提倡自由與民主的學說，是一種晚出的代表上升時期中國民族資產階級的思想意識，但他也是時代的落伍者。李澤厚則認為熊氏談論的是純粹哲學，其哲學始終處在中國革命洪流之外，並為這一洪流所徹底掩蓋。熊十力完成了譚嗣同、章太炎等人的哲學未竟之業，但因其與時代進程脫節，思想影響遠不如上述諸人。李澤厚還認為熊十力是現代新儒家的第一人，他提出的體用論奠立了現代新儒家思潮的根基。

（5）關於熊十力哲學體系的概括

大陸學術界除了出現一批對熊十力及其哲學作專題研究的論文外，還有相當多的學者比較重視整體研究。他們對於熊十力「新唯識論」思想體系提出了好幾種概括方式。呂希晨認為，「新唯識論」體系由心本論、翕辟說、體用論、物質觀、心法論組成；宋志明認為，熊十力哲學有四個組成部分，即「體用不二」的唯心主義本體論、「翕辟成變」的概念辯證法思想、「性量分途」的認識論和「內聖外王」的人生論；郭齊勇用「體用不二」、「境不離心」、「翕辟成變」、

「冥悟證合」、「無人合一」等五個命題概括熊十力哲學的基本內容；許全興等人把熊十力「新唯識論」體系概括為本心論、翕辟說、體用論、返本之學等四個組成部分。

10.3　薪盡火傳

熊十力教了幾十年書，儘管弟子不算很多，亦有幾十人之眾。

他的弟子遍布海內外。留在大陸的有石峻、任繼愈、楊憲邦、潘雨廷、吳林伯、朱寶昌、謝石麟、賈亦斌、張云川、黃艮庸等人；去美國的有韓裕文等人；在港台的有唐君毅、徐復觀、牟宗三、胡秋原等人。在眾多的弟子中，熊十力最器重韓裕文。正如顏回是孔子的高足一樣，韓裕文也是熊十力的高足。熊十力原本指望韓裕文承接自己的學問，不料韓英年早逝，客死異國。在大陸的弟子中專攻中國哲學的石峻、任繼愈等人都已服膺馬克思主義哲學，告別了熊十力的「新唯識論」體系。熊十力很尊重弟子們的這種選擇，毫無怪罪之意。任繼愈回憶說：「在1956年，我與熊先生寫信說明，我已放棄儒學，相信馬列主義學說是真理，『所信雖有不同，師生之誼常在』，『今後我將一如既往，願為老師盡力』。熊先生回了一封信，說我『誠信不欺，有古人之風』。」[36]他們雖告別熊十力「新唯識論」體系，但仍承認老師的理論貢獻之大、造詣之高，悉心指導後學研究熊十力哲學，挖掘其中的合理內素，揚棄其唯心之說。從這個意義上說，他們承接了熊十力哲學中的精華，並付諸後學使之不絕如縷。熊十力留在

36　《玄圃論學集》，第47頁。

大陸的其他弟子大都改行，不再專攻治國學。

熊十力在台灣和香港的弟子中唐君毅、徐復觀、牟宗三等人最為著名。他們根據其所處的社會政治經濟條件，承繼熊十力的學脈，撐起現代新儒家的門面，成為第二代新儒家陣營裡的中堅人物。

唐君毅（1909—1978）於1930年在南京中央大學讀書時拜前來短期講學的熊十力為師，執弟子禮甚恭。1949年他到香港後，與錢穆等人創辦新亞書院，1958年與牟宗三、徐復觀、張君勱等聯合發表《為中國文化敬告世界人士宣言—我們對中國學術研究及中國文化與世界文化前途的共同認識》，努力闡揚新儒家思想觀點。此《宣言》被學者稱為「現代新儒家宣言」。唐君毅追隨乃師熊十力，肯定儒家心性之學是中國學術思想的根本。從這種指導思想出發，他寫了《道德自我之建立》、《人生之體驗》、《心物與人生》、《文化意識與道德理性》等一系列書籍。他認為人類的一切文化創造活動皆由道德自我（即熊十力哲學中的「本心」）所統攝，主張通過疏解人類文化生活的不同方面和中西學術思想所取得的成就來揭示人類心靈的豐富內涵。

唐君毅繼承熊十力的遺願，努力弘揚國學，寫出《中國哲學原論》這一巨著。此書分為導論篇、原性篇、原教篇、原道篇（分為上、中、下三卷），共計六大本，堪稱是研究國學的長卷。唐君毅繼承乃師，在某些方面又超過了乃師。特別是在利用西方哲學方面，對黑格爾哲學研究較深，試圖把黑格爾著作容納入新儒家體系之中，成為唐氏新儒學的一大特色。唐君毅克服了熊十力對西方哲學根基不厚的缺陷。美籍華人學者陳榮捷教授曾指出，唐氏新儒學「雖有啟發於

其師熊十力，又有西方哲學根厚，而其中心統系，實是我國經學主流，由孔孟以至周程張朱陸王，一氣是串，毫無門戶之見。謂為經學今天之正統代表而加以刷新者，不為過也」。[37]

徐復觀（1903—1982）早年從政，中年以後專心治學。他一生中最敬佩熊十力先生。1943年他在重慶北碚勉仁書院拜熊十力為師，自稱「決心扣學術之門的勇氣，是啟發自熊十力先生。對中國文化，從二十年的厭棄心理中轉變過來……也是得自熊先生的啟示」[38]。他認為熊十力是「中國文化的長城」，「先生治學，思辨精微，證會玄遠，《新唯識論》斧藻群言，囊括百氏，自成一嚴密而宏偉的哲學巨構」[39]。

徐復觀的新儒學思想是沿著熊十力提出的內聖外王的路子講的。不過，他在內聖學方面發揮不多，而把研究重心放在外王方面，在政治評論和揭櫫自由和民主上下了不少工夫，在中國思想史研究方面也頗有建樹。他自稱是「人文主義的自由主義者」，承接熊十力反封建的精神，為民主政治奔走吶喊。他不同意把中國傳統文化看做「死人」，但不否認其為「病人」。他指出，儒家思想在長期的專制政治的重壓之下，不可避免地發生某些扭曲和變形。扭曲和變形了的儒學已不是孔子儒學的正宗。在正宗的儒學中包含著民主政治的真義，現代新儒家的使命就是把這種真義發掘出來，使之與現代民主政治相銜接。他宣稱：「我要把中國文化中原有的民主精神重新顯豁疏導出

37　《唐君毅與西方哲學會》，《唐君毅傳記資料〔一〕》，第11頁。
38　《我的讀書生活》，《文錄選粹》，第315頁。
39　《遠莫熊師十力》，《徐復觀雜文─憶往事》，臺灣時報公司，1980年。

來，這是『為往聖繼絕學』；使這部分精神來支持民主政治，這是『為萬世開太平。』」[40]他撰寫的《中國人性論史》（先秦篇）、《兩漢思想史》（三卷）、《中國經學史的基礎》、《中國思想史論集》等著作都體現了他的這一宗旨。

牟宗三（1909—1995）1932年在北京大學哲學系讀書時，選修熊十力的課，並稱「在這裡始見了一個真人，始嗅到學問與生命的意味」[41]。他畢業後亦經常問學於熊十力。熊十力也比較器重他，曾說過「北大自有哲學系以來，唯此一人為可造」一類獎掖後學的話。

牟宗三繼承熊十力的內聖外王之學，提出「三統」說用以概括中國文化及其發展趨向：「一、道統之肯定，此即肯定道德宗教之價值，護住孔孟所開闢之人生宇宙之本源。二、學統之開出，此即轉出『知性之體』以融納希臘傳統，開出學術之獨立性。三、政統之繼續，此即由認識政體之發展而肯定民主政治為必然。」[42]以「三統」權衡中國文化，其有「道統」而無「學統」和「政統」。因此，現代新儒家應當在繼承道統的同時，進一步使「學統」和「政統」臻於完善，以求中國文化的全面發展。「道統」屬內聖之學，「政統」與「學統」屬外王之學。三統的全面發展就叫作「由內聖開出新外王」或「返本開新」，而所謂「新」即是指科學和民主。

牟宗三作為哲學家，在外王層面沒有什麼建樹，主要是在內聖學方面下了許多工夫。他吸收康德哲學的某些理論思維成果，試圖重建

40　《當代思想的俯視：擎起這把香火》，《中國時報・副刊》，1980年8月17日。
41　《熊十力傳記資料〔一〕》，第14頁。
42　牟宗三：《道德的理想主義》序，吉林出版集團有限責任公司，2010年。

儒家「道德理想主義」或「理性的理想主義」。他從康德實踐理性的觀念中演化出「道德理性」或「道德自我」一詞，凸顯儒家的理論特色。牟氏認為儒家的「道德理性」比康德深刻，因為它充分肯定道德的主導地位和優先地位，彰顯人在實踐活動中的主體性和道德價值。牟宗三充分肯定儒學的現代價值，認為它對於現代人在意義的追求、形上的探索、超越層面的體驗、終極層面的反思都有指導意義，能夠幫助現代人解除失落感，重建意義的世界和精神家園。

經過唐君毅、徐復觀、牟宗三等人的闡揚，現代新儒家思潮在港台思想界已發展成影響很大的學派。美國加利福尼亞大學教授吳森在《中國大陸以外的中國哲學》一文中說：「當代儒家思想可能是中國大陸之外最有影響和傳播最廣的思潮，除了它擁有眾多的倡導者和擁護者外，它還通過台灣的教育制度，以及在某種範圍內，通過香港一些學校的課程設置，保持著它顯赫的聲望和很高的地位。」[43]現代新儒家思潮能夠發展到這種程度，唐君毅、徐復觀、牟宗三闡揚之功不可沒，但追本溯源基礎還是熊十力打下的。由他點燃的這把香火終於被他的後學擎起來了，在港台學術界發出熠熠的光輝。目前，熊十力在港台的嫡傳弟子大都已逝或已進入垂暮之年。由牟宗三的弟子或再傳弟子組成的「鵝湖學派」（因其主辦《鵝湖月刊》得名）已接過這把香火。他們作為新一代的現代新儒家群體，對於中國傳統文化及其與現代化關係的理解也許更富有時代特色，但仍可視為熊十力哲學的後裔。

43　《中國哲學史研究》，1986年第2期，殷鼎譯自《當代東方哲學》。

■ 附錄　熊十力學術行年簡表

1885年（光緒十一年）

生於湖北省黃岡縣上巴河細張家灣。具體出生月日不詳，後自定正月初四為生日。名繼智，又名定中，字子真（亦作子貞）。中年以後改名十力，其父名其相，為秀才，但不以科舉為意。授徒於鄉塾兼務農。

1892年（光緒十八年）　8歲

因家貧不能入學，為鄰家放牛。

1894年（光緒二十年）　10歲

入父親掌教的鄉塾旁聽近一年，習四書五經和國史等舊學。

1896年（光緒二十二年）　12歲

父親因病去世。失怙，家貧難以求師，遂輟學。為鄰人放牛、務農，利用空閒時間自學。

1901年（光緒二十七年）　17歲

長兄熊仲甫送他到父親生前好友何聖木先生掌教的塾館讀書。僅半年，因不耐塾館規矩的約束，便辭師退塾，仍自學不輟。少慕陳亮，繼喜陳白沙。曾從鄰縣孝廉何焜閣處得一些格致啟蒙一類的新學書籍，讀後服膺甚篤，遂視六經舊學為糞土，思想應開始傾向於革命。

1902年（光緒二十八年）　18歲

讀王夫之、顧炎武、黃宗羲、呂留良、顏元等明末清初啟蒙思想家的著作，確立反清革命志向，與同縣何自新、王漢等人結交，圖謀革命。投武昌新軍第三十一標（又稱凱字營）當兵，運動軍隊，積蓄革命武裝力量。

1905年（光緒三十一年）　21歲

考入湖北陸軍特別小學堂仁字齋為學兵。積極從事革命活動，曾在學

堂的揭示板上張貼諷罵鄂軍統制張彪的署名短文。

1906年（光緒三十二年） 22歲

與武昌聯合軍學界有志之士創立黃岡軍學界講習社（參加者不限於黃岡籍）。經好友何自新介紹，認識日知會的劉靜庵，加入日知會。他所主持的黃岡軍學界講習社也成為日知會的外圍組織。

秋，革命黨人在萍瀏醴發動起義，他力主響應。起義失敗後事洩，鄂軍統制張彪查封黃岡軍學界講習社，緝拿熊十力。熊十力逃出武昌，到江西德安木板壟易名隱居，授徒讀書。他的長兄仲甫率家族遷此墾荒。

1911年（宣統三年） 27歲

武昌起義爆發，辛亥革命高漲。熊十力參加光復之役，返武昌，任都督府參謀。

12月，與吳崑、劉子通、李四光等摯友聚會武昌雄楚樓。三人展紙題字。熊十力寫下「天上地下，唯我獨尊」八個大字抒發革命黨人躊躇滿志的豪氣。

1912年 28歲

武昌設立日知會調查記錄所，孫武、蔡濟民、季雨霖等人主持其事。熊十力任該所編輯，參加編纂《日知會志》。因形勢逆轉，未及成書。

1913年 29歲

參加孫中山領導的「二次革命」。失敗後熊十力退伍離開武昌，回江西德安烏石門蘆塘畈定居。在九仙嶺陽居寺和敷陽山積慶寺寄居讀書，約一年半。主要讀先秦諸子和西方哲學書籍的中譯本。

小試文筆，在梁啟超主編的《庸言》雜志上發表札記若干條。其中《證人學會啟》見於該刊第1卷第7期；《熊升恆答何自新》見於第1卷第12期；《健庵隨筆》見於第1卷第18期，《健庵隨筆》（續）見於第1卷第23期；

《翊經錄緒言》見於第1卷第24期。

1916年　32歲

作《船山學自記》，後收入《熊子貞心書》。

梁漱溟在《東方雜志》上發表長篇哲學論文《究元決疑論》，文中批評了熊十力在《庸言》上發表的闢佛言論。

1918年　34歲

赴廣州參加孫中山領導的護法運動，居廣州半年多。護法運動失敗以後，心灰意懶，思想大變。「念黨人競權爭利，革命終無善果。又目擊萬裡朱殷，時或獨自登高，蒼茫望天，淚盈盈兩下。以為禍亂起於眾昏無知，欲專力於學術，導人群以正見。」[1]從此，脫離政界，致力於儒佛兩家的學術研究。

離開廣州，返回德安。將1916年以來寫的二十五則筆記、短文、書札等整理成書，名為《熊子貞心書》，蔡元培為之作序，自印行世。此《心書》已收入中華書局1985年出版的《熊十力論著集之一：新唯識論》。

到江蘇某中學任教。

1919年　35歲

在天津南開中學教國文。致函當時任北京大學哲學系特約講師梁漱溟稱：你在《東方雜志》上發表的《究元決疑論》我已拜讀，其中那些罵我的話我覺得還有些在理，希望能同你有機會面談。是年暑假期間，專程由津赴京，同梁漱溟在廣濟寺結識並成為至交好友。

所著《熊子貞來信》發表於《新潮》第2卷第4期。

1　《十力語要》卷一，第82頁。

1920年　36歲

經梁漱溟介紹拜歐陽竟無為師，入支那內學院學習佛學。自述：此余一生之大轉變。轉赴南京，問佛法於歐陽竟無。留寧一年。

1922年　38歲

應北京大學校長蔡元培之聘，到哲學系任特約講師，講授選修課《唯識學概論》。

1923年　39歲

按照在內學院所學的佛學編寫《唯識學概論》講義約9萬字，由北大印出。講授一半，因對舊唯識學學說有疑，遂盡棄前稿，自創「新唯識論」。

在北大結識林宰平教授，經常與之討論哲學問題。同湯用彤教授、錢穆教授常來往，結為講友。

1925年　41歲

所著《廢督裁兵的第一步》發表在《現代評論》第1卷第5期。

應武昌大學之邀前往短期講學，完成講課任務後返回北大。

在南京支那內學院院刊《內學》第二輯發表《境相章》（附「帶質境說」）一文。

1926年　42歲

所著《因明大疏刪注》一書先由北大印成講義，後由上海商務印書館出版。

北大印制他編纂的第二種《唯識學概論》講義。「新唯識論」哲學思想體系初具規模。

1927年　43歲

應湯用彤之邀到中央大學短期講學。

1930年　46歲

弟子高贊非根據記錄的熊十力自1924年到1928年四年間的論學語及信札，編輯成冊。弟子張立民在此基礎上編定《尊聞錄》，印若干部，分贈友人。

第三種《唯識學概論》由公孚印刷所印制。

1932年　48歲

代表作《新唯識論》文言文本脫稿，由浙江圖書館出版，馬一浮題簽並作序。另有上海神州國光社版。

同年，劉衡如作《破新唯識論》，發表在《內學》第六輯。歐陽竟無為之作序。

1933年　49歲

趕寫出《破〈破新唯識論〉》，答覆劉衡如在《破新唯識論》中提出的種種詰難。由北京大學出版部出版。

所編《新唯識論參考資料》由北京大學出版部出版。

在《獨立評論》上發表《要在根本上注意》一文。

在《大公報》上發表《循環與進化》一文。

1934年　50歲

所著《與張東蓀論學書》發表在《中心評論》第9期。

在《獨立評論》上發表《無吃無教》、《英雄造時勢》兩篇文章。

所著《易佛儒》和《答謝石麟》二文發表在《大公報》。

1935年　51歲

在《大公報》上發表《為哲學年會進一言》一文。

所著《答伍庸伯》、《中國哲學是如何一回事》等文發表於《文哲月刊》。

所著《請誥授奉直歸州學正傅雨卿先生傳》發表於北京大學《史學》第1期。

在《安雅學刊》第1期上發表《讀經》一文。

搜集從1932年到1935年所寫的札記、語錄、信函，編成《十力論學語輯略》一書，由北京出版社出版。此書納入「十力叢書」後改稱《十力語要》卷一。

1936年　52歲

寫作《佛家名相通釋》。在《北平晨報》上發表此書的序言。在《哲學評論》上發表該書中28條詞釋。

與張東蓀合著《關於宋明理學之性質》一文，發表在《文哲月刊》第1卷第6期。

在《文哲月刊》第1卷第7期上發表《科學的真理與玄學的真理》一文。

致義大利米蘭大學教授羅雪西諾‧馬格裡尼一長信，評論、介紹老子哲學思想。此信收入《十力語要》。

所著《答滿莘畬先生》、《答唐君毅》兩文，分別載《北平晨報》6月8日、9月25日。

在《中心評論》第4期上發表《論不朽書》；第9期上發表《與張東蓀論學書：宋明儒家取佛學修養方法問題》；第13期上發表《答唐君毅書》。

1937年　53歲

《佛家名相通釋》由北京大學出版部出版。是書中國大百科出版社1985年出新版。

七七事變後乘煤車逃出北平，暫住原籍黃岡避難。

1938年　54歲

入川避難，配合抗日鬥爭宣傳民族文化與民族精神。堅信「日本人絕不能亡我國家，絕不能亡我民族」。寫出6萬多字的《中國歷史講話》，由中央陸軍軍官學校作為教材印行。另著有《中國歷史講話》未刊。為湯用彤著《漢魏西晉南北朝佛教史》第10章撰寫了《鳩摩羅什贈慧遠偈》一節。

1939年　55歲

馬一浮在四川樂山烏龍寺創辦復性書院，聘熊十力為主講。9月17日開學，熊十力致長篇《開講詞》，後收入《十力語要》。因與馬一浮意見不合，遂離開書院。

武漢大學遷至樂山，應教務長朱光潛之邀前往武大作短期講學。

1940年　56歲

《新唯識論》語體文本上卷完稿，由呂漢才資助印行200本。

《十力語要》卷二完稿，收入熊十力從1936年到1940年語錄、筆札若干篇，由周封岐資助印400本。

梁漱溟在重慶北碚金剛碑創辦勉仁中學和勉仁書院，熊十力應邀前往執教，從事學術研究。

1942年　58歲

《新唯識論》語體文本上卷和中卷脫稿，由居正募資贊助，以勉仁書院哲學組的名義出版，印數不多。該書的序言發表在《志學》雜志上。

在《思想與時代》雜志上發表《論體相》、《論玄學方法》、《儒家與墨家》、《談生滅》、《答謝幼偉論玄學方法》等文章。

1943年　59歲

在《思想與時代》上發表《哲學與史學—悼張蔭麟》一文。

所著《研究孔學宜注意春秋周禮三經》發表在《孔學》雜志上。

應北大校長蔣夢麟之聘，任北大哲學系教授，並特許他可以不到學校上課，每月寄給薪金。仍住勉仁書院。

與侯外廬教授通信，討論王夫之哲學的性質。

1944年　60歲

他的最主要的哲學著作《新唯識論》語體文本全部完稿，由中國哲學會推薦在重慶商務印書館正式出版，納入「《中國哲學叢書》甲集之一」，抗日戰爭勝利後，商務印書館遷回上海，又再版。

此書為熊十力新中國成立前銷量最多的書。

在《哲學評論》上發表《新唯識論問答》、《說易》、《論性》、《論文》、《答友人書》、《情感與理智》、《談郭象注》等關於國學的文章。

為居正著《辛亥革命札記》作序，又為李西屏著《辛亥武昌首義紀事》作序。兩篇序文都熱烈頌讚辛亥革命，高度讚揚鄂人的鬥爭精神和犧牲精神。

為謝幼偉著《現代西方哲學名著述評》作序。

所著《與人論執中》一文發表在《三民主義半月刊》。

1945年　61歲

為張難先編《湖北革命知之錄》（商務印書館出版）撰寫《吳崑傳》、《何自新傳》。

在《圖書集刊》、《中國文化》、《三民主義半月刊》等雜誌上發表《重印〈周易變通解〉序》、《論漢學》、《說食》、《公誠與自由》等文章。

國學專著《讀經示要》一書脫稿，亦由中國哲學會推薦在重慶商務印

書館出版，納入「《中國哲學叢書》甲集之三」。

1946年　62歲

抗日戰爭勝利後離開四川到武漢連襟王漸磐家暫住。

夏，化學實業家孫穎川創辦黃海化學社並附設哲學部，請熊十力主持其事。熊十力應邀二次進川，前往重慶五通橋黃海化學社所在地。《黃海化學社附設哲學研究部特輯》刊發他的講詞《中國哲學與西洋哲學》。

徐復觀將熊著《讀經示要》呈蔣介石一部，蔣贈給熊十力法幣二百萬元。熊十力責徐此事做得魯莽，拒收贈款。後接受徐復觀的勸說，將此款轉贈支那內學院。

在《中國文化》上發表《與陶闓士書》和《示菩兒》兩封書信。

當選為辛亥首義同志會名譽監事。

1947年　63歲

因經費不繼，黃海化學社附設哲學研究部停辦。熊十力離開四川，返回已復校的北京大學。向北大校長胡適建議設立哲學研究所，未得採納。

所撰《論本體書與說理書》（與賀自昭、朱孟實合著）發表於《哲學評論》第10卷第6期。

所撰《讀汪士坤談荀》載《龍門雜志》第1卷第6期，所撰《論湖湘諸老之學書》和《論治學不當囿於孔書》二文發表於《龍門雜志》第1卷第6期。

在《哲學評論》第10卷第5期上發表《與柏特教授論哲學之綜合書》。

在《龍門雜志》第1卷第4期上發表《論關老之學書》。

在《東方與西方》第1卷第3期上發表《論關尹與老子（與陳君書）》。

所撰《讀智論抄》一文載《東方與西方》第1卷第4期和《世間解》第3～7期。

在《三民主義半月刊》第9卷第5期上發表《為青年申兩大義》一文；在第10卷第8期上發表《朱尊民生生事略》。

在《學原》雜志上發表《與友論〈新唯識論〉》、《論學三書》、《答牟宗三問格物致知書》、《略說中西文化》等文。

7月，致信胡適，附《讀譚（峭）子〈人化書〉》。

1948年　64歲

應張其昀、謝幼偉之邀到浙江大學講學半年。名其住所為「漆園」，自號漆園老人。

在《學原》上發表《漆園記》、《論事物之理與天理答徐復觀》、《略論新論要旨答牟宗三》。

湖北省主席萬耀煌撥款印行「十力叢書」，《十力語要》四卷合成一函付梓，印一千部。此書是反映熊十力哲學的重要著作。

口述《申述新論旨要平章儒佛摧惑顯宗記》（簡稱《摧惑顯宗記》）由黃艮庸記錄整理，準備編成一書。

1949年　65歲

義女熊仲光整理編輯的《十力語要初續》完稿，收入熊十力從1947年到1949年寫的札記、短文和語錄，由香港東升書局出版。

《讀經示要》由上海正中書局再版。

居廣州弟子黃艮庸家，5月16日從收音機中聽到電台播發的路透社電訊：中國人民解放軍已渡過長江，占領武漢三鎮。喜極，書條幅「解放了」三個大字。

10月，廣州亦宣告解放。10天後接到董必武、郭沫若拍來的電報，邀請他北上入京，共商國是。

1950年　66歲

1月末2月初，收到董必武副主席1月28日發出的親筆信。

動身北上，中途在武漢盤桓數日。3月，又收到郭沫若3月7日發來的親筆信。同月到北京，政務院秘書長齊燕銘到車站迎接。

向政府坦誠表示心跡：只講學，不做官，仍回「北大老巢」，獲准。工資為每月800斤小米，系當時最高標準。中央政府為其安排房舍，配備家具。定居在什剎海後海附近的鴉兒胡同。

生活安定舒適，專心治學，筆耕不輟，成績斐然。寫出《與友人論張江陵》四萬字，印二百部；黃艮庸整理的《摧惑顯宗記》八萬多字已脫手，以黃艮庸名義發表，印二百部；熊十力口述、弟子胡拙甫記錄整理的長文《韓非子評論》，四萬余字，發表在香港出版的《學原》第3卷第1期，另有香港人文出版社出版的單行本。1951年67歲寫出《與友人論六經》，六萬多字，由大眾書店出版，印二百部。該書呼籲重視對中國傳統文化的研究，向政府建議繼續辦好南京支那內學院，由呂澂主持；恢復浙江智林圖書館，由馬一浮主持；恢復勉仁書院，由梁漱溟主持；籌建中國哲學研究所，由他牽頭。收到熊十力的建議，毛澤東主席曾回信表示感謝。

修改《新唯識論》語體文本和文言本，定名為《新唯識論》壬辰刪簡本。

1952年　68歲

《新唯識論》壬辰刪簡本定稿。董必武、林伯渠幫助出版印行數百冊。

1954年　70歲

秋，因年邁多病不適應北方生活，請求離京到上海長子熊世菩處定

居，獲准。先住青江菜云路，環境嘈雜，不便讀書寫作，致信陳毅市長要求調房。陳市長親筆書寫回信，表示同意，遂搬到淮海中路（舊霞飛路）一座環境幽雅安靜的花園式小樓。

1955年　71歲

作《哀文》，收入唐玉虯編的《懷珊集》。

1956年　72歲

以特邀代表的身份出席政治協商會議，當選為第二屆全國政協委員。以後連任第三、四屆政協委員。

陳毅同志致信熊十力寫道：「至學術見解不能盡同，亦不必強求其同，此事先生不必顧慮。對尊著毅除佩贊外，尚有若干意見，俟他日見面時再細說。」陳毅還曾在上海一次高等院校會議上，號召大家向熊十力求教，不必存有顧慮。

被北京大學評為一級教授。工資345元，每月寄到熊十力在上海寓所。後改為由上海市政協發給。

新中國成立後大部頭國學專著《原儒》在上海龍門印書局出版，印1000部，每部一函二卷。此書曾被中央政府作為禮品贈給印度、日本、前蘇聯和東歐各國，為熊十力國際影響最大的一部著作。《原儒》應得稿費退掉一半，只領3000元。

在《哲學研究》第3期上發表《說「百家爭鳴」》一文。

1957年　73歲

為已故好友何自新妻杜氏撰《貞節夫人何母杜氏墓志》。

1958年　74歲

再次修改《新唯識論》，撰寫《體用論》，因病中輟，所成稿九萬字由上海龍門印書局影印二百部。分明變、佛法上、佛法下、成物、明心五

章，明心章有目無文，實則四章。熊十力在該書《贅語》中說：「今得成此小冊，故《新論》宜廢。」韓元愷為之作序。

辭去北大教授職務，工資仍由政協照發。

1959年　75歲

繼《體用論》之緒寫完《明心篇》，亦由龍門印書局出版。

所著《唐世佛學舊派反對玄奘之暗潮》一文收入《中國哲學史論文初集》（科學出版社出版）。

1960年　76歲

《讀經示要》由台北廣文書局再版。

1961年　77歲

所著國學專著《乾坤衍》由中國科學院印刷廠影印。

1963年　79歲

作《存齋隨筆》，未刊。

1964年　80歲

出席全國政協第四屆第一次會議，列席第三屆全國人民代表大會第一次會議，聽周恩來總理《政府工作報告》，對其中所引毛澤東關於「從必然王國到自由王國」的論斷頗有體會。反覆研究學習後寫心得呈周總理轉毛澤東，思想上表現出由唯心主義向辯證唯物主義轉化的苗頭，受到黨和國家領導人的鼓勵。

1965年　81歲

周恩來總理自己出錢購買線裝大字本《毛澤東選集》四函以及大字精裝本《路德維希·費爾巴哈與德國古典哲學的終結》、《毛主席四篇哲學著作》等書，請董必武轉贈熊十力。董必武給熊十力寫兩封親筆信，向他介紹馬克思主義哲學著作，並稱「兄治哲學之背景，不僅弟理解，吾黨之

士亦多能理解也」。熊十力認真學習周總理所贈書，寫出心得筆記若干篇。

1968年　84歲

5月23日，因受林彪、「四人幫」反黨集團迫害，在上海虹口醫院病逝。

1979年4月10日，中共上海市委統戰部召集各界人士舉行隆重的「熊十力追悼大會」，為其平反昭雪，推倒一切誣蔑不實之詞。

熊十力去世後，海峽兩岸學術界都著手整理出版或發表熊十力舊著及未刊手稿。據不完全統計，大陸整理發表的熊氏遺著有：《熊十力致蒙文通書簡》[2]、《辯佛學根本問題—呂澂、熊十力往復函稿》[3]、《略釋十二緣生》[4]、《熊十力致黃焯論學書》[5]、《佛家名相通釋撰述大意》[6]、《中國文化散論—十力書簡》[7]、《佛家名相通釋》[8]、《熊十力論著集之一：新唯識論》[9]、《熊十力書函選輯—回憶熊十力》[10]、《熊十力論學書札》[11]、《與友人書》[12]。香港發表的遺著有《先世述要》[13]。台灣整理發表的遺著有：劉述先編《熊十力與劉靜窗論學書》[14]、《與梁漱溟論宜黃大師》[15]。

2　《中國哲學》1981年第5輯。
3　同上，1984年第11輯。
4　同上，1988年第14輯。
5　同上。
6　1988年《中國文化與中國哲學》〔一〕。
7　《中國文化與中國哲學》〔二〕。
8　中國大百科全書出版社1985年出版。
9　中華書局1985年出版。
10　湖北人民出版社1989年出版。
11　載《中國文化》第四輯，復旦大學出版社出版。
12　載《玄圃論學集》。
13　見《明報》第176期。
14　臺北時報文化出版公司1984年出版。
15　臺北《鵝湖》1985年第11卷第5期。

後　記

　　我從1983年開始在石峻師的悉心指導下研究熊十力先生的新儒學思想，陸續寫成一些不大像樣的東西見諸報章雜志。拙作博士論文《現代新儒家研究》亦辟《熊十力的新唯識論》一章。時光荏苒，光陰似箭，轉眼之間十年就過去了。當年攻讀中國哲學史博士學位的我，如今已告別「不惑之年」，接近「知命之年」，有的人才學家說50歲上下是從事學術研究的第二個黃金時代，其實也不盡然。如今的中年人上有老下有小，如牛負重，步履維艱，哪家沒有一本難念的經！想安安靜靜地坐下來寫點東西，真是難上加難。拼了五個多月，本書總算脫稿了。

　　在此，我對石峻師撥冗指點並親筆作序，對百花洲文藝出版社領導和編委們的幫助鼓勵，對語橋先生的催促、斧正之功，表示由衷的感謝！沒有他們扶掖本書是寫不出來的。

　　因是忙裡偷閒，倉促命筆，急就成章，加之本人學力未逮，本書舛謬之處一定不少。敬祈讀者雅正。

宋志明

1993年元月15日於中國人民大學靜園塊悟居

昌明文庫·悅讀人物 A0603027

熊十力評傳

作　　　者	宋志明
版權策畫	李　鋒

發 行 人	陳滿銘
總 經 理	梁錦興
總 編 輯	陳滿銘
副總編輯	張晏瑞
編 輯 所	萬卷樓圖書股份有限公司
排　　版	菩薩蠻數位文化有限公司
印　　刷	維中科技有限公司
封面設計	菩薩蠻數位文化有限公司

出　　版	昌明文化有限公司

桃園市龜山區中原街 32 號

電話 (02)23216565

發　　行　萬卷樓圖書股份有限公司

臺北市羅斯福路二段 41 號 6 樓之 3

電話 (02)23216565

傳真 (02)23218698

電郵 SERVICE@WANJUAN.COM.TW

大陸經銷

廈門外圖臺灣書店有限公司

電郵 JKB188@188.COM

ISBN 978-986-496-121-4

2019 年 9 月初版二刷

2018 年 1 月初版一刷

定價：新臺幣 420 元

如何購買本書：

1. 劃撥購書，請透過以下郵政劃撥帳號：
   帳號：15624015
   戶名：萬卷樓圖書股份有限公司

2. 轉帳購書，請透過以下帳戶
   合作金庫銀行　古亭分行
   戶名：萬卷樓圖書股份有限公司
   帳號：0877717092596

3. 網路購書，請透過萬卷樓網站
   網址 WWW.WANJUAN.COM.TW

大量購書，請直接聯繫我們，將有專人為您
服務。客服：(02)23216565 分機 610

如有缺頁、破損或裝訂錯誤，請寄回更換

版權所有·翻印必究

Copyright©2018 by WanJuanLou Books CO.,
Ltd.All Right Reserved　**Printed in Taiwan**

國家圖書館出版品預行編目資料

熊十力評傳 / 宋志明作. -- 初版. -- 桃園市：
昌明文化出版 ；臺北市 ：萬卷樓發行,
2018.01
　　面 ；　　公分. -- (昌明文庫. 悅讀人物)
ISBN 978-986-496-121-4(平裝)
1.熊十力 2.傳記
782.886　　　　　　　　　　　107001385

本著作物經廈門墨客知識產權代理有限公司代理，由百花洲文藝出版社授權萬卷樓圖
書股份有限公司出版、發行中文繁體字版版權。